大阪外国語大学
言語社会研究叢書
第2輯

英語構文の
カテゴリー形成

認知言語学の視点から

早瀬尚子

目　次

第1章　課題と構成 …………………………………………3
1.1　はじめに　3
1.2　本書の構成について　5

第2章　理論的背景——認知言語学とその基本的概念—— ……………11
2.1　ゲシュタルト：「全体は部分の総和以上である」　11
2.2　Figure-Ground　16
2.3　客体的解釈と主体的解釈　20
2.4　認知言語学の基本概念　22
　　2.4.1　ドメイン・ベース・プロファイル
　　2.4.2　モノ（thing）と関係（relation）

第3章　共時研究と通時研究との接点——用法基盤モデル—— ………27
3.1　カテゴリー化　27
　　3.1.1　プロトタイプ、プロトタイプカテゴリー
　　3.1.2　スキーマ
3.2　意味変化に関わる認知言語学的概念　31
　　3.2.1　プロファイルシフトとドメインシフト
　　3.2.2　主体化（subjectification）
3.3　認知言語学における文法モデル：用法基盤モデル　38
　　3.3.1　頻度効果（frequency effect）
　　3.3.2　トークン頻度
　　3.3.3　タイプ頻度
　　3.3.4　用法基盤モデルと動的カテゴリー観

3.4　まとめ　44

第4章　所有格表現カテゴリー（1）　　47
4.1　はじめに　47
4.2　所有格表現研究におけるプロトタイプ理論とスキーマ理論　49
　4.2.1　プロトタイプ理論と所有格表現
　4.2.2　プロトタイプ理論の弱点
4.3　前置型所有格表現の構文スキーマ　54
　4.3.1　参照点構造（Reference-point Structure）
　4.3.2　参照点モデルと支配域：Langacker 説
　4.3.3　所有格名詞に対する要件：トピック性
　4.3.4　主要部名詞に対する要件：ドメイン
　4.3.5　所有格名詞と主要部名詞間に成立する関係への要件
　4.3.6　まとめ
4.4　プロトタイプからの拡張：周辺的事例と文脈との関わり　71
　4.4.1　最上級による修飾：ドメインの修正
　4.4.2　文脈によるドメイン内参与者の補充
　4.4.3　対比文脈によるドメイン修正
4.5　プロトタイプとスキーマの橋渡し　80
　4.5.1　主体化
　4.5.2　主体化と所有格表現
4.6　まとめ　84

第5章　所有格表現カテゴリー（2）　　87
5.1　はじめに　87
5.2　先行研究　89
　5.2.1　影響性の制約（Affectedness）
　5.2.2　アスペクト分析
　5.2.3　認知・機能的アプローチ
　　　　：Taylor（1996）の「情報価値（informativity）」

5.3 因果連鎖モデルに基づく分析　100
　5.3.1 因果連鎖モデル
　5.3.2 因果連鎖モデルと名詞句
　5.3.3 因果連鎖モデルの記述可能性
5.4 因果連鎖モデルに基づく所有格参与者選択の規定　106
5.5 派生名詞と目的語所有格　110
　5.5.1 達成タイプ事態派生の事例
　5.5.2 心理動詞派生の事例
　5.5.3 交替動詞の事例
　5.5.4 到達タイプ事態
　5.5.5 活動タイプ事態
　5.5.6 派生名詞における所有格選択：まとめ
　5.5.7 英語の名詞化のもつ能格性と自律／依存関係
5.6 ing 接辞による派生名詞の場合　128
　5.6.1 名詞と概念化
　5.6.2 ing 名詞と目的語所有格
　5.6.3 時間を表す所有格と二つのタイプの名詞との相互作用
5.7 まとめ：所有格構文のスキーマ要件及び
　　　派生名詞での所有者選択との関わり　143

第6章　分詞構文カテゴリーのネットワークと拡張　149

6.1 はじめに　149
6.2 Figure-Ground の分化と〈同時性〉　150
　6.2.1 Figure-Ground の配置
　6.2.2 同時性
6.3 時間ドメインにおける分詞構文　153
　6.3.1 語彙アスペクト・文法アスペクト及び解釈の強制
　6.3.2 英語分詞構文の分析：時間ドメイン
　6.3.3 傍証：日本語における付帯状況文
　　6.3.3.1 ナガラ節
　　6.3.3.2 付帯状況のテ節

6.4 概念レベルにおける分詞構文　164
  6.4.1 概念的階層性
  6.4.2 因果関係
  6.4.3 条件関係
  6.4.4 結果関係
6.5 継起関係　175
6.6 分詞構文のネットワーク　179
6.7 概念レベルの日英比較　181
  6.7.1 日本語のテ節
  6.7.2 拡張の相違点
6.8 まとめ　189

第7章　HAVE構文カテゴリーの発展について　193

7.1 はじめに　193
7.2 have構文の二つの読み：共時的観点から　194
  7.2.1 使役を表すhave構文
  7.2.2 経験・受動のhave構文
7.3 have構文の事態分析：因果連鎖モデル　204
7.4 have構文再考　207
  7.4.1 使役のhave構文の事態構造
  7.4.2 経験・受動のhave構文の事態構造
7.5 have構文の通時的変遷について　217
  7.5.1 haveの意味の通時的変遷
  7.5.2 have補文カテゴリーの通時的変遷
  7.5.3 have構文の意味拡張
7.6 have構文とその周辺：知覚動詞構文と
    使役動詞構文との通時的関わり　231
7.7 まとめ　242

第8章　結論　247

参考文献	252
あとがき	263
人名索引	267
事項索引	269

【凡例】

(1) 例文における容認性判断としては、以下のように区別している。
    * （文法的に不適格）
    ?? （やや不適格）
    # （意味的に不適だが、文脈などが整えば可能）

(2) 文献表示は（著者名（出版年：該当ページ））という形で表記している。該当する文献は巻末の参考文献で探すことができる。

(3) 文法関係表示に関しては以下の略語を採用する。
    SBJ（＝主語（SUBJECT））
    OBJ（＝目的語（OBJECT））
    OBL（＝斜格（主語と目的語以外の文法要素）（OBLIQUE））

(4) コーパス（文献資料）から例文を採取した場合、以下のように略表記した。
    OED（Oxford English Dictionary）
    MED（Middle English Dictionary）
    LOB（The Brigish Lancaster/Oslo-Bergen Corpus）
    FLOB（Freiburg University version of LOB）
    BROWN（Brown Corpus）
    FROWN（Freiburg University version of BROWN）
    BNC（British National Corpus）

(5) 参考文献の配列として、欧文文献はアルファベット順、邦文文献はアイウエオ順とした。

英語構文のカテゴリー形成
認知言語学の視点から

第1章　課題と構成

1.1　はじめに

　本書は主に英語におけるさまざまな句表現・構文形式をとりあげて、どのような条件のもと、どのような意味にまで拡大使用されるか、その共時的多義のありかたや通時的発達過程を分析したものである。本書での言語分析が依って立つ理論的な基盤は「認知言語学」とよばれる文法観に基づいている。ここでいう「認知」とは、人間が意味を読みとる営みのことである。認知言語学は、1980年代頃から徐々に高まりを見せるようになった言語学の一派である。その特徴を簡潔に述べるとするならば、それは「人間が関わるものとして言語現象を見ていく」という態度であろう。それまでの「形式主義」に基づく言語学では、言語が外界の事物を直接指し示すものであると捉え、人間、つまり人間の解釈の入る余地を排除した記号とみなしてきたきらいがある。この従来の立場と比較すると、言語現象を単なる無機質な記号体系とはみなさず、人間が深く関わるものとして捉え直し、人間の果たす役割を言語のあり方の中にとりもどそうとする認知言語学の態度は特筆すべき試みである。

　認知言語学では、「客観的な状況が一つであってもその捉え方は人間によって、また同じ人間であってもその場その場によって、様々であり、その違いこそが言語表現・形式の違いに反映されている」と考える。よく「意味は概念化である」と言われるのはこのためである。どんな簡素な表現であっても、なんらかの捉え方を伝達する機能を担っているものであり、単純にそっくりそのまま別の表現に置き換えられるものではない。この考え方に基づくならば、学校文法などで頻繁になされている（複文⟵⟶単文、能動文⟵⟶受動文、第3文型

←—第4文型など）「書き換え問題」は、単なる言語記号上の表面的操作に終わるものではなく、実は「同じ場面に対するものの見方を変えてみる操作」を生徒に行わせていることになる。つまり、対応する概念の操作をも要求する、深い知的な作業なのである。

　上記の考え方を裏返せば、「同様の言語表現、形式で表されているものは何らかの側面で類似する事態把握・認知を反映している」と言うことにつながる。このある特定の事態把握・認知パターンは、その言語が話されている共同体の中で、ある特定の言語形式と結びついて、長らく用いられ、慣習化されているものであることが多い。しかし、複雑な外界の事態把握といっても、どんな場合でも全く同一というわけにはいかず、共通性もあるけれども細かい点で異なる側面も当然出てくることになる。ではどのような事態認知を行った場合に、同一の表現形式を採用することが可能になるのだろうか。さまざまな言語表現に結びついている、「世界のものの見方」を解き明かしていくこと、これが認知的アプローチの目指す課題である。

　また、このようなある特定の表現形式とある特定の事態認知との結びつきは、昔も今も変わらない、固定化された結びつきなのだろうか。答えは否である。言語は変化するものであり、使われていくうちにその結びつき方も状況と共に、また時代と共に変化する。認知言語学では、「実際の用例に高頻度で接することで表現が定着し、そこから類似例間の共通性が抽出され、次第に規則性が見いだされ、文法知識が形成される」とする、ボトムアップ式の文法モデルを提案している。このモデルは文法知識の動的、可変的側面を重視するため、現在共時的に見られる構文の多義性のみならず、「なぜ現在の多義性を生みだすこととなったか」という歴史的・通時的な変化をも包括的に研究対象に含めることができる。

　本書では、このような認知言語学的な考え方に基づいて、英語の構文を複数取り上げ、それらの表現がどのような場合に適格となるのかを、主に「人間の介在」という視点から分析する。具体的には「所有格構文」「分詞構文」「have構文」について、その共時的多義のあり方、容認可能な表現となるための条件、及び、その通時的発達過程を考察することになる。そして、認知言語学が依って立つ理念が、言語形式に様々な形で反映されていること、人間が関わるもの

として言語現象を見直すことによって、自然で納得のいく説明が可能になること、を検証するものである。

1.2 本書の構成について

　本書は大きく分けて2部構成となっている。最初の部では理論的な立場の基本についての概説を兼ねており、その基本的な考え方を踏まえて具体的な言語現象を例にした分析を展開することになる。
　まず第2章と第3章で、本書の採用する認知言語学的立場の理論的基盤について概説する。認知言語学は言語を閉じたシステムとは考えず、他の認知機構と共通する法則によって捉えられ、また影響を受けるものと考えている。従って、言語現象を司る規則や法則は何らかの形でより一般的な認知原理から導き出されるものだということになる。第2章ではこういった一般の心理学的な概念に還元される概念のうち、以降の議論に関わってくるものについて紹介する。続く第3章では、本書での分析の基本を成すことになるプロトタイプカテゴリー論について概観する。特に、プロトタイプカテゴリーは静的、固定的なものではなく、動的、可変的な性質を持つものであること、その考え方が言語や文法知識をも変化するものとして捉えていくことになることを議論して、以下の分析へとつなげたい。
　第4章から第7章までは具体的な言語現象を例にとり、それぞれが適格な表現として認定されるカテゴリーのありかたについて、意味的な観点から検討を加えていく。第4章及び第5章では「所有格表現」を扱う。所有格表現はJohn's book, the cat's tail などに代表される、英語でも最も頻繁に用いられるものの1つである。形態素 's を付加するだけでよい、実に生産的な句表現である。所有格名詞（possessive genitives）は後続する主要部名詞（head noun）を修飾し、全体として、その場面で指し示すものが決定される「定表現（definite expression）」となる。

(1) a.　the funnel of the ship……the ship's funnel
　　b.　the funnel of a ship……a ship's funnel

c.　a funnel of the ship　　　　　　（Quirk et al（1985 : 1276））

(1a)(1b)も対応する所有格表現を見つけることができるが、主要部名詞が不定冠詞である（1c）に対応する所有格形は見あたらない。つまり、所有格表現は、その所有格名詞自体の定不定に関わらず、全体として定表現となっているのである。
　この所有格構文は典型的には所有関係を表すものと考えられているが、実際には所有以外の多岐にわたる関係を表すことが可能である。

(2) a.　John's book 〈所有〉
　　b.　John's father 〈親族関係〉
　　c.　John's heart 〈部分全体（有生物）〉
　　d.　the book's owner 〈関係名詞とその参与者〉
　　e.　the house's entrance 〈部分全体（無生物）〉
　　f.　last year's decision 〈時間関係〉
　　g.　San Francisco's Golden Gate Bridge 〈場所関係〉

しかし、実際には表現できない関係があるのも事実である。以下のような表現は所有格表現としてはふさわしいとは言えない。

(3) a.　#the knife's fork
　　b.　#the hat's boy
　　c.　#the father's John
　　d.　#the collar's dog

また、派生名詞も所有格形をとることがよく知られている。派生名詞と所有格形との組み合わせは、対応する文との関係や項構造との関係についての研究が数多く成されてきた経緯もあり、いわゆる普通名詞などにおける例（John's dog, the ship's funnel など）とは別の扱われ方が伝統的になされてきた。これらの派生名詞は、元の動詞がもつ項構造上の参与者を所有格にしており、どんなものでも自由に所有格に用いることができるとされていた一般名詞とは異なると考えられてきた。例えば、(4)は対応する文(5)との平行性をもってお

り、文における主語が名詞化した場合の所有格形に、目的語が of 句に、それぞれ対応している。

(4) a. the enemy's destruction of the city
　　b. FBI's release of the prisoner
(5) a. The enemy destroyed the city.
　　b. FBI released the prisoner.

目的語を所有格とする場合には必ずしも元の動詞の主語に当たる参与者を明示化する必要はない。以下の例では by 句なしで、所有格単独で適格な表現となる。

(6) a. the city's destruction (by the enemy)
　　b. the prisoner's release (by the FBI)

しかし、元の動詞の項構造に存在する参与者であっても、所有格となれるものばかりではないのも事実であり ((7))、また、元の動詞の項構造とは何ら関係のない参与者であっても、所有格に現れることができる ((8))。

(7) a. *the cliff's avoidance (by the climbing party)
　　b. *the picture's observation (by the audience)
(8) 　 yesterday's destruction of the city

更に、(6) に対応する (9) では ing 派生名詞を扱っているが、目的語を所有格とすることができない。

(9) a. *the city's destroying (by the enemy)
　　b. *the prisoner's releasing (by the FBI)

所有格表現が適格に用いられる状況とは、考えられている以上に限定された状況なのである。

　第 4 章・第 5 章ではこの所有格表現の適格性を司る条件を検討する。従来、派生名詞に所有格が用いられた the city's destruction などの例は、the girl's hand などの普通名詞の場合とは別扱いをされてきたが、本書ではそれらを区

別せず統一的に説明する方法を模索する。その際に、文脈に置かれるとよくなるという現象にも目を向け、使用者という言語外的な要素と相互作用するものとして、この表現の適格性条件を考えていく必要があることを議論したい。つまり、発話者の介在という要素を考慮することの重要性を強調することになる。

　第6章では英語の分詞構文における、事態認知・事態把握のあり方について考察する。この構文は次のような事例に代表される。

(10) a.　Walking along the street, I came across a strange group of musicians.
   b.　Thinking about Bill, she offered a prayer.

1つの事態が1つの動詞によって表されるとするならば、分詞構文には必ず二つ以上の事態が関わっていることになる。しかし、分詞構文においては定形動詞が1つしか存在しないため、二つ以上ある事態のうちどれか1つを主たる事態として前景にすえ、その他の事態は背景化されたものとなっている。しかし、どのような事態であってもこの背景化や前景化が行われるわけではない。例えば、(11)に見るように、言語化の可能性としては二通りあっても、現実にはある一方の配列のみが適切と判断されている。

(11) a.　Walking along the street, I came across a strange group of musicians.
   b.　#Coming across a strange group of musicians, I walked along the street.

ここでは事態の背景化、前景化しやすさに着目して、どのような事態配列を行った場合に分詞構文が適切に用いられるのか、またどのような意味をもつようになるのかについて議論をする。

　また、分詞構文自体はその簡便な形式に比して「時間関係」「因果関係」「継起関係」など様々な意味を表す。

(12) a.　Finding a gap she thrust through the bramble canes, until she pitched headlong onto the road, under the hooves of the leading

horse.（時間関係）
b. Lying on the beach, John **smokes** cigars.（条件）
c. Having unusually long arms, John can touch the ceiling.（因果関係）
d. Hartley continued on to Paris, arriving near the end of July.（継起関係）
e. …the dyke along the Red River crumbled, **forcing** the evacuation of 15000 people.（結果関係）

　これらの多岐にわたる意味がいずれも〈同時性〉という基本的意味において互いに関連性を持っており、またその〈同時性〉の具体化のされかたの違いによって、分詞構文の表す意味関係の多様性が説明されることを明らかにする。更に、事態そのものの性質のみならず、事態をどのように解釈したかという、話者の積極的な関わりが見られる事例を挙げ、今までの事例と同様、話者の介入するものとして言語を捉えるべきであることを明らかにする。

　第7章では認知言語学的な考え方の中でも動的用法基盤モデル（Dynamic Usage-Based Model）という、言語体を可変的なもの、実際の具体的使用事例に基づいて言語知識が構成されていくもの、と捉える考え方を言語の変化プロセスに応用する。ここでは文レベルに目を向け、いわゆる補文構造をとる have 構文の共時的意味とその通時的な発展について考察する。

　まず、have 構文には大きく分けて、他に働きかけて事態を引き起こす使役的表現（日本語のサセ使役にあたる）と、他から影響を被るという経験・受動的表現（日本語のラレ受身にあたる）とのふたつの解釈が可能である。

(13) a. John had his hair cut (by a professional barber).
（ジョンは（プロの美容師に）髪を切らせた・切ってもらった）〈使役〉
b. John had his hair cut (by a strange passer-by).
（ジョンは（見知らぬ通りすがりの人に）髪を切られた）〈経験・受動〉

この二つの異なる解釈がそれぞれどのような場合に得られるのかについて、主に共時的側面から検討を加える。
　また、have という動詞のとる補文のタイプは多岐にわたる。目的語の後に場所句をとる場合、形容詞をとる場合、分詞形、原形不定詞、そして名詞と、実に様々なタイプの補文が生起可能である。

(14) a.　I have keloid tissue on my back./He has a fly resting on his nose.
　　 b.　I had him angry the minute I walked in the door.
　　 c.　I had two dogs die of snake bite.
　　 d.　She has children come to her house every Sunday.
　　 e.　I'll have him a cavalier.

このように補文構造の拡張はかなり広範囲であるが、その発展過程をみてみると、have 構文の持つ多様性が今ある姿になっていることが自然な動機づけを与えられる形で理解される。歴史的には (14a) のタイプから (14e) のタイプへと発展してきたことがわかっているのだが、本文では、本書で採用する認知言語学の枠組みにおける文法カテゴリー概念を踏まえ、これらの推移が自然な経路を辿ったものであることが明らかにされる。
　have 構文は補文構造のみならずそれが表す意味も多様で、いわゆる「使役」を表すものから、影響を被るという「経験・受動」を表すものまで、範囲が広い。特に、「使役」と「経験・受動」とは互いに相反する意味関係とすら感じられる。この多岐にわたる意味の発達を考えるには、もともとの have という動詞の表す意味の変化のみならず、その周辺の構文との関わりも考察していく必要がある。
　以上の観察を踏まえて、最後の第8章では総括を行う。本書で採用された認知言語学的知見から、各構文の分析で得られた理論的意義を振り返り、言語の構文研究を行う際に、言語構造だけではなく、意味機能、その表現が用いられている場面、文脈、用いている話者、といった、言語構造外との関わりをも視野に入れることが必要とされることを確認したい。

第2章　理論的背景
——認知言語学とその基本的概念——

　本章と次章では、本書が依って立つ理論基盤である認知言語学についての概説を行う。

　認知言語学は、言語が人間の認知、意味を読みとる力と深い関わりを持つとみなしているため、その基本に心理学的な概念を数多く前提としている。ことばを発する能力を、それだけで閉じられた自律的な世界とみなすのではなく、言語以外の認知機構とも連携をもつものであり、その他の認知能力によって制限されたり作り上げられていくものと考え、その相関関係に気を配りながら言語現象の記述説明を試みていこうとしている。

　具体的な提言としては以下の主張が挙げられよう。

(I) 「全体は部分の総和以上の、知覚上のまとまりをもつものと認識される」(2.1)
(II) 「客観的な状況は外界において一つしかなくても、その状況の見方、捉え方は人によってさまざまであり、その違いは言語表現の違いに反映される」(2.2 ; 2.3)

これらの主張は、言語現象だけに限られたものではなく、私たちの知覚、認識一般にも広く見られる、普遍性の高いものである。以下それぞれ詳しく見ていこう。

2.1　ゲシュタルト：「全体は部分の総和以上である」

　認知言語学の考え方は、特に20世紀初頭の知覚心理学の一派である「ゲシュ

タルト心理学（Gestalt psychology）」の考え方を基本に据えているところがある。ゲシュタルトという考え方は、簡潔に一言でいうならば、「**知覚においては全体こそ部分の前提となるものである**」とみなすものである。つまり、私たちはものを知覚するときにまず全体を認識しているのであり、その更なる個々の部分については、この全体の認識を踏まえた上でその中での位置づけを行っているというのである。

　この考え方は、それまでの心理学で主流であった「要素主義」という考え方へのアンチテーゼであった。要素主義とは、心理学が実験科学として確立され始めた頃に導入された、他の科学分野、とくに物理学や化学の領域の思考法を取り入れた見方である。自然科学で物質が分子や原子のような要素からなり立つものとして扱われたのに倣って、心理学でも心的活動を感覚や心像などの要素に分解し、それらの要素を時間的あるいは空間的に再結合することで、全体の知覚経験が得られると仮定した。この考え方は当時の（そして今でも）科学的思考法のスタンダードであったため、比較的新しい学問である言語学でも、この手法に基づいた考え方を理論構築に取り入れるようになっていた。人間の文法知識はすべて規則により合理的に産出されるという前提に立ち、例えば文の構造や意味も、その文を成立させている部分、いわば語を足しあわせることで得られるものだと考えたのである。この考え方は「構成性の原理」として今日でも有効である。従って、「全体こそ部分の前提となる」「まず全体の認識こそが必要だ」という主張は、こういった要素分解主義的流れに逆行するものであった。

　この、「知覚においては全体こそ部分の前提となるもの」という考え方の具体例は、身の回りでもいくらでも見つけることができる。例えば、テレビのクイズ番組などで、対象のごく一部分だけを拡大した写真を見せられても、なかなかはじめは対象を特定することができないが、次第にカメラを引いていって、全体像がある程度見えてきて初めて、最初に見せられた部分がいったい何だったのかがわかるようになる。このような現象は、全体の把握・認識、ひいては全体に関して予め何らかの知識（全体としてどのような形状、色をしているのかなど）を持っている必要があることを示している。

　言語現象にも同じようなことが言える。例えば (1) の表現を考えてみよう。

(1) a. a cat person（ネコが好きなネコ派の人）
　　b. a breakfast person（朝食派の人）
　　c. a night person（夜更かしをする人）

a good person や a nice person など、[形容詞＋person] という結びつきであれば話はわかりやすいのだが、上記の事例は [名詞＋person] という形式をとっている。これは一種のイディオムで、"X person" 全体で「〜派（主義）の人」という意味をもち、X の値がいろいろと変化しうる。英語を習い始めの人なら、それぞれの単語を調べ、全体としての意味を得ようとしても、おそらく失敗に終わるだろう。「〜派（主義）の」という意味は person にも、X 要素にもなく、この組み合わせになったときに初めて現れてくる意味である。つまり、部分を足しあわせた以上のまとまった意味が、全体としての表現に課されているのである。

　このような、部分を足しあわせても全体の意味にはならないという類似例は、語句レベルのみならず文レベルでもあげることができる。

(2) a. Frank made his way to the success.（フランクは成功へとつき進んだ）
　　b. Frank dug his way out of the prison.（フランクは監獄の外へ少しずつ掘り進んで脱獄した）
　　c. Frank found his way to New York.（フランクはニューヨークへの経路を何とか見つけながら進んでいった）

これも一種のイディオムであり、[V＋one's way＋PP] 全体で「主語が前置詞句で表される経路を少しずつ辿って移動する」という意味をもつ[1]。その移動の際の様態を表すのが V で表されている動作である。これも、V の部分がさまざまに変化しうるため、例えばこの構文の存在を知らない人が (2b) (2c) を目にしたとしても、そこに移動の意味を読みとることはできず、おそらく、次のような意味と解釈してしまうのではないだろうか。

(3) a. Frank dug his escape route out of prison.（フランクは監獄からの抜け道を掘った）

b. Frank found a way to New York.（フランクはニューヨークへの経路を見つけた）　　　　　　(Goldberg (1995 : 199))

つまり、「少しずつ進んでいく」という移動の意味はこの構文イディオム全体に課されるものであり、部分的要素である単語の意味を足しあわせても出てこない。全体が、その部分とは独立して、それ単独で意味の単位となりうることがこの例からも窺えるだろう。

　また、表現全体がもつあるまとまった意味が、言語表現内の要素からだけでは求められず、より広い百科事典的な知識を要求する場合もある。

(4) a. 　a raw presentation of several varieties of fish
　　 b. 　The intoxicated speech is always recognizable because of the slurring effect.

言語内だけで、純粋に修飾関係にのみ基づいてこの表現を処理しようとすると、ここでの形容詞である raw（生の）や intoxicated（酔っぱらった）はそれぞれ、直後の名詞 (presentation, speech) にかかっていると判断されるが、厳密にいえば、raw は several varieties of fish を修飾しているし、また形容詞 intoxicated は speech を行う主体という、明示的には表れていない者を修飾する意味をもつはずである。つまり、単純に部分の意味を足しあわせて全体の意味を得ようとすると、どこかに矛盾やつじつまの合わない側面がでてくるということ、また、実は無意識のうちに私たちがこの語にまつわるさまざまな知識を喚起して、その全体的な知識の中で語の意味を改めて位置づけていることがわかる。

　このように、ある語や意味を正確に理解するために要求される知識を「フレーム (frame)」と呼んでいる (Fillmore (1982) など参照)。その語の意味を適格に捉えるためには、その語が共起している構文環境や、その語にまつわる百科事典的知識をも正確に踏まえていなければならない。以下の用例の意味を正確に理解するためにも、様々なフレームが必要とされている。

(5) a.　ball game（米語）
　　 b.　Blue Monday（憂鬱な月曜日）
　　 c.　Thank God, it's Friday!（やっと金曜日だ、万歳）

ball game といえばアメリカでは野球を専ら指すが、そのような背景知識を知らなければ、文字通りの「球技」ととってしまうこともありうる。また野球がどのような手続きのもと行われるスポーツなのかについての知識も要求される。また、なぜ月曜日が憂鬱で、金曜日はうれしいのか、ということも、曜日に対する知識が共有されていない文化圏に対しては翻訳しがたい。このような側面からも、部分を理解するのに全体が重要な役割をもつことが窺える。

ゲシュタルト心理学者たちは、「全体は要素の単なるモザイク的な集まりではなく、それ自体構造をもち、ゲシュタルトを形成し、部分はその全体によって規定されている」とする考え方を繰り返し強調してきた。そして、私たちの認識の構造化パターンを司る要因・法則として、ゲシュタルト要因 (Gestalt factors) をいくつか取り上げている。その代表的なものを以下に挙げておく。

(6) ゲシュタルト要因
　(a) 近接性の要因：他の条件が一定であれば、近くにあるもの同士がまとまって知覚される（例：星座など）。
　(b) 類同の要因：異なる種類の刺激があれば、他の条件が一定であれば、同種類のものがまとまって知覚される。
　(c) 閉合の要因：閉じた空間を構成する方がまとまって知覚される。
　(d) なめらかな経過：断続的な経過、連続を示すものよりも、なめらかな連続を示すものの方がまとまって知覚される。
　(e) よい形の要因：対称性を成す、規則的かつ単純な形が得られるようにまとまる傾向がある。

こういった様々なゲシュタルト要因はすべて、更に上位の原理である「プレグナンツの法則（「心理学的体制は常に条件が許す限り最もよくなろうとする傾向がある」）を満たそうとするための条件である。この法則の存在が示していることは、私たちが対象を知覚し、それを認知的に構造化する際、無意識のうちに、より安定した、より単純で規則的、かつ対称的な構造化を目指すことである。つまり、ここでの「構造化」とは、単純な「知覚」から人間が主体的に読みとる「認知」への組み立てなのである。

以上見てきたように、部分に分解し、それぞれの認識にのみ基づいていれば

全体の意味が得られる、という考え方では必ずしもうまくいくとは限らない。全体そのものにも目を向けていく必要があること、また、全体に対する知識や認識こそが、その部分同士の関係に対する情報を提供してくれる場合もあることが、理解されるだろう。

2.2　Figure-Ground

　認知言語学のもう一つ大切な理念がある。それは「**客観的な状況は一つでもその捉え方はさまざまで、その違いが言語表現・形式の違いに反映される**」とするものである。この考え方の基本にあるのが、知覚心理学における Figure-Ground の現象である。

　私たちがモノや出来事を見て理解する場合、客観的には同一と考えられることでも、視点の取り方や捉え方によって、異なった解釈をする場合がある。次のペアはその好例である。

(7) a.　The glass is half empty.
　　b.　The glass is half full.

同じ状況であっても、どの部分、どの側面をより際だっていると捉えるかで、全く違う言語表現、ひいては全く違った意味をもたらすことがある。このような知覚上の現象を、心理学では「Figure-Ground の分化」の理論として扱ってきた。「Figure-Ground の分化」はもともと知覚心理学の概念であり、人間が空間をどのように組織化・体制化して認識、理解するのかを説明するのに用いられた。客観的な外部世界の対象としては同じ図形であっても、どの部分を前景（Figure：図）とし、どの部分を背景（Ground：地）とするかによって、捉え方が変わってくることに着目した研究である。

　私たちの視野の中に二種類の異質な領域が同時に存在する場合、いずれか一方が迫力を帯びて浮かび上がり、他方はその周囲の空虚な空間であるかのように感じられる。この浮かび上がる方は Figure、背後に広がる背景となる方は Ground として区別される。私たちが意識するモノや出来事は、一般に Figure として捉えられているが、中には二種の領域のいずれが Figure になるのか確

定せず、観察し続けていくと、同一領域が Figure となったり Ground となったりする図形も存在する。これは Figure-Ground 反転図形と呼ばれる。「ルビンの盃」はこの典型例であり、見方によっては盃に見えたり、二人の人物の横顔に見えたりすることで有名である。

この Figure-Ground 反転図形を観察することによって、Figure や Ground の現象的な特徴及び違いを探ることができる。Figure として知覚されやすい心理学的要因としては、次のようなものが挙げられている。

(8)　Figure と Ground の分化の要因
　(a)　Figure は形を持つが、Ground には形がない
　(b)　Figure と Ground の境界線は輪郭線として Figure に属し、Ground には所属しない
　(c)　Figure は全面に浮かび、Ground は Figure の背後まで広がっている印象を与える
　(d)　Figure はものの性格を、Ground は材料の性格を持つ
　(e)　Figure は注意を引きやすく、Ground は注意の対象となりにくい

言語への具体的な応用に移る前に、この Figure-Ground の持つ心理学的意義について触れておきたい。ゲシュタルト心理学が Figure-Ground という現象を重視した理由は、当時前提とされていた伝統的テーゼである「恒常仮説」と呼ばれるものに反駁する根拠となっていたからであった[2]。恒常仮説とは、「特定の物理刺激は常にある特定の感覚を引き起こしている」とする仮説である。当時は各々の刺激要素がそれに対応する各々の刺激を引き起こしており、その関係は一対一のものであると考えた。すなわち、外界のあり方がそのまま一義的に私たちの頭の中にコピーされ、対応する感覚刺激となって、脳に伝えられると考えたのである。

しかしそのようなコピー理論ではうまく説明できない現象がいくつも挙げられる。一例として、Figure-Ground の反転図形（ルビンの盃〈図2-1〉）を考えてみよう。ここでは物理的刺激が一つ、つまり絵そのものは一つなのに、結果として得られる知覚経験は一つではなく複数ありある時には盃に見え、ある時には2人の横顔に見え、と、それぞれ異なっている。そしておもしろいことに、

〈図2-1：ルビンの盃〉

横顔と盃が両方同時に見えることはない、これらの点もコピー理論だけでは説明がつかない現象である。

これらの例が示していることは、知覚というものが、恒常仮説が前提とするような「単に刺激を受けて、外界のあり方のコピーを脳の中につくる」というような受動的なプロセスではなく、必ずそこには**外界を「解釈」する主体が関わっている**ということである。Figure-Ground の反転図形は、外界を解釈する主体者が存在することの現れである。どちらに着目するのか、という、知覚者の主体的働きかけにより、同じ図形の解釈が変わりうるのである。

この考え方は認知言語学のアプローチの根底にも流れている。言語の意味はその指示対象に単純に一対一に対応するラベルを与えるものではない。言語表現はそれが指し示している外界の事物と直接対応しているのではなく、むしろ認識者＝話者がその指示対象をいかに理解・解釈したかを表しているものと考える。この、主体者による外界の「解釈」作用を重視しているのが、「認知」言語学と銘打たれる所以なのである。

このように、認知言語学では、人間が外界を見るとき、必ず複数ある選択肢のうちのある一つの切り取り方、見方を採用しており、それが反映されているのが言語表現である、という立場をとる。従って、人間を通した外界認知の現れとしての言語を研究対象とする。先ほど見た、「形式が異なれば、意味が異なる」というテーゼは、ごく自然な流れであることがわかるだろう。つまり、客観的には同じ状況であっても、何を Figure として着目するか、何を Ground とするか、によって、当然捉え方・解釈が異なり、その違いは言語形式にも反映されうると考える。

例えば先ほどの例をもう一度取り上げてみよう。

(9) a.　The glass is half empty.

b.　The glass is half full.

「液体の量がグラスの半量である」という客観的事態に対して、何を Figure として選択するかによって、少なくとも二通りの解釈があり得る。この二通りの解釈は別の表現形式となって、具体的に言うと、empty, full という異なる語彙項目の選択となって現れている。また別の例を見てみよう。

(10) a.　The bees are swarming in the garden.（蜂が庭で群れている）
　　 b.　The garden is swarming with bees.（庭は群れた蜂でいっぱいである）

庭に蜂が群れている様子を描写するのに、蜂に着目した場合は bee を主語に、庭に着目した場合は garden を主語に据えている。同じ状況であっても、何をその描写の中心に据えるかによって、おのおのの主語の選択が変わってくる。
　更にもうひとつの事例を見てみよう。

(11) a.　I broke the glass.（ガラスを割ってしまった）
　　 b.　The glass broke.（ガラスが割れてしまった）

なにごとかが起こってガラスが割れてしまうという事態は一つであるが、それをどのように解釈するかはいくつもの可能性がある。(11a) ではガラスを割るという事態をひきおこした責任主体が明示的に表現されている一方、(11b) ではそのような主体が言語化されておらず、従って誰の責任でもなく、ガラスが自ずから割れるような状況を引き起こしたかのような解釈すら可能である。例えば、小さな子供が自分の不注意でガラスを割った場合、本人は (11b) のように主張し、一部始終を見ていた大人がそれをたしなめて (11a) の表現を口にする、ということがある。これはまさに一つの事態に対して複数のものの見方がある、ということを、言語表現によって教えようという試みと解釈できる。言語表現が、複数ある中からある一つのものの見方を選択的に提示しているということは、逆の側面から言えば、異なる言語表現を意図的に用いることは、ものの見方、事実に対する認識を変える力をももっているのである。

2.3 客体的解釈と主体的解釈

　認知言語学では、視点あるいはパースペクティブも、対象物や事態を捉える際に駆使できるような、話者に備わった能力として、より積極的な位置づけを与えている。この節では視点の変化が対象の捉え方、ひいては事態の解釈を変えてしまう事例をいくつか見ていこう。

　まず、視点のとりかたは事態認知に大きく関わってくる。対象そのものは同じでも、その知覚される大きさや拡がりは、どの視点を採るかで変わってくるためである。

(12) a.　The cows all died in a month.
　　 b.　When the cows all died, we sold our farm.
　　 c.　The cows kept dying (and dying) until they were all gone.
　　　　　　　　　　　　　　　(Talmy (1988 : 184 ; 2000a : 36))

「牛が全部死ぬ」という事態は、もともと最初の牛が死に始めてから最後の牛が死ぬまでの、始点と終点を持つ幅のある事態と捉えられている。一方 (12b) では、同じ牛の死が、when 節によってある一時点に収束させられて解釈されている。ちょうど、写真で牛の群を遠くから映すとただの黒い固まり、点のように見える現象と同じである。また、(12c) では牛が次々に死に続けていくさまを、ズームアップした形で詳細に描いている。このように、私たちが対象をどのように捉えたかが言語表現に如実に反映されている。同じ事態であっても、その時間的展開の捉え方は変わりうるのである。

　次に、移動の関わらない静的な関係もしくは状態を表現する際にも、運動・移動を表す動詞を用いることがある。

(13) a.　The balloons **rose** slowly into the blue sky.
　　 b.　The peak of the mountain **rises** above the clouds.

ここで rise はモノの垂直方向への移動を表す動詞である。(a) では風船がたくさん放たれて空へ上っていく様子が描かれているが、同じ動詞が (b) では移動

ではなく、山の頂の位置、形状を表すのに用いられている。もちろん山の頂自体は移動の対象ではなく、ここではむしろその頂を眺める話者の側の視点の動きが、rise という動詞の表す「移動」の意味と重なっていると考えられる。この「動き」が話者の側に帰せられることは、その移動の方向が必ずしも現実世界によって絶対的に決定づけられているわけではないことからもわかる。

(14) a. The road descends from Jerusalem to Jericho.
  b. The road ascends from Jericho to Jerusalem.
(15) a. The road narrows just outside Escondido.
  b. The road widens just inside Escondido.
(Langacker (1987 : 178, 262))

通常 descend（降りる）ascend（上がる）という動詞は、何か具体的なものがその水平位置を徐々に変えていく、つまり位置変化を表すものとして使われる。しかし、この同じ動詞を、(14) では全く移動するものが存在しない状況に用いている。ここであがったり降りたりしているのは、具体物ではなく、むしろその対象の形状を心の中でなぞっているその心的レベルでの辿りであろう。興味深いのは、同じ状態に対して異なる方向の心的走査を適用した結果、得られる言語表現も変わってくる。例えば (15) の narrow と widen では全く異なった、逆の事態把握となっている。つまり、客観的事態は一つであっても、それをどのように捉えたかによって、異なった捉え方、ひいては異なった表現が可能なのである。

更には、解釈者自身が移動していても、その移動をメタ的に認識することなく、あくまでも「見え」そのものを言語表現化することがあるが、この場合にも主体的解釈が関わっていることになる。

(16) a. There **are** some house**s** (at various points) **in** the valley.
  b. There **is a** house **every now and then through** the valley.
(Talmy (1988 : 197 ; 2000a : 71))

(a) では家が散在している様子全体を静的な形で、つまりその全貌を遠くからもしくはヘリコプターなどから捉えているのに対して、(b) では同じ状況を実

際に自分が移動するにつれて一軒一軒見えてくる様子として描写している。このため、every now and then といった、もともと時間表現と考えられるものが用いられていたり、through という移動経路を表す前置詞が用いられていたりするのである。全く同じ動きのないはずの状況を描写するにも、これだけの異なった捉え方が可能である。このように、話者の主体的な解釈が、言語表現、ひいては意味に関わりを持つことが理解されるだろう。

　ここで見た主体的な解釈という考え方は、本書で考察する言語現象すべてに関わってくるものである。言語が反映しているのは、物理的客観的な外界の事象そのままではなく、その外界を一度自分の中に取り込んで咀嚼した後に出てくる、人間の解釈、ものの見方、という概念レベルのものなのである。

2.4　認知言語学の基本概念

　本章の最後に、今まで見てきた概念を踏まえ、特に本書で扱う言語事象に深く関わることになる、認知文法の基本的概念を概観していきたい。

2.4.1　ドメイン・ベース・プロファイル

　Langacker は、部分全体に関するゲシュタルト派の考え方、及び Figure-Ground の捉え方を自らの文法観に反映させ、「言語の意味はすべて認知ドメインに照らして得られるものだ」と考えている。例えば、〈弧 (arc)〉〈半径〉〈直径〉という意味を定義しようとしたとき、イメージの中では必ず〈円 (circle)〉の概念を Ground あるいはドメインとして踏まえており、その上でその一部を Figure として焦点化していることになる。このドメインの中で Figure に相当する際だち部分をプロファイル（**profile**）といい、図では太線で示されている。またドメインの中で特に Ground に相当する部分をベース（**base**）という。

　例えば、〈島〉という概念を捉えるためには、ベースとして周りを海で囲まれている陸地を全体的に捉えたものが必要になるし、そのベースの範囲を陸地が特に飛び出している周囲のみに限ると、それはもはや〈島〉というよりも〈半島〉という概念を当てる方が適切となる。このように、ベースの中でも言語の意味として特に必要となってくる部分をスコープという。そしてスコープの取

り方次第で、言語の意味そのものが変わってくるのである。

2.4.2 モノ (thing) と関係 (relation)

認知文法では、言語の意味構造はプロファイルによって与えられる。そのプロファイルのあり方によって、大きくモノ (**thing**) と関係 (**relation**) の二つに分類される。そして後者の関係は時間との関わりの有無によって更に二つに分けられる。以下、それぞれのケースについて説明をしていこう。

まずプロファイルが一つの事例を見てみよう。先に見た〈弧 (arc)〉や〈半島 (penninsula)〉の例では、ベースに対するプロファイルが基本的に一つの部分である。このような場合、典型的には「モノ (thing)」概念を表し、典型的には名詞や名詞句がこれに当たる。場合によっては、プロファイルが一つというよりも、ある一つにまとめられる集合に相当する場合もある。例えば、〈集団 (group)〉〈星座 (constellation)〉などは、厳密に言えば複数のプロファイルが存在するが、それらをひとまとまりと認識し、より高次レベルで「一つの」プロファイルを作り出すことになる。

このようにしてプロファイルされた（しばしば複数の）モノがどのように関連しあっているかに焦点を当てたのが「関係 (relation)」概念である。多くの「関係表現 (relational expression)」においては、その概念化に必要な、いわば前提とされているモノがある。例えば前置詞であれば主語と前置詞の目的語が踏まえられているし、他動詞事態が表しているのも主語と目的語との間の関係であるから、この二つのモノの存在が前提とされている。

モノと関係 (relation) の違いは自律／依存 (**Autonomy/Dependence**) の対立に求められる。モノ概念はそれ自体で存在し得るし、限りなく自己充足的であるが、関係概念は必ずモノ概念を前提としなければ成立し得ない。この意味で、モノは概念レベルにおいて自律的 (Autonomous)、関係は依存的 (Dependent) という対立が得られる。

このように関係概念はモノ概念に依存した概念であることを確認したが、二つ以上モノが関わる場合、いずれかが他方に比べて、よりスポットライトを浴びるという非対称が見られる。このことも知覚分化における Figure と Ground の非対称性の表れと考えられる。そして、プロファイルされた「関係」

に携わる参与者のうち、最も際だつもの、つまり「関係」における Figure となるものを**トラジェクター**（**trajector**）といい、それ以外のプロファイルされている参与者を**ランドマーク**（**landmark**）と呼ぶ。ランドマークはトラジェクターの基準点として働く。次の例は前置詞の例であるが、どちらもランプとテーブルという二つの存在物（モノ）間の位置関係を表している。主語として選ばれているのがトラジェクターで、前置詞の目的語に選ばれているのがランドマークである。

(17)　The lamp is **above** the table
　　　The table is **below** the lamp.

二つ以上の存在物同士の相互関連性をプロファイルした「関係」も、時間との関わりで更に二つに分けることができる。関係のうち、時間の関わらない静態的な状態を表すものは特に非時間的関係（**atemporal relation**）といい、これに時間軸を加えた関係をプロセス（**process**）といって区別している。先に見た前置詞が表しているのは静的な空間的状態関係であるため、前者に属するが、動詞が表すのは典型的には時間的にその関係が変化していくさまであるため、後者に属することになる。

　動詞などが表しているプロセス概念は、非時間的関係を複数組み合わせ、それを時間に沿って展開させることで得られるので、**時間もプロファイルされている**（**temporal profile**）のが特徴である。このように、展開された状態の連続を時間順に追っていくことを**連続走査**（**sequential scanning**）という。通常の動詞（walk, explode, fall など）はこの連続走査を行うことで一連の動きを表現していることになる。

　これに対し、時間順に並べるのではなく、単一的に、もしくはそれらを全体として、静的に見るという認知操作も可能である。この場合、同じ出来事でもそこには時間走査がない。この場合は**累積走査**（**summary scanning**）が行われたことになる。この累積走査はプロセスを非時間化（atemporalize）するものであり、これによって状態の連続全体をまとまりのあるゲシュタルトとして、つまり、プロセスを改めてモノとして捉え直すことも可能となる。派生名詞などはその例で、explode という事態を累積走査でまとまりとしてとらえたのが派

生名詞の explosion ということになる。しかし累積走査を行う対象は、連続走査を行うプロセスと同一の、状態の集積である。つまり、explode と explosion とは、同一事態を表現していながら、その捉え方、ここでは走査方法が異なるのである。

　ここまで、プロファイルのあり方により、概念を大きく3つに分類できることを見てきた。確認してきたように、認知文法ではモノ (thing)、非時間的関係 (atemporal relation)、プロセス (process) の3分類をそれぞれ「名詞」「形容詞・副詞・前置詞」「動詞」に典型的に対応させている。「典型的」と断っているのは、この対応が固定化したものではなく、捉え方によっては柔軟に対応関係を変える可能性があるからである。次章では、ある共通性をもつグループとしてものごとを捉えるという人間の認知能力、カテゴリー化について、詳しく見ていくことにしたい。

注
* この章は河上誓作編著『認知言語学の基礎』(1996 研究社出版) の第1章 (早瀬執筆担当分) に加筆修正をしたものである。
1) Goldberg (1995) ではここで挙げた表現を way 構文 (way-construction) と称して、詳しい分析を行っている。
2) 恒常仮説との関わりについては、1994年に東京大学本郷キャンパスで開催された日本英語学会において、認知言語学に関するワークショップを行った際、本多啓氏 (駿河台大学) にご教示いただいた。記して感謝したい。

第3章　共時研究と通時研究との接点
―― 用法基盤モデル ――

3.1　カテゴリー化

　私たちは日常生活においてさまざまな事物を知覚し、経験する。その量は膨大であり、一つ一つを記憶にとどめようとすると大変なことになる。しかし、私たちはそれらの事物を効率的にグループ分けすることができる。つまり、私たちには、事物から何らかの類似性や一般性を抽出し、事物間に何らかのまとまりを認識し分類することのできる能力が備わっていると考えられる。このようにして分類された事物のグループを**カテゴリー**（**category**）と呼び、事物をグループにまとめる認識上のプロセスを、一般に**カテゴリー化**（**categorization**）と呼んでいる。

　このカテゴリー化能力は人間におそらく基本的に備わっている認知能力の一つである。そして、この能力を駆使することで、人間の言語知識、文法知識が形成されていくであろうと認知言語学では考えている。以下ではこのカテゴリー形成能力を詳しく見ていきたい。

3.1.1　プロトタイプ、プロトタイプカテゴリー

　認知言語学の基本的なテーゼの一つは「形式と意味との対応」である。形式と意味とが対応したものの代表として「記号（symbol）」が挙げられるが、認知言語学では言語を「記号単位が無限に集まったもの（open-ended set of symbolic units）」（Langacker (1987a : 11)）と考えている。そして、先ほども見たように、「何らかのレベルでの意味が異なれば、それを表現する形式も異なる」という立場に立っている。これは裏返せば、「形式が同じであれば、意味においても類似

性が認められる」という主張と同一となる。

　この考え方を支えているのは、認知言語学が言語のさまざまな側面に関するカテゴリー化の問題に対して基本的に採用している「**プロトタイプ理論（prototype theory）**」の考え方である。それまで一般的であった古典的カテゴリー論では、カテゴリーを、客観的に抽出される意味属性に基づいて決定される、境界の明確なものだという見方を採っていたが、これに対してプロトタイプ論は、そのカテゴリーのメンバーらしさに程度差、つまり段階性を認め、その境界が必ずしも明確な線を引けるものではなく、むしろ連続的であると考える。そしてこの見方のほうが古典的カテゴリー論に基づく考え方に比べて、記述的妥当性も高く、心理的実在性も高く、実際に人間が採用するものの見方について、より直観に近い形で捉えることができると主張する[1]。

　プロトタイプ（prototype）とは、カテゴリーの最も典型的なメンバーのもつ特徴の抽象的合成物もしくは集合体をいう。プロトタイプは、カテゴリーを考える場合にまず念頭におかれる、いわばそのカテゴリーの代表的なメンバーであり、特に修正を迫られるような状況がない限り、私たちはこのプロトタイプを想定してカテゴリーを考えるのが一般であろう。そして、私たちはカテゴリー化の際に、プロトタイプを核とし、その周囲にさまざまなメンバーを配置して位置づけることで、カテゴリー全体を構造化していると考えられている。カテゴリーのメンバーはそれぞれ、そのメンバーらしさという点では一様でなく、中にはプロトタイプに近いものもあれば、全くかけ離れた周辺的なものがあったりと、メンバー間で段階性が見られるのである。

　このように、メンバー間でその帰属度に差が見られる現象を**プロトタイプ効果（prototype effect）**と呼んでいる。プロトタイプ効果は、カテゴリーのプロトタイプとカテゴリーのメンバーとがどの程度合致しているかを、私たち人間が判断することによって副次的に得られるものである。この合致度を測る基準を**典型性条件（typicality conditions）**もしくは**プロトタイプ属性**という。これは理想的なプロトタイプが備えていると想定される特徴を非網羅的に列挙したものである。この典型性条件の満たされ方はさまざまで、すべての成員が何かの属性を共有していなければならないわけではない。より多くの条件を備えていれば、そのメンバーはよりプロトタイプ的であり、共有している属性が少な

ければ、より周辺的な成員だということになる。

　なぜすべての成員に共通しない属性が、カテゴリーを特徴づける属性とみなされるのだろうか。これについての説明を与えるのが、**家族的類似（family resemblance）**という考え方である（Wittgenstein (1953)）。家族のメンバーはお互いにどこか似ていることが多いが、その共通性の現れ方はさまざまで、すべてのメンバーが共通の類似点を持っている必要はない。娘は父に似て母に似ず、息子は母に似て父に似ていなくても、全体として彼らは家族である。カテゴリーもこれと同じような内部構造を持つと考えられる。

　第4章以降で展開される事例研究では、3つの英語の構文を扱っている。そこではいずれの構文もその多様な具体的表現からなる、プロトタイプカテゴリーを構成している。その構文のいわゆる典型例と考えられる表現もあれば、そこからは逸脱した、あるいは周辺的とみなされる表現も存在する。しかし、形式が同じならば、そこには外界のとらえ方に関して何らかの類似する側面が見られるはずである。この類似性に基づいてさまざまな構文カテゴリーが言語知識として形成されているのである。

3.1.2　スキーマ

　繰り返しになるが、認知言語学の基本的なテーゼの一つは「形式と意味との対応」である。形式と意味とが対応したものの代表として「記号（symbol）」が挙げられるが、認知言語学では言語を「記号単位の集積である」（Langacker (1987: 11)）と考えている。この場合の記号とは、単語レベルにとどまらない。形態素などの更に小さなレベルだけでなく、より大きなレベルであるイディオム表現なども、記号単位（symbolic unit）と捉えられている。例えば英語の "how are you,""good evening,""good night"、日本語の「いらっしゃい」「お帰りなさい」などの日常的な挨拶表現は、ある特定の場面で使われる表現であり、それ自体で一つの特定化された意味と結びつき、記憶に保持されていると考えられる。いずれも何気ない表現であるが、文字通りの意味とは少し離れていることに気づく。例えば「いらっしゃい」は客などを迎え入れる時によく使うが、それは「入っておいで」と必ずしも言い換えることはできないし、「お帰りなさい」も「もう帰りなさい」という意味とは少し違ったニュアンスで、

家人を出迎えるときに使ったりする。従ってその表現をネイティブらしく適切な場面で適切に使おうとすると、それ全体を記号として学ばなければならないのである。

認知言語学では、この記号という単位を、語より大きな、より抽象度の高いレベルにも与えている。このレベルは通常「スキーマ (**schema**)」と呼ばれ、「カテゴリーのすべての成員と両立可能な、しばしば抽象的な規定」(Langacker (1987a : 371) など参照) のことを指す。カテゴリーの具体的なメンバーは、すべてこのスキーマを具現化したもの (instantiation) である。

例えば、2.1 の (1) で挙げた a cat person, a night person の事例をもう一度振り返ってみよう。この表現には共通する部分がある。すなわち、[a(n) X person] という形式をとり、X の部分には名詞にあたるものが来る、という共通点である。これを捉えるのがまさにスキーマであり、以下のように図示できる。

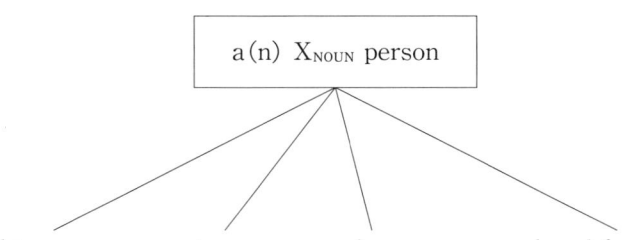

$$a(n)\ X_{NOUN}\ person$$

a night person　a cat person　a dog person　a breakfast person

〈図3-1：X person のスキーマとその具体事例との関係〉

このスキーマは、句構造の展開の仕方を捉えているという点で、ある意味で「規則」に対応するものに思われるかもしれない。しかし、スキーマの最大の特徴は、それが最初から与えられているものではなく、具体事例に接する中から私たちが抽出していくものであるという点である。先ほどの [a(n) X person] というスキーマも、始めから存在しているというよりも、実際の事例である a cat person, a night person などの表現に接することから、それらの共通性をとりだした結果として捉えられるべきものである。カテゴリー内の構造が複雑になり、多種多様な表現が可能になればなるほど、共通性として取り出すこと

のできるスキーマは抽象度を増すことになる。

　このように、カテゴリーは常に動いている。私たちは、プロトタイプとの類似性を発見することでカテゴリーを拡張し、同時にその拡張例とプロトタイプとの共通性をスキーマという形で抽出する、ということを絶えず繰り返している。つまり私たちは、言語使用と共にカテゴリーを形成し、維持し、修正していくのである。

3.2　意味変化に関わる認知言語学的概念

　プロトタイプからの拡張という、横に拡がる関係について先ほど言及した。語、句、構文といったもののもつ意味は、この拡張を通じてプロトタイプとその周辺との複雑なカテゴリーを構成するのである。拡張と一口にいっても、その種類はさまざまであるが、その中でもいくつか主たるパターンを挙げることができる。ここでは、特に語の意味変化を扱う際に有効な概念として、プロファイルシフト（**profile shift**）、ドメインシフト（**domain shift**）そして主体化（**subjectification**）という3つの概念を紹介し、これらの概念が史的変化でよく見られる現象とどのように関わり、どのような説明を与えるかを考えたい。

3.2.1　プロファイルシフトとドメインシフト

　まずプロファイルシフトとはその表現の表す意味の焦点をずらすことであり、語の多義性に深く関わる。例えば、assignment という名詞は「何かを課すること」という派生名詞としての意味もあるが、それに加えて「課題」という、「何かを課する」の「何か」という部分を特別に具体化した意味をもつ。ここでは assignment という名詞で表される意味の焦点が「行為」そのものから「行為に関わってくるもの」へとずれたことになり、プロファイルシフトの一例となる。

　ドメインシフトとは、その表現が適用される意味の領域、文脈の方をずらすこと、である。例えば、前置詞 in には (1a) – (1c) のような用法があるが、基本的には「ある容器の中に入って・存在している」という抽象的な意味（スキーマと呼ぶ）を保持している点では共通している一方、全て、どのような領域

を踏まえて理解されているかが異なっている。

(1) a. The kitten is in the box.〈空間のドメイン〉
    b. My son is in school.〈社会のドメイン〉
    c. He was in deep sorrow.〈感情のドメイン〉

よく指摘されることだが、その本来の意味が十分に失われてスキーマ化している方が、ドメインシフトが可能になりやすい。おそらく、基の領域での意味を引きずっていれば、その意味に制限されてドメインの転用が難しくなるからである。

これらの概念は史的変化におけるカテゴリー転換現象に関して、有効に働く。カテゴリー転換とは、語の意味変化過程において、元々名詞であったものが形容詞的、動詞的に用いられるようになる、といういわば品詞を変える現象である。以下では、この意味変化に伴ってよく見られるカテゴリー転換が、認知言語学的にはプロファイルシフトで捉えられるものだと議論する。

認知文法では、名詞は境界を持ったモノ（thing）をプロファイルするもの((2a))、そして形容詞や副詞、動詞などはモノとモノとの関係（relation）をプロファイルするもの((2b))と特徴づけられる。更に、モノと関係との違いは、どこに意味の焦点を当てるかというプロファイルの違いとされている((2c))。このため、同じ状況でも、どの部分にプロファイルをあてるかで、名詞的に捉えられたり動詞的、形容詞的に捉えられたりすることが可能になる。

(2) a. **A nominal predication** profiles a thing, i.e. a region in some domain, where a region is characterized abstractly as a set of interconnected entities.
    b. **A relational predication** puts interconnections in profile.
    c. **A nominal and a relational predicate are therefore distinguished by the nature of their profiles** even should they have the same entities and interconnections for their base.

(Langacker (1987: 241-5))

例として前置詞 between の例を見てみよう。本来前置詞である between が、

別の前置詞 in の後に出てきている事例である。

(3) Can you see that school and that factory? Our house lies **in between**.

これはプロファイルシフトの例として扱うことができる。(4) で示すように、between は従来、個別性の高いランドマークを要求する。among と比較してみるとそれがよくわかる。

(4) a. The choice lies {between/*among} the three candidates in the select list.
b. the space lying {between/*among} the three points

一方、前置詞 in は個別性の低い、均質なランドマークを要求するようである。

(5) a. Scurf is a small dry scales of skin {?? in/among} the hairs of the head.
b. the straw {in/?? among} his hair.

さて先ほどの in between では、between のプロファイルしている部分が従来の前置詞としてのプロファイルとは異なっている点に注意したい。前置詞としての between では、もともと個別性の高いランドマーク同士の間に拡がる均質な空間の中に、トラジェクターが位置づけられる。つまりこの空間そのものはプロファイルの対象ではなく、認知文法に従うならば、トラジェクターの位置特定に関わる領域（サーチドメイン（Search Domain）: SD）として設定される、認識上は背景化されたものである。しかし、in between という表現におけ

⟨*between*(A and B)⟩   ⟨(in) *between*⟩

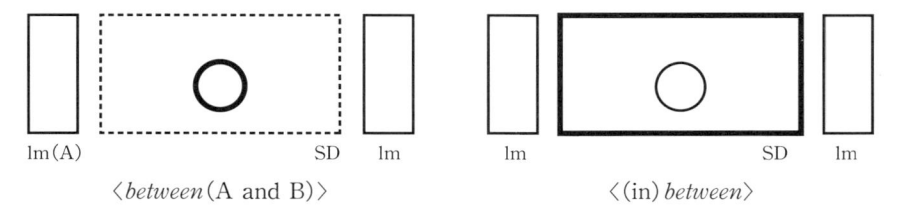

⟨図 3-2：プロファイルシフト (1)⟩

る between がプロファイルしているのは、まさにこのサーチドメインそのものであり、それが in の要求するランドマークと一致しているのである。つまり、ここでの between はある空間そのものを指しており、前置詞というよりもむしろ名詞に準じる働きをしているのである。

類例として、(6) が挙げられる。(6a) では前置詞 beside により the wheelbarrow と the shed いうモノとモノの関係がプロファイルされていた。しかし (6b) では同じ前置詞句 beside the shed が通常名詞の来る主語位置に現れていることからも、名詞としてのカテゴリー性を帯びている。図 3-3 に示すように、(6b) ではその関係も背後に踏まえつつ、直接的にはサーチドメインという抽象的空間をプロファイルする、名詞カテゴリー的な表現ということになる。ここにもプロファイルシフトが関わってきている。

(6) a. The Wheelbarrow is **beside the shed**.
 b. **Beside the shed** is all muddy.

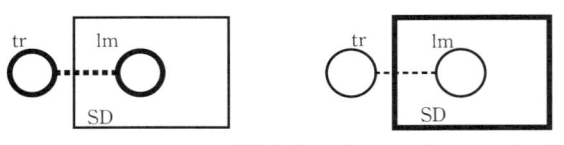

〈図 3-3：プロファイルシフト (2)〉

更に類似の事例として、二重前置詞と呼ばれる以下の現象も Figure-Ground 転換の例と考えることができる。

(7) a. A large yellow cat appeared from **behind a box**.
 b. A tiger would try a surprise assault **from behind**.

behind は前置詞として「～の後ろに（で）」を表すが、behind（句）が更に前置詞 from の目的語となっている時には、「（～の）後ろのあたり」という、抽象的空間であるサーチドメインをプロファイルすることになる。

さて、以上のドメインシフト、プロファイルシフトの概念の具現化例として、face という体の一部を表す語の意味変化を簡単に観察してみよう。face は

(8) に見るように、「頭の前面にある一部分としての顔」を表す名詞用法から、次第に in the face of 等前置詞句と共に慣用句として用いられるようになり、比較的最近になって動詞としての用法が出てきた。

(8) **face**: [OED]
   (*n.*) The front part of the head, from the forehead to the chin; the visage, countenance:
      c1290 *S. Eng. Leg.* 169/2178 More blod Tar nas in al is face.
   (*ph.*) ***in (the) face of***: in front of, directly opposite to;
      1766 T. Page *Art Shooting* 36 When a bird comes directly in your face, Contain your fire awhile.
      1879 Dowden *Southey* 14 He was for the first time in *face* of the sea.
   (*v.*) In weaker sense: To look in the face of; to meet face to face; to stand fronting.
      1779 F. Burney *Diary* Nov., If I *faced* him he must see my merriment was not merely at his humour.
      1883 *Manch. Exam.* 24 Nov. 5/2 The great problem which *faces* every inquirer into the causes of colliery explosions.

この face という語はその背景に様々な関係性をふまえている。例えば、「体・頭の前面にある」という位置的なものから、他人と interaction を行う場合に典型的にとる「方向・向き」などに代表される、様々な関係性までもが前提とされている。face の原義は、その関係性のある一部分に焦点を当てた表現であるが、時代が下るに従って、体の一部分である「顔」の意味から、その「表情」を表すようになり、更にはその「向き・方向」など、当初前提として背後に隠されていた関係性が徐々に face の意味に積極的に取り込まれた。つまり、体の一部からそれを取り巻く関係へと、語が表す意味の焦点が移った、つまりプロファイルシフトが起こったと捉えられるのである。

また、モノから関係性へと意味が拡張すると共に、face 自体の意味も、「動物の顔の一部」という具体的な意味から「モノの表面」といった抽象的な意味へ

とスキーマ化されていく。そして、face の適用される領域は有生物に限らなくなり、in the face of the sea と、有生物以外の「顔」をもたないものにも適用されるようになっている（1879年の用例参照）。これは（1）で見たドメインシフトとも関わってくる点である。

さて、(8) の face など体の一部を表す語は名詞カテゴリーの意味と動詞カテゴリーの意味とを併せ持つ。一見この二つのカテゴリーは互いに全く異なる別物という印象を受けるため、名詞から動詞への意味変化はカテゴリーの大転換を伴うことになる。しかし認知文法のように、文法カテゴリーにも意味的な動機づけを与える立場であれば、このカテゴリー転換を、もともと前提とされていた interconnection へのプロファイルシフト、つまり意味のずらしと捉えることができる。Rubba (1994) が (9) で指摘するように、「カテゴリー転換は、形態的・統語的にも大きな変化という帰結をもたらすが、それをごく自然な段階的な変化の中での小さなステップとして捉え直せる」わけで、これは認知言語学的アプローチのもつ特徴の一つと考えられる。

(9) The Cognitive Grammar analysis reveals that a category change that is quite significant in its morphosyntactic consequences is a rather small step in terms of the internal semantics of the grammaticizing element. (Rubba (1994 : 94))

3.2.2　主体化 (subjectification)

更にもう一つ、意味変化に関わる重要な概念に、「主体化 (**subjectification**)」とよばれるものがある。主体化とは、本来発話者が客観的に見ている対象として言語化されている意味の中に、言語上明示化されない発話者の存在、視点がとりこまれる現象である。

(10) **Subjectification** : An objective relationship fades away, leaving behind a subjective relationship that was originally immanent in it (i.e., inherent in its conceptualization). (Langacker (1997))
（主体化：客観的な関係が希薄になるに連れ、あとには、もともと内在していた主体的な関係が残される。）

その一例として Langacker は、文法上の主語から目的語へ向けて行使される動作主性が次第に弱化される (**attenuation**) ことが、意味変化、ひいては話者の介在を前面に押し出す主体化への動機づけとなることを指摘している ((11))。

(11) A common type of semantic change is **attenuation** in the degree of control exerted by an agentive subject. It figures in *grammaticization*, and often results in *subjectification* as well as the *transparency* of highly grammaticized forms.　　　(Langacker (1997))
（意味変化によくあるタイプの一つは文法上の主語から行使される対象へのコントロールの程度が弱まることである。特に文法化によく見られる現象で、しばしば結果として主体化を伴い、その文法化された形式の意味は透明化（ほとんど意味を持たなくなること）する。）

具体例として、有名な前置詞 across の例を見てみよう。

(12) a.　Vanessa swam across the river.
　　 b.　Vanessa is sitting across the table.
　　　　　　　　　　　　　　(Langacker (1990 : 326))

(12a) では「バネッサが実際に川を渡る」という物理的な移動が前置詞 across の意味として示されている。これに対し、(12b) では実際の移動はなく、バネッサとテーブルとの間の関係経路は話者により心的に辿られるのみである。つまり、バネッサはテーブルに対して何ら直接的な動作主性を行使していないという点で、関係の弱化がみられることになる。

　この主体化現象が動詞に現れた例として (13) を見てみよう。promise/threaten には「約束」という発話行為を行う用法の他に、「～という見込みである」という意味を表す認識・繰り上げ動詞としての用法があり、歴史的にも後者が後発である。

(13) a.　John **promised** to come tomorrow.
　　 b.　Tomorrow **promises** to be a fine day.　(Traugott (1993))

(13a) では文法上の主語である John が実際に約束を行って、「明日来る」とい

う事態を引き起こす準備条件を提示しているため、主語はその補文内容における事態を引き起こすべく動作主性を行使していると言える。しかし (13b) では、主語となっているのが tomorrow という「無生物」であるため、動作主性を行使して「明日晴れる」という事態をひきおこしているとは言えない。ただ文の発話者による「判断」という、メンタルレベルの弱化された方向性が見られるだけである。つまり、言語描写されている場面の中に話者自身がとりこまれることで、補文対象への物理的コントロールが話者の心的経路に置き換えられているのである。このように、文主語からの直接的な動作主性の公使力が弱化されるに従って、話者の判断などといった、言語的に非明示化されている主体の心的な側面が前面に押し出されてくることになる。

3.3 認知言語学における文法モデル：用法基盤モデル

カテゴリーは、常に動いている。プロトタイプという位置づけは、言語内で自律的に与えられる評価ではなく、それを用いる私たちの側が与える評価である。また、新しい事例に遭遇した場合、プロトタイプとの類似性に基づいて拡張がなされ、同時にスキーマという共通性を抽出する。このような考え方は、認知言語学の文法モデルである「用法基盤モデル (Usage-Based Model)」の考え方へとつながる (Langacker (2000), Kemmer (1995), Israel (1996), Goldberg (1995)、早瀬・堀田 (近刊) など)。このモデルは、話者が、実際の言語使用を通じて、新規の用法を、基となる用法との類推に基づいて拡張し、カテゴリーのネットワークの中に取り込んでいく、という、常に動いているものとして言語の総体を仮定するものである。この考え方に基づけば、構文は、言語使用経験に基づく類推とその共通性の認識に基づくスキーマ抽出との両方により、徐々に拡張し、文法の中に確立されていく、ということになる[2]。

3.3.1 頻度効果 (frequency effect)

用法基盤モデルでは、言語体系を作り上げ形づくるのに、我々が生後積み重ねていく経験が重要な役割を果たすと考えている。どんな用法にどの程度さらされたのか、またどのような言語表現を繰り返し聞いたのか、といった、実際

の場面に基づく経験が、私たちの記憶、ひいては知識の形成に大きく影響を与えるとみなしているのである。

その度合いを測る一つの因子として、「頻度 (**frequency**)」という概念が重要になってくる。頻度とは、その用法が実際の発話やテキストなどでどの程度繰り返し用いられるか、というものである。頻度が高ければ高いほど、その定着度も高くなり、複数の語からなる句表現であっても、一つのまとまりをなす処理ユニットとして、記憶の中に蓄えられることになる (cf. Langacker (1987, 2000), Bybee (1985, 1999), Barlow and Kemmer (2000))。

頻度は、単にその当該表現がある文脈条件のもとで生起数を増やしたという「結果」に過ぎないと捉えられがちである。しかし用法基盤モデルでは頻度を単なる結果的に見られる兆候ではなく、むしろ頻度それ自体が、文法体系を作り上げていく主たる推進力になりうる、とすら考えている (Haiman (1994:14); Bybee (1999:3))。言語能力を、それ自体自律的で他とは独立して存在すると仮定するのではなく、言語の使用環境との相互作用によって形づくられていくものと考える用法基盤モデルにとって、頻度とは文法知識の「形成」に対して積極的な意味を与えられるものなのである。

この頻度には大きく分けて二種類あげられる。それは**トークン頻度**と**タイプ頻度**である。トークン頻度とは、別名テキスト頻度ともよばれる。これはテキストや発話で問題となる表現が何度生起したか、その具体的生起事例をひとつひとつ数えることで得られる頻度である。同じ表現が何度も数を重ねて出てきた場合、その表現のトークン頻度は高いとみなされる。一方タイプ頻度とは、別名辞書頻度ともよばれ、先ほどのトークン頻度のように個々の具体的表現の生起例を数えるのではなく、異なった種類の表現がどれだけ出てきたかを数える。よって、同一表現が何度も繰り返し出てきたとしても、種類としては1種類である場合、タイプ頻度は1だということになる。

これら二種類の頻度は用法基盤モデルにおいてそれぞれ異なった役割を果たしている。トークン頻度は、そのタイプ表現が固定表現として確立している度合い（定着度）と関係し、またタイプ頻度はその上位にあたるスキーマ的表現の適用範囲がどの程度広いか（生産性）と関係する。この違いとそれが生みだす言語表現への効果・影響について、以下見ていこう。

3.3.2 トークン頻度

どんなに難しい単語、意味のよくわからないことばでも、それを繰り返し何度も何度も口に出し、あるいは書いていると、自然と口をついて出てくる、もしくは知らず知らずのうちに書けてしまうことがある。何度も繰り返し接するということは、その表現のトークン頻度が高いことを示しており、このトークン頻度が高くなればなるほど、その表現そのものの定着度も高くなり、処理上一つのまとまりを成すユニットとしての地位が確立されることになる。心理学的にも、高頻度であればあるほど活性化の程度も高いので、記憶に残りやすいし、アクセスしやすくなることが確かめられている。このように、トークン頻度はその表現の定着度と深い関わりを持つのである。

ではトークン頻度は言語体系にどのような影響を与えるのだろうか。その影響は大きく二つに分けることができる (Bybee (1998), Bybee and Thompson (1997))。まず第1の特質は「縮約効果 (Reduction Effect)」である。トークン頻度が高くなると、音変化や意味変化が生じやすくなる、というものである。この好例としては近年の疑似助動詞である have to や want to, (be) going to などが挙げられる。

(14) a. have to → hafta
b. want to → wanna
c. (be) going to → (be) gonna

必ずこのパターンで生じることから、自然と音が縮約され、hafta, wanna, gonna と略式でつづられるような音声形式へと変化する。その結果、一語であるかのように処理されるため、部分的単語は本来の意味を保持せず、むしろ全体として命題に対する話者の態度を表すモーダル表現になってきている。

トークン頻度の見せる第2の特質として「保守化効果 (Conserving Effect)」が挙げられる。トークン頻度が高いと表現の認知上の処理が一つのユニットとして自動化されるため、表現の内部に特異な形や性質が含まれていてもそれを保守的な形で（過去に忠実に）維持する傾向にある。例えば、語彙のレベルの事例を考えてみよう。イディオム表現として用いられる次の例を見てみると、その内部に生起している語は今現在ではこのイディオム環境以外では用いられ

ることのない、廃語に近いものである。

(15) a. **hale** and healthy （(老人が) 元気な、かくしゃくとした）
b. for one's **sake** （〜のために）

このように、昔は用いられていたが今現在では用いられなくなっている表現が、このイディオムと共にのみ残っている理由は、必ずこの組み合わせで用いられる頻度が高くなり、イディオム全体として一つの意味を持つようになったため、その細部を改めて分析することをしなくなった結果だと考えられる。

また、語彙ではなく構文のレベルでの保守化効果の事例としては、to 不定詞と原形不定詞の分布の差が挙げられる。原形不定詞が用いられる構文の典型は、make, have, let などの使役動詞構文（e.g. {make/have/let}＋目的語＋原形不定詞（What made you think so?））及び、see, hear, feel などの知覚動詞構文（e.g., {see/hear/feel}＋目的語＋原形不定詞（I saw you cross the street））が挙げられよう。その他の使役構文では to 不定詞を用いるのが普通である（{force/cause/bring…}＋目的語＋to 不定詞）。歴史的な成立過程を見ると、原形不定詞の方が古くから用いられており、代わって to 不定詞が使われるようになったのは中英語期（Middle English: ME）以降のことである。現在では to 不定詞の方が勢力を誇っている。興味深いことに、現在の英語で補文に原形不定詞を採用している動詞は、いずれも古英語期（Old English: OE）もしくは少なくとも中英語期までにすでにこの形式で用いられていたものばかりである。逆に、to 不定詞を採用する動詞はいずれも、中英語後期から近代英語期にその初出例が認められるものである。このことから、make, have, let や see, hear, feel など一部の動詞は古英語期よりこの構文パターンで用いられており、歴史も古いため定着度も高く、従って新しい to 不定詞が登場してもその流れに抵抗し、原形不定詞をとり続ける、保守化効果が起こったと考えられる。このように、頻度という「言語使用」の側面から、ある一部の表現だけが古い形をとどめている事実に説明が与えられるのである。頻度と構文との関わりについては第7章で触れることになる。

3.3.3 タイプ頻度

　タイプ頻度は、類似の多様な表現がどのくらい可能であるかを示すもので、その上位に位置する、より抽象度の高いスキーマレベルの定着度を決定する。タイプ頻度が高ければ高いほど、つまりできるだけ多くの種類の表現が可能であればあるほど、そのスキーマが十分に定着し、新規例に出会ったときにも真っ先に活性化され、利用される可能性が高くなるのである。

　用法基盤モデルではタイプ頻度を、生産性（**productivity**）を高めるのに貢献する要素と考えている。生産性とは、ある表現パターンがそれまでに用いられたことのない新しい形式に応用的に適用される度合いのことを指す。ここでの表現パターンはスキーマと言い換えることができる。生産性の高いスキーマは定着度も高く、それゆえに活性化もされやすく、新しい例に応用する際に利用される可能性も高くなる。

　例えば、二重目的語構文で用いられる動詞を考えてみよう（Goldberg (1995)）。二重目的語構文が表す意味は基本的に「移送（transfer）」にまつわるものであるが、更に詳しく見ていくといくつかの下位グループに分けられる。注目すべきことは、それぞれの意味グループに属する動詞の種類数がさまざまだということである。例えば、「移送」を表す意味に用いられる動詞の種類は、give, send に代表されるようにこの中で最も多い。一方、これに比べると、permit, allow などに代表される、「移送の許可」の意味を表す動詞グループの数はさほど多くない。

(16) 「移送」の意味を表す動詞群：give, send, ...
 a. John gave her a can of peanut cookies.
 b. Mary sent her mother a letter.

(17) 「移送の許可」：allow, permit, ...
 a. Mary permitted his daughter a raise.
 b. Betty allowed him a kiss.

つまり、「移送」の意味が二重目的語構文の中核、中心的なものであり、その動詞の種類も最も多岐に渡ることから、この意味を表す構文で用いられる動詞のタイプ頻度が最も高いことになる。

さて、二重目的語構文は今までになかった新しい語をも取り込むことが可能だが、その動詞が用いられた構文はすべて (16) の「移送」に分類される意味となっている。

(18) a.　Bill faxed his father a message.
　　 b.　The teacher xeroxed the students a handout.
　　 c.　Mary e-mailed the publisher her manuscript.

また、架空の動詞を用いて実験しても、真っ先に返ってくる答えはやはり (16) の「移送」に分類される意味となる。次の例の topmase は現代英語に存在しない動詞だが、この文を聞いた人は topmase というよくわからない方法で、玩具を Mary に与えた、送った、という意味だと推測するようである (Goldberg (1995))。

(19)　He topmased Mary some toys.

この現象は、タイプ頻度が高いために、「移送」の意味を表す構文スキーマが高い定着度を示し、そのため新しい表現を引きつける力が強くなったからと考えられる。つまり、ある形式で用いられる語彙の種類が多くなれば、その形式の適用範囲が広いということになり、新しい形式にも適用しやすいと判断されることになる。このように、タイプ頻度はその語彙項目が生じる構文形式の生産性と関連性をもつのである。

3.3.4　用法基盤モデルと動的カテゴリー観

以上見てきた頻度の概念とその効果を踏まえて、用法基盤モデルは文法形成に対して次のような動的なカテゴリー観をとる。

- 具体的な事例に出会うことにより、その事例が定着すると共に、他の事例との共通性がスキーマという形で抽出される。
- 同じ具体例に何度も遭遇する場合、そのトークン頻度が高くなり、その表現自体が定着を起こす。
- 類似の表現が種類多く用いられた場合、タイプ頻度が高くなり、その上位の

表現スキーマが定着を起こす。その定着度合いが高ければ高いほど、新しい表現を取り込む可能性が高くなり、従って生産性も高くなる傾向にある。

このように、用法基盤モデルが提示する文法観は「実際の用例に高頻度で接することで表現が定着し、そこから類似例間の共通性が抽出され、次第に規則性が見いだされ、文法知識が形成される」とするボトムアップ式の性質を持つ。このモデルは文法知識の動的、可変的側面を重視するため、現在共時的に見られる構文の多義性のみならず、「なぜ現在の多義性を生みだすこととなったか」という歴史的・通時的な変化をも包括的に研究対象に含めることができる。

3.4　まとめ

以上、第2章から第3章にかけて、本書が依拠する枠組みである、認知言語学の基本的な概念とその理論的な展開について概観した。強調しておきたいのは、ここでの立場が「人間の主体性を最大限にとりいれての言語記述・説明をめざす」という性質をもつものであるということだ。従来の言語学では、人間の能力を純粋に追究するために、文脈をそぎ落とし、いわば真空状態で作り出されたと仮定してのデータを検討してきたが、認知言語学はそれとは異なる立場に立ち、言語は人間が外界をどう捉えたのかというナイーブな側面を何らかの形で反映しているものであること、人間の言語能力には一般の認知能力と共通する部分があること、またそれゆえに環境や外界の影響を受けうるので可変的であり、常に変化しうるものであること、を想定している。このように、環境との相互作用という観点から言語能力、言語現象を検討しようとすると、当然実際に用いられている事例の検討が欠かせないし、文脈の影響も無視できない重要な要因であることを認識しておく必要がある。

このような観点を踏まえて、以下の章では大きく3つの具体的言語現象を検討していくことになる。扱う事例研究は句レベルのものから準文レベルのものまで多岐にわたるが、いずれも、内省的直観に基づく作例のみならず、コーパスや具体的な使用例からも採取し、使用文脈などとの関わりを考察している。そして、3つの言語現象がいずれも、外界に対する英語話者のある「捉え方」

「認知の枠」を反映しているものであり、自然なカテゴリーを成すものとして理解できることを示していくことになる。

〈注〉
* この章は河上誓作編著『認知言語学の基礎』(1996 研究社出版) の第2章 (早瀬執筆担当分) をもとに、加筆修正を加えたものである。
1) 古典的カテゴリー論の詳細については Taylor (1995^2)、河上 (1996) などを参照のこと。
2) 例えば Israel (1996) では、Sam joked his way into the meeting. などに見られる Way 構文のデータを OED や COBUILD-on-CDROM 等を基に年代を追って収集し、もともと手段の解釈を表すものと様態を表すものとは別の構文であったこと、年代が下る毎に、すでに用いられた動詞との類似性によってどんどん新たな動詞へと構文が適用・拡張されていくこと、そして最終的には2つの用法からひとつの共通性がスキーマという形で抽出されて、現在の way 構文という形になったことを示している。ここでも、類似性に基づく拡張と共通性の抽出によって、構文カテゴリーが現在ある姿に拡大されてきたというモデルに合致する結果が出ている。

第4章　所有格表現カテゴリー（1）

4.1　はじめに

　形態素 's を名詞に後続させる所有格形を用いた表現は、英語で大変頻繁に用いられる形式である。中でも、所有格形を名詞の前に用いた前置型所有格表現はとりわけ使用頻度が高い。また前置型所有格表現はその名の通り典型的に〈所有関係〉を表す、と考えられることが多いが、実際にはその表しうる関係は多岐にわたる。

(1) a.　John's book 〈所有〉
　　b.　John's father 〈親族関係〉
　　c.　John's heart 〈部分全体（有生物）〉
　　d.　the book's owner 〈関係名詞とその参与者〉
　　e.　the house's entrance 〈部分全体（無生物）〉
　　f.　last year's decision 〈時間関係〉
　　g.　San Francisco's Golden Gate Bridge 〈場所関係〉

(1) の例に見るように、親族関係、部分全体関係、そして時間関係、空間関係なども同じ構文で表現することができる。このように、所有格表現で表すことのできる意味関係は実に多様であるため、言語学者の中には「所有格の意味は不確定的である」もしくは「曖昧 (vague) である」ため、「どのような手だてを使ってもその意味特性を説明することは不可能である」とまで言いきる者もいた（〈意味の不確定仮説〉　cf. Kempson (1977: 125)）。
　しかしながら、本論ではこれとは反対に、所有格表現の表す意味関係をある

グループに制限することが可能であると議論する。「意味の不確定性仮説」によれば、どんな関係においても所有格表現が可能だ、という主張を含意することになるが、実際にはそうではない。例えば (2) の表現は不適格である。

(2) a. #the knife's fork
 b. #the hat's boy
 c. #the father's John
 d. #the collar's dog

また、所有格表現を見聞きしたとき、普通どのような関係が表現されていると考えるかに関して、ネイティブの直観もある特定の関係に偏っている。次の例を見てみよう。

(3) John's book
 a. the book that John has
 b. the book that John wrote
 c. #the book that John kicked
 d. #the book that John tore

どんな関係でも表せるといいながら、標準的に理解される関係は John が所有している、John が書いた、といった、本に関して私たちが一般に持っている知識に基づいた、限定された関係であり、それ以外の関係は突飛なものとして文脈なしでは認めがたいものだと判断されている。これらの例からわかることは、所有格表現で表すことのできる意味関係が、従来言われていたような単なるカオスではなく、もっと制限されているということである。

　本章では、この前置型所有格表現を、形式と意味とがペアになって結びついた一つの構文として捉え、その表現の適格性及びその構文カテゴリーの範囲を規定する試みを、認知言語学的手法を用いて行う。認知言語学では、カテゴリーに対する考え方として、プロトタイプ理論とスキーマ理論という、カテゴリーの異なる側面に着目した二つの考え方を提示している。本章では前置型所有格構文のスキーマ理論的分析を主に進め、Langacker の参照点構造モデルを批判的に検討し、より具体的な要件を盛り込んだ構文スキーマを提案する。最後

にプロトタイプ理論的分析との橋渡しを行って、文脈や発話者をも組み込んだ構文カテゴリーの全体像を提示したい。

4.2 所有格表現研究におけるプロトタイプ理論とスキーマ理論

　カテゴリー化に対する認知言語学的考え方には大きく分けて二通りある。一つはプロトタイプを基本に据える考え方で、カテゴリーがプロトタイプを中心として周辺へ拡張するととらえる。もう一つはカテゴリーメンバーすべてに当てはまる共通性としてのスキーマを抽出して、カテゴリーを規定する考え方である。認知言語学では、この二つの考え方を、相互排他的なものとは捉えず、カテゴリー形成のそれぞれ異なった側面に焦点を当てた、互いに両立する考え方と位置づけており、実際にはこの両者が同時に相互作用することにより、一つのカテゴリーを構築していくと考えている (Langacker (1987 : Ch. 10))。以下ではそれぞれの考え方で所有格表現がどう扱われているかを見ていく。

4.2.1　プロトタイプ理論と所有格表現

　前置型所有格表現に対する意味的アプローチとしてまず現れてきたのは、伝統的なプロトタイプ理論に基づいた分析である。プロトタイプ分析とは、この構文で表現可能な意味関係を分類し、そのカテゴリーの中心的なメンバーと周辺的なメンバーとに区別し、それぞれの間にリンクを設けるものであった。Taylor (1989)、Durieux (1990)、Nikiforidou (1990) らの研究に共通するのは、前置型所有格構文が、経験のゲシュタルトとしての〈所有〉(主として ownership 関係) を中心としたプロトタイプカテゴリーを形成する、という考え方である。ゲシュタルトとは、元々心理学の概念であり、全体というものを、それを構成する部分の総和のみからは導き出すことのできないような、一つの有機的まとまりを成すもの、を指す。それが日常の生活・経験を通じて習得されていくと考えるのが経験のゲシュタルトである[1]。経験のゲシュタルトとしての〈所有〉とは、次のような様々な典型性条件から成る、複合的な概念となる。

(4) 経験のゲシュタルトとしての所有（Possession as Experiential Gestalt）

　a. The possessor is a specific human being.
　　（所有者は特定の人間である。）
　b. The possessed is an inanimate entity, usually a concrete physical object.
　　（所有物は無生物の実体であり、たいていの場合具体的・物理的な物体である。）
　c. The relation is exclusive, in the sense that for any possessed entity, there is usually only, one possessor. On the other hand, for any possessor, there is typically a large number of entities which may count as his possessions.
　　（所有関係は専ら所有者と所有物という二者間のみに成立する排他的な性質をもつ。つまり、一つの所有物に関して所有者は唯一一人が対応するのが普通である。これに対して、所有者に関しては所有可能な対象は無数に存在するのが普通である。）
　d. The possessor has exclusive rights of access to the possessed. Other persons may have access to the possessed only with the permission of the possessor.
　　（所有者は所有物への排他的なアクセス権をもつ。他の人間は所有者の許可なしにはその所有物に手出しをすることができない。）
　e. The possessed is typically an object of value, whether commercial or sentimental.
　　（所有物は、典型的には価値のあるものである。）
　f. The possessor's rights of access to the possessed are invested in him through a special transaction such as purchase, inheritance, or gift, and remain with him until the possessor effects their transfer to another person by means of a further transaction, such as sale or donation.
　　（所有者がもっている所有物へのアクセス権は、購買、相続、贈与など

の特別な譲渡を通じて与えられるものであり、その所有者が売買や寄付など更なる譲渡を行わない限りは維持される。)

g. Typically, the possession relation is long term, measured in months and years not in minutes or seconds.
(典型的に、所有関係は月、年単位の長期的なものであり、分、秒単位で測られるものではない。)

h. In order that the possessor can have easy access to the possessed, the possessed is typically located in the proximity of the possessor. In some cases, the possessed may be a permanent, or at least regular accompaniment of the possessor.
(所有者が所有物に簡単にアクセスできるよう、所有物が所有者に近い場所に存在しているのが普通である。場合によっては、所有物は所有者のもとに永続的に、あるいは少なくとも常にその手元に存在する。)

(Taylor (1996: 340))

これらは一種の典型性条件であり、全て充たしていればいるほど、典型的な所有 (paradigmatic possession) とみなされる。実際には少しずつどこか逸脱しているものであり、その逸脱のパターンには、該当の典型性条件と完全には両立しないが部分的には両立する、という場合と、該当の典型性条件を全く欠いている場合、の二通りが考えられる。その他の意味関係はこのプロトタイプとの部分的な類似性に基づいた拡張例として位置づけられることになる[2]。

さて、先ほどの事例 (3) に立ち戻ってみよう。

(5) John's book (= (3))
    a. the book that John has
    b. the book that John wrote
    c. #the book that John kicked
    d. #the book that John tore

John's book という表現の表しうる意味にはいくつもの候補があるはずなのに、実際にはある特定の関係のみがプロトタイプとして突出していることになる。

(5a)が表しているのはいわゆる〈所有〉関係であり、最も自然に得られる解釈である。(5b)も、本を世に生みだした作者ということで、所有に準じる関係が生じている。例えば、a.b.c.の条件は満たされているし、dやfが述べるアクセス権はこの場合著作権といったものに置き換えられよう。hが述べている「所有者の手元に存在する」というものには該当しないかも知れないが、著作権という形では譲渡しない限り所有者の所有物として存在する。しかし、(5c)や(5d)では、所有関係の永続性を述べたgを必ずしも満たすものではないし、排他的アクセス権をもつわけでもない。こういった観点から見ると、(5c)や(5d)はプロトタイプとしての〈所有〉からはかなり逸脱していることになり、解釈を難しくしているのである。

　また、(2)の事例をもう一度見てみよう。

(6)　(=(2))
　　a.　#the knife's fork
　　b.　#the hat's boy
　　c.　#the father's John
　　d.　#the collar's dog

これらは典型性条件のうち、a.b.といった基本的な条件をも満たしておらず、〈所有〉の典型性条件を逸脱するだけではなく、そのいくつかを全く欠いている。このような激しい乖離を見せる場合は先ほどの例以上に解釈がとても難しくなる。

　もう一つ、プロトタイプである〈所有〉に近い解釈が強く好まれる事例を見ておこう。一般にメトニミー解釈は〈所有〉解釈を容易にする。

(7) a.　The invention of instant coffee in Japan was one of the most important events in economic history.
　　b.　The invention of instant coffee on the desk before us was one of the most important events in economic history.

Japanやdeskはここでは出来事が生じる場所もしくはセッティングと理解できる。この事例に対応する所有格表現をみてみると、所有格がセッティングと

して解釈される場合は容認しがたくなる。

(8) a. (#)Japan's invention of instant coffee（Japanを動作主（agent）と解釈すれば可能）
b. #the desk (before us)'s invention of instant coffee

(8a)では、Japanが場所ではなくメトニミー的にその場所に関わる人（例えば日本の研究員、日本人など）を表す場合は容認性がかなり改善される。というのも、描かれている状況がプロトタイプとして提示した〈所有〉とかなり近い関係になっているからであろう。つまり、Japanは「インスタントコーヒーの発明」という出来事を生みだし、そのことに関して権利を得たという意味で〈所有〉に準じるものと考えられるからである。これに対して、(8b)ではそのようなメトニミー的解釈が難しいので、場所として解釈するしかなく、結果として〈所有〉とはかけはなれたものとなり、容認度も低いのである。

(9) a. Japan → Japanese people
b. the desk ⟶# people/person at the desk[3]

類似の例を挙げておく。いずれも、場所・セッティングとしてではなく、動作主（Agent）として、その場所に関係する人、機関などを指す解釈が強く好まれる。

(10) a. Osaka's destruction of the theater（動作主読みなら容認可）
b. Western Japan's employment of woman executives（動作主読みなら容認可）
c. Moscow's attack of the army on the citizens

ここまでをまとめよう。所有格で表されるものが単なる「場所」として解釈されるのでは、一般にその所有格表現は容認しがたい。しかし、場所に関して複数の解釈を選択できる余地がある場合、私たちはプロトタイプである〈所有〉関係に最も近くなるような選択、つまり、所有者に最も近くなるような解釈をする傾向にある。メトニミー解釈は、そのような私たちのプロトタイプ追求の反映なのである。

4.2.2 プロトタイプ理論の弱点

ここまで見てきたように、プロトタイプアプローチは中心例と周辺例との容認性に差が見られることをうまく説明する。しかし一方で、カテゴリーの周辺に目を向けた場合、プロトタイプとは似ても似つかない事例の領域に踏み込むことになるが、ここで果たしてどこまでの表現が許されるのか、またカテゴリーの周辺例と全くカテゴリーメンバーとは認められない例との境目はどこにあるのか、について明確な答えを与えることができない。カテゴリーの境界が曖昧だとするとらえ方はプロトタイプ理論の中心的な主張点でもある。しかし実際の例を見ていくと、周辺であるものとカテゴリーのメンバーとして認められないものとの違いが、文脈情報を補うことによって明確にでてくる場合が見られる。このように、カテゴリーメンバーとしての位置づけが文脈によって異なるような現象は、カテゴリーを静的なものとしてとらえるプロトタイプ理論の手に余るものとなる。

4.3 前置型所有格表現の構文スキーマ

このプロトタイプ理論の弱点を別の角度から補う形で登場したのが、スキーマ理論（Taylor (1989, 1996)）である。スキーマとは、（理想的にはすべての）カテゴリーメンバーに共通する性質を抽出したものであり、該当表現の性質の一般化を行うものである[4]。このスキーマを満たしているものはカテゴリーメンバーとして認可され、満たさないものはカテゴリーから除外されることになる。また、除外された事例であっても、文脈情報によりスキーマに合致するような補完、修正が適正に行われれば、カテゴリーメンバーとして認可されることもあり得るという予測が成り立つことになる。

以下では前置型所有格構文を規定するスキーマを追究し、スキーマ理論の利点を議論したい。その際、所有格表現についての比較的最近の研究として、Langacker (1993) の参照点構造モデル及び Taylor (1996) の概観及び批判も併せて行う。

4.3.1　参照点構造（Reference-point Structure）

　認知言語学では、我々の持ついくつかの普遍的な認知能力をモデル化する試みがなされている。そのひとつに「参照点構造」(Reference-point structure) がある（Langacker (1991)）。参照点構造とは、概念化者（Conceptualizer：C）がある目標物（ターゲット：T）を同定する際に別のものを「参照点」(reference point：R) として手がかりにする、という我々の能力をスキーマ的にモデル化したものである。この構造は、Langacker 自身が指摘しているように、我々が日常的に行う様々な言語活動、言語構文に現れるものであり、その抽象性ゆえに気がつかれない場合も多い。

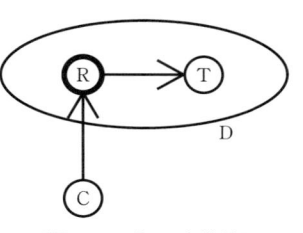

〈図 4-1：参照点構造〉

　前置型所有格表現も、参照点構造が内在する言語構文の一例であると主張されている（Langacker (1991: 171, 1993: 7)）。所有格名詞を参照点（R）とみなし、それを手がかりにその「支配域」(**dominion：D**) 内を探すことで、ターゲット（T）である主要部名詞を同定する言語表現となる（〈図4.1〉）。このように考えると、参照点構造は、すべての所有格表現の根底に共通して存在するスキーマということになる。

　参照点構造は、人間の（おそらく内在的な）認知能力の現れであり、言語表現にはこの参照点構造を反映したと考えられるものが他にもいくつも認められる、というのが Langacker の主張である。例えば以下の表現は種類の異なるものであるが、いずれもこの参照点を基準にして対象に至るという手法を組み込んだものである。

(11) a.　On the table sat a nervous calico cat.
　　 b.　The Lexicostatistics Museum is across the plaza, through that alley, and over the bridge.
　　 c.　My pencil broke.（実際には鉛筆本体ではなく鉛筆の芯が折れた）
　　　　　　　　　　　　　　　　　　　(Langacker (2000: 196-198))

(11a) で、最初の前置詞句により私たちはある場所に注意を向け、そこに新たな事物の存在を位置づけようとしている。同様に (11b) では対象に至るまで

の心的経路を次々に参照点として提示されている。(11c) はメトニミーの例で、鉛筆を参照点として、実際に問題にされているその先の芯へと注意を向けることになる。このように、参照点構造とは、所有格表現に限定されない、さまざまな言語表現の背景で働いている一般的な認知能力であると考えられている。

以下では、参照点構造が前置型所有格表現の根底にあることは認めつつ、それ自体はあまりにも抽象度の高い規定であり、それだけでは前置型所有格表現の個々の具体的な事例を扱うには不十分であることを指摘し、説明力をより高めるためにいくつかの修正を加えた形での構文スキーマを提示する。その際に、参照点構造を基本に据えて所有格表現を網羅的に分析している Langacker (1993) 及び Taylor (1996) の考え方を中心に検討し、前置型所有格構文のスキーマを適切に規定するためには、所有格名詞、主要部名詞、そして両者間の関係、この3つについて言及していることが望ましいと考える。

4.3.2 参照点モデルと支配域：Langacker 説

Langacker (1991, 1993, 1995) では、参照点モデルに基づき、前置型所有格構文では、所有格名詞の支配域の範囲内に主要部名詞が存在することになる、という規定を行っている。支配域とは、所有格名詞を参照点としてアクセスできるものの集合と規定されている。つまり、所有格名詞を手がかりとしてアクセスできるターゲットの可能性が、所有格名詞そのものによって一種アプリオリに決定されているということになる。

しかしこの考え方には次のような問題がある。Langacker による前置型所有格表現の規定によれば、参照点の支配域を重視するあまり、結果として所有格名詞のみに着目することとなり、主要部名詞には何ら言及がないため、以下の用例を排除することができない。

(12) a.　*The Big Dipper's North Star
　　 b.　the knife's 　{folk/*case}

Langacker はここで挙げた the Big Dipper（北斗七星）と the North Star（北極星）の関係を例に用いて、参照点構造一般を説明している (Langacker (1993: 5))。

(13) The reference-point phenomenon is so fundamental and ubiquitous in our moment-to-moment experience that we are largely oblivious to it. For the analysis of possessives, it is best described as the ability to invoke the conception of one entity for purposes of establishing mental contact with another, i.e., to single it out for individual conscious awareness. (…) For example, **I deliberately use a perceptual reference point when I locate the North Star by mentally tracing a path along the end of the Big Dipper.**

(Langacker (1993 : 5))

つまり、北極星の位置を理解するために、北斗七星を手がかりとして、そのある一定の領域内を探すという、身の回りのごく日常的な現象の中にも、参照点構造が根ざしていると述べているのである。この説明をそのまま所有格表現に当てはめてみると、北斗七星の支配域の中に北極星が見つけられるということとなる。しかしながら、この状況に対応する所有格表現 (12) は明らかに不適格である。つまり、手がかりとしてあたえられた参照点の支配域内のみに固執するだけでは、少なくとも適格な所有格表現とは何かについて、適切な説明を与えることができないのである。所有格表現の根底には確かに参照点構造が存在すると考えて差し支えないと思われるが、しかしそれだけでは詳細な規定にはほど遠く、更に細かい検討を加える必要がある。

4.3.3 所有格名詞に対する要件：トピック性

　Taylor (1996) は、Langacker (1993) の議論を踏まえ、前置型所有格表現の根底にある参照点構造の反映として、所有格名詞が「トピック性」(topicality) という談話機能を担っていると主張している。Taylor によれば、トピック (topic) は「談話の中心であるが、背景化されているもの」であり、また「談話がそれについて語っているもの」と規定される。参照点には十分な際だちが必要とされており、その際だちがトピックとして満たされるというのである。所有格名詞の担うトピック性が重要だという点については Taylor 以前からも指摘がなされていたことである。例えば、Hawkins (1981) は前置型所有格表

現（NP's N）と of を用いた前置詞型表現（N of NP）の二つを考察の対象とし、(14)にあげるような階層を提示して、所有格は主要部名詞よりも階層の高位置になければならないと提案した。

(14) [HUMAN<[HUMAN ATTRIBUTE]]<[NON-HUMAN ANIMATE]<[NON-HUMAN INANIMATE]

これによれば、前置型所有格表現では所有格形に、of 表現では of の目的語に、それぞれいわゆる有生物が生起する方が容認性が高いということになる。

Deane (1987) はこの考察を、シルバスタイン階層（Silverstein Hierarchy）という、談話におけるトピックの担いやすさを階層的に示したものと結びつけ、二つの構文の違いはトピック性がどのように配分されるかの違いである、と主張した。

(15) my foot　　　　　　the foot of me
　　 his foot　　　　　　the foot of him
　　 its foot　　　　　　 the foot of it
　　 Bill's foot　　　　　the foot of Bill
　　 my uncle's foot　　 the foot of my uncle
　　 the man's foot　　　the foot of the man
　　 the dog's foot　　　 the foot of dog
　　 the bicycle's handle　the handle of the bicycle
　　 the house's roof　　 the roof of the house
　　 his honour's nature　the nature of his honour

下の方に行けば行くほど所有格表現は不適切になり、それとは逆に of 表現は適切になる。これに基づいて Deane は、所有格表現では所有格の方に、of 表現では of 句ではなく主要部名詞の方に、トピック性が振り分けられていると結論づけている。

Hawkins や Deane らの見解に基づいて、Taylor はこのトピック性という概念による説明を更に推し進めていく。Taylor の考えるトピック性には二種類ある。一つは**内在的トピック性** (inherent topicality)、もう一つは談話トピッ

ク性 (discourse topicality) である。まず内在的トピック性とは、文脈から独立してその名詞がそもそも備えている特質であり、トピックへのなり易さ、と規定することができる。Taylor は (14) でみた Hawkins の階層も、(15) の Deane の階層も、すべてこの内在的トピック性と同種のものであると結論づけている (Taylor (1996 : 220-221))。

　もう一つの談話トピック性とは、実際の談話文脈によって初めて与えられる性質である。Taylor は、通常ならば許されない事例でも、談話文脈内におかれて所有格名詞が代名詞化された場合、容認度が上がることを指摘する (Taylor (1996 : 223-226))。

(16) a. *the music's pursuit
　　 b. Men with the greatest insight into music use one life in **its pursuit** and lack another in which to command words in a way that effectively communicates their musiccal judgement.
(Taylor (1996 : 225))

　Taylor の議論はコーパスデータからの実証例に基づいており、説得力がある。しかし所有格名詞側に課せられるトピック性概念だけに基づいての説明には、いくつか問題点が挙げられる。第一に、トピック性を増すような談話文脈を与えても、あまり改善されない事例がみられる。例えば心理動詞派生の名詞 (love, fear, fright 等) の場合、その所有格となれるのは必ず心的変化を被る経験者 (Experiencer) であり、どんなに文脈の助けがあろうとも決してその状態を引き起こした刺激物 (Stimulus) とはならない、という点が挙げられる。この非対称性は「経験者制約 (Experiencer Constraint)」(Rappaport (1983)) の名で一般化されてきたものである。

(17) a. John fears the snake.
　　 b. John's fear （John は経験者）
　　 c. *the snake's fear （the snake は刺激物）

Taylor はこの現象もトピック性の概念で説明可能だとする。その根拠として、経験者は大部分が有生物であるため、元々内在的にトピック性の高いものであ

ることが自然な帰結として得られるからだと説明されている。

しかしながら、経験者のみならず、刺激物も同様に有生物である場合も実際には想定できる。例えば次の例を見てみよう。

(18)　Amy fears her father.

この場合、主語である経験者も目的語である刺激物もどちらも有生物かつ人間であり、よって内在的トピック性はどちらも高いと考えられることになる。しかしこの場合にも、所有格となれるのは経験者（ここではAmy）だけに限られてしまう。

(19) a.　Amy's fear
　　　b.　*her father's fear（fatherは刺激物）

つまり、経験者のトピック性が高いのはそれが一般に有生物であるからだ、というだけではこの現象を説明できないことになる。この問題は一般に心理動詞に集中して起こるものなので、これは名詞の内在的トピック性による非対称ではなく、むしろ心理動詞派生の主要部名詞に関わる性質と考える方がよさそうである。

トピック性を増す文脈を与えて代名詞化しても容認されない例は、心理動詞以外にもある。例えば名詞entryは、文脈の助けがあってもその目的語を所有格に登用することができない。

(20) a.　*the ballroom's entry
　　　b.　As for the dreamlike castle, {*its entry/my entry into it} is something I'm dying for in my life.

以上の例に共通するのは、派生名詞の参与者の中にも際だちの低いものが存在し、トピック性を高めてもその低さが埋め合わせされないという点である。一様に談話文脈に依存していると結論づけることはできない。この側面を理解するためには、所有格名詞ではなく、主要部名詞側の意味構造、特にここでは派生名詞の構造について、検討する必要がある。

第二に、所有格用法の中には元来トピック性があまり関係してこないと思わ

れる例が見受けられる。(21)のように主要部名詞が固有名の場合、たとえトピック性を高める文脈を与えて所有格を代名詞化しても容認されない。

(21) a. *John's Mary
   b. *{Concerning/As for}John, **his Mary** has got out of his house[5].

Maryなど固有名詞に代表される名詞は、それ自体で指示性が高いため、通常は他の参照点を経由して指示対象を特定する必要性がない。よって、(21a)の表現をいきなり聞かされると奇妙に感じられる。そして(21b)にあるようにトピック性を高める文脈だけでは問題が解決されない。

これらの現象は、ただ単純に所有格名詞のトピック性を増すだけでは解決しない例があることを示唆している。トピック性は確かに所有格名詞に要求される一般的性質として重要な役割を担っていると思われるが、それだけが決定的な要因とは言えず、同時に主要部名詞の性質も考慮に入れられなければならない。

以上、所有格表現の規定には、「所有格がトピック性を帯びている」という条件が有効であることを確認した上で、それだけでは適切な表現を正しく規定するには不十分であることを指摘した。次節では更なる規定要件として、主要部名詞の性質を考察、新たなる要件について検討したい。

4.3.4　主要部名詞に対する要件：ドメイン

主要部名詞の性質を検討するに当たって、認知言語学で用いられる「ドメイン(domain)」という概念を考えてみたい。ここで述べるドメインとは、フレーム意味論的な概念(Fillmore (1982, 1985))であり、ある語の意味を概念化する際に必ず前提として要求される別の概念（の集合）を指す。例えば、〈弧(ARC)〉や〈半径(RADIUS)〉、〈直径(DIAMETER)〉の概念化に必要なのは〈円(CIRCLE)〉である。なぜなら、この概念がなければ、〈弧〉と単なる〈曲線〉との、また〈半径〉や〈直径〉と単なる〈線分(LINE)〉との区別がつかないことになるからである。また、ふつう一般の〈男性(MAN)〉と自分にとって〈叔父(UNCLE)〉に当たる男性とを区別するために必要なのは、その文化圏にお

ける〈親族関係網 (KINSHIP RELATION)〉となる (Langacker (1987: 183-184))。この文化的背景概念があれば〈叔父〉と概念化されるものでも、その背景概念がなければ、同じ人物をただの〈男性〉とみなしてしまうことになる。また日本語では〈叔父〉と〈伯父〉とを区別するが、これも日本の文化的背景概念がなければ差別化がはかれない概念である。このように、ドメインとはその形が比較的単純な場合、複雑な場合がありうるが、いずれも概念を成立させるのに必要不可欠な概念なのである。

このドメインという考え方は、前置型所有格表現が適切に成立するための更なる条件として有効である。この概念を踏まえて、前置型所有格表現を適切に用いる条件として (22) の規定を付け加えたい。

(22) 所有格名詞の指示対象は、主要部名詞の概念化に必要とされるドメインに存在すると認定される参与者でなければならない[6]。

まずこのことをいくつかの事例で確認してみよう。(23)～(25) はいわゆる部分全体関係や身体の一部分を表す関係を元にした表現である。

(23) a. John's hands　　　　　b. Mary's eyes
　　　c. That gentleman's arms　d. Betty's intelligence
(24) a. the cat's tail　　　　　b. the bird's bill
　　　c. the dog's eyes　　　　d. the elephant's trunk
(25) a. the ship's funnel
　　　b. the fence's new coat of paint
　　　c. the churche's entrance
　　　d. the university's main library

〈円〉と〈弧〉の比較からも明らかなように、あるものの部分を概念化しようとすれば、必然的に全体が前提とされなければならない。体の一部である hand は、その概念ドメインとして〈腕 (ARM)〉を踏まえており、その概念は更に〈体 (BODY)〉を前提とし、またその概念は更に人間全体を前提として喚起する、というように、概念間の階層性を辿っていくことになる (Langacker (1987: 147))。

第4章 所有格表現カテゴリー (1)

親族関係も同様である。

(26) a.　John's father　　b.　Mary's cousin
　　 b.　Bill's children　 d.　my aunt

father や uncle, cousin などの名詞も概念的に〈親族関係網〉を踏まえている。〈父(FATHER)〉のドメイン概念は「男親」役割と「子ども」役割の二つの特徴をもち、状況に応じて異なる人がその役割を担うことができる。これらの概念ドメインに照らして初めて親族関係概念を適切に用いることができるようになる。所有格はこの親族関係網におけるランドマークにあたり、誰の観点から当該の人が父、伯父、あるいは従姉妹であるか、を明確にする役割を果たす。

いわゆる関係語 (relational noun) と呼ばれる名詞も、親族語に準じる形で説明ができる。

(27) a.　John's employer　　b.　the room's occupant
　　 c.　the house's owner　 d.　the child's guardian

employer は〈雇用(EMPLOYMENT)〉の概念を当然踏まえており、そのドメインの中には雇用者と被雇用者が含まれているはずである。同様に、occupant も〈占有(OCCUPATION)〉の概念及び占有者と非占有者の概念も前提とされている。ここでも所有格表現の目的は同じである。つまり、主要部を同定するために、その主要部のドメイン内に見られる関係を利用しているのである。

このドメインの概念によって、所有格名詞と主要部名詞との間に見られる逆転不可能性をも説明することができる。

(28) a.　the cat's tail　　　　b.　*the tail's cat
(29) a.　the car's headlights　b.　*the headlights' car
(30) a.　the boy's hat　　　　 b.　*the hat's boy

〈尻尾(TAIL)〉は必ずその全体としての〈体〉を前提としており、〈猫(CAT)〉はそれに合致するが、逆に全体としての〈体〉は〈尻尾〉を必ずしも前提としない。同様に、車の〈ヘッドライト〉もそれ単独で概念が成立するわけではなく、必ずそれが全体としての〈車〉のためのものだという概念が前提とされて

いる。そしてその逆は必ずしも成り立たない。つまり、主要部名詞句のドメイン内にある参与者のみが所有格となれるのである。

(28-30) の (b) 例が不適格なのは所有格側の問題ではない。この事実は単純に所有格側のトピック性を高めてもあまり容認可能性が上がらないことからもわかる。

(31) a. *Concerning that tail, its cat is a cute one.
    b. *Concerning those headlights, their car is a brand-new one.

つまり、先ほどから繰り返している通り、所有格名詞の側のみに着目していたのでは、これらの例の非対称性を適格に説明することはできないのである。よって、主要部名詞側の意味的性質をも考慮に入れる必要性があろう。

更に、ドメインの概念を用いることで次のような容認性の違いをも説明できる。

(32) a. the knife's {case/# folk}
    b. the hat's {owner/# boy}
    c. the father's {son/# John}

これらの差は、所有格で表されているのが、主要部のドメイン内に存在する参与者か否かで説明できる。例えば、〈ナイフ (KNIFE)〉という概念は〈フォーク (FORK)〉を概念化するのに必要とされるドメインの中にはない。一方〈ケース (CASE)〉を適切に概念化するには、それが何を入れるためのものなのか、という情報が必要となるため、knife という概念がこのドメインの部分を適切に埋めることができる[7]。同様に、〈男の子 (BOY)〉のドメインの中には〈帽子 (HAT)〉に対応する概念は存在しないし、〈John〉のドメインの中に〈父 (FATHER)〉は存在しない。このことは次の表現の可否で確かめることができよう。

(33) a. Which is the {case/*folk} of this knife?
    b. Who is the {owner/*boy} of this hat?
    c. Where is {the son/*John} of this father?

第4章 所有格表現カテゴリー (1)

このように、ドメインという概念が所有格構文で表しうる意味関係を規定するのに役立つことがわかる。また、いずれの場合も、同じ名詞が所有格に来ていながら、その表現の容認性に差があるという事実は、所有格名詞の側にその責任があるのではなく、主要部名詞の側にある、ということになろう。この (b) 例も、所有格側のトピック性を上げただけではよい例とはならないことに注意したい。

(34) a. *the knife's fork
  b. ?Concerning the knife, its fork is....

同様に、時間を表す所有格表現との相性の良し悪しも、不適切なドメイン適用が原因で生じると考えられる。例えば、以下の例を見てみよう。

(35) a. #the year's woman   b. #last year's singer
  c. #yesterday's building   d. #tomorrow's Patricia
(36) a. yesterday's work   b. last year's news
  c. tomorrow's conference   d. Monday's snowfall
  e. the morning's golf
  f. [The L.A. riot] could lose him [=ex-president Bush] November's election. (BBC Evening News 5/8/1992)

(35) (36) の違いはドメインにある。(35) の主要部名詞には時間概念が関わってくるが、(36) にはそれがない。この違いを説明するためには、実体・存在物の性質及びそれらが時間概念とどのように相互作用するかを考えなければならない。

Givón (1979) は、存在物が「時間安定性の基準 (time-stability criterion)」という経験的な性質を持つ基準を満たしていると主張した。

(37) 〈時間安定性の基準 (time-stability criterion)〉
An entity **x** is identical to itself if it is identical **only** to itself but not to any other entity (**y**) at time **a** and also at time **b** which directly follows time **a**.   (Givón (1979: 320))

（ある実体 x が x であるとみなすことができるのは、次の場合に限られる。つまり、ある時点 a 及びそれに後続する時点 b の両方に於いて x が x 自身と同一であり、その他のどんな実体（y）とも同一性が見られない場合である。）

この基準によれば、名詞と動詞は通常お互いに対極に位置することとなる。名詞は典型的には実体（つまりモノ）を指し示し、時間の推移に関わらず常に不変で安定している一方、動詞は行為や事態を指し示し、典型的に時間と無縁ではいられない性質を持つものなのである（Givón (1979 : 321)）。

この「時間安定性の基準」によって、なぜ、典型的には名詞で表されるモノが、時間概念によって特定できないのかが説明できることになる。

(38) a. the book on the shelf
　　 b. #the book at three o'clock
　　 c. the book **I read** yesterday.

(38) の例が示すとおり、a book というモノを認識するために、ある特定の時間に言及しても意味をなさない。時間を通じて変化するという理解がなければ、時間による特定は効果がない。(38c) のように動詞で典型的に表される行為や事態に付随した何らかの時間概念がつけ加わった場合に限り、時間を通じてモノを規定する意味が出てくるのである。

同様の説明が、先程の (35) の事例（# the year's woman など）にも当てはまる。これらの例が不適格だったわけは、文脈自由（コンテクスト・フリー）な解釈において、woman や singer などという主要名詞は典型的には何ら行為や事態との関係を喚起しないため、それらに付随する時間概念とも無縁となり、よって時間表現による特定化が無意味となったのである。このように、時間概念でモノを特定化するためには必然的に時間概念と関わりを持つ事態や行為の概念を踏まえていなければならない。(36) の事例（yesterday's work, last year's news, tomorrow's conference など）では、この前提が満たされている。(36) の主要部名詞には、百科辞典的知識に基づいて、その語彙的意味の中にすでに典型的な事態と関連する概念が踏まえられている。work とは我々が行う

モノである。news は報告され、放送されるモノであり、我々が読んだり聴いたりするモノである。これらの名詞の意味を概念化しようとすると、必ずある特定化された、文化的にも固定化されたドメインが喚起されることとなる。これらの名詞はある特定の事態を喚起することが多く、その事態は典型的には動詞で表される。このことから、(36) のタイプの名詞は時間的推移の概念を備え持っているため、時間概念で特定化する意味が出てくることとなる。

Givón (1979) によれば、動詞は時間ドメインに照らして特徴づけられており、名詞はそうではない。では動詞派生名詞の場合はどうだろうか。

(39) a. Last year's immigration of a group of boat people was a serious problem.
b. This semester's decision to assign more difficult problems led to disaster.
c. The 1961 theme is the Dakota Territorial Centennial, with the pictures including the Lewis and Clark expedition. [...], and today's construction of large Missouri River reservoirs.
(BROWN)

(39) の例が示すように、動詞派生名詞は時間によって特定化することが可能である。というのも、モノとして擬似的に概念化されてはいるものの、もともと時間概念を備えた事態を表していたためである。これに対して、(40) に見るような状態動詞から派生された名詞の場合、もともと時間的推移がないものが多いので、ドメインに時間概念が元々欠落していることとなり、時間による特定化にはそぐわないことになる。

(40) #today's resemblance

以上、前置型所有格表現の適切性を規定するには、所有格名詞だけではなく主要部名詞の意味的な側面をも併せて考慮する必要が明らかになった。ここでは所有格名詞側の支配域ではなく、むしろ主要部名詞側のドメインの概念が表現の容認性の説明に有効に働くことが示された。

4.3.5 所有格名詞と主要部名詞間に成立する関係への要件

前節では不適切なドメインの選択を行うと、構文の適格性が低くなることを確認した。しかし、所有格名詞のトピック性と主要部名詞のドメイン要件という上記の2点を満たしていても、表現全体の適格性を規定するのにはまだ十分ではない。この節ではもう一つの要件として、所有格名詞と主要部名詞との関係が、使用場面における主要部名詞の「唯一的同定」(unique identification) を実現する機能を持ちうるような種類のものでなければならないことを見る。

例として (41) を見てみよう。

(41) a. the circle's radius
 b. the circle's diameter
 c. ??the circle's arc

3例とも所有格名詞は同じ the circle であり、トピック性に関する違いはない。また前節で見たように、radius（半径）及び arc（直径）共にそのドメインとして circle（円）の概念をふまえているという点で共通している。それにもかかわらず (41) で判断に違いが見られる理由は、一つの円に対して一つの半径が唯一的に決定されるが、弧は無限にあり、必ずしも唯一的に決まらないからである。よってターゲットとしての弧を唯一的に同定するためには (42) のように更なる情報が必要となる。

(42) The length of this circle's **red arc** is about 3 inches.

一つの円に赤でマークしてある弧の部分がある場合、弧は唯一的に特定されることになる。

類例としてもう一つ挙げておこう。

(43) a. #the city's road
 b. the city's roads

通常のケースであれば、一つの街には道路がたくさんある。このため、(43a) ではどの道路を指しているのかがこの表現だけではわからないため、不自然に感じられることとなる。言い換えると、(43a) では所有格が主要部名詞を唯一

的に特定する役割を果たしていないことになる。一方 (43b) では、roads（道路）全体がここで理想とされている city と唯一特定的な関係を持っている。このことから、所有格表現になったとしても、所有格名詞と主要部名詞との間に唯一的同定関係が成立することとなる。このような結論は (44b) の類の例で補強することができる。

(44) a.　#the city's road 　(＝ (43a))
　　 b.　the city's best-paved road

形容詞の最上級形という修飾語句を付け加えることで、主要部名詞には新しく、かつより制限を受けた詳しいドメインが与えられることとなり、その新しいドメイン内では唯一的対応関係が保証されることになる。主要部名詞を修飾することで、ドメインに修正が施され、このドメインが更新されたことで road の唯一的な同定を行うことのできる参与者という位置づけが保証されることとなる。ここで重視したいのは、(43)(44) において、所有格名詞 city's は同一のままであり、主要部名詞も road (s) でほとんど同一であり、違っているのは我々が認識する〈city—road〉の対応関係が唯一的同定の可否を満たしているか否かである。

　以上から、所有格名詞に言及することにより対象を唯一的に特定することができる、という機能が前置型所有格構文では必須であり、この機能を果たすことのできる関係が所有格名詞と主要部名詞との間に得られなければならないことになる[8]。

　この機能の重要性は別の事例でも確認できる。次に見るのは指示性 (Referentiality) と所有格との関わりを示す事例である。一般に、代名詞や固有名詞は通常所有格で修飾することができないと言われている。例は次の通りである。

(45) a.　John's girl
　　 b.　#John's Mary
　　 c.　#John's she

ではなぜこれらの表現が不適格となっているのだろうか。本論の主張に基づけば、その答えは、唯一的同定という機能が有効に働いているか否かに帰される

ものである。

　所有格表現とは、主要部名詞を唯一的に同定するという意味機能を備えた形式である。この目的に照らせば、所有格形を固有名詞や代名詞に適用するのは全く以て冗長ということになる。というのも、固有名詞や代名詞はその指示対象がすでに決定されている指示性の高い表現（referential expression）だからだ。よって、本来、何か別のものに言及することでその対象を同定するという、回りくどい戦略を用いる必然性がないのである。つまり、(45b)(45c)が不適切なのは、同定機能をもつ所有格表現を用いる必要が最初からない表現に、この形式を不必要に用いた結果なのである。次の例はこの点の更なるサポートとなる。

(46) a.　[A girl in the room] is playing the piano.
　　 b.　#[Mary in the room] is playing the piano.
　　 c.　#[She in the room]　is playing the piano.

(46a)では名詞 a girl の指示性（referentiality）はそれ自体では低いものであり、それゆえに場所を表す後置修飾表現である in the room と問題なく両立する。そしてこれと全く逆の理由で、(46b)(46c)は不適格となるのである。

　4.3.2の(12a)で見た表現が問題であった理由も、主要部名詞のもつドメインの性質に着目することで、以下のように説明される。

(47)　*The Big Dipper's North Star　(= (12a))

これは主要部名詞が固有名の事例である。一般に主要部名詞に固有名が用いられた場合には容認性が低くなる。その理由は、主要部名詞それ単独での指示性が高いため、概念化の際に前提とするドメインを特に必要とはしないから、と説明できる。

　ちなみに、ここで見た問題は所有格表現のトピック性を上げたところで解決はしない。

(48) a.　??The Big Dipper's North Star
　　 b.　??Concerning the Big Dipper, its North Star is....

また、参照点構造モデルだけでは、本節で見てきた問題事例がいずれも説明できないことに注意したい。例えば、(41c) と (42) では参照点とターゲットに選ばれているものがどちらも同じ the circle と the arc であるのに、容認性について異なる判断が下されている。また、指し示す対象が同じであっても、John's girl と *John's she とでは容認性判断が大きく異なってくる。このことから、前置型所有格構文では所有格名詞だけに着目していたのでは不十分で、主要部名詞の意味論的性質及び、所有格名詞と主要部名詞との間に成立する関係にも言及しておかねばならないことがわかるだろう。

4.3.6 まとめ

これまで所有格名詞、主要部名詞、そして両者の関係に関わる制約を見てきた。これらは前置型所有格構文のスキーマとして以下のようにまとめられる。

(49) 〈前置型所有格構文のスキーマ〉
　　　前置型所有格表現が適切となるのは、
　　　i) 所有格名詞が主要部名詞の概念化に必要なドメイン内にあり、
　　　ii) それ自身トピック性の高いものであり、
　　　iii) かつ主要部名詞を唯一的に特定できる効果を十分にもつものである。

このスキーマは参照点構造の持つ抽象的な内容を肉づけして、それ自体で前置型所有格表現の意味的な制約として働くようにした形になる。このスキーマとの合致度が高ければ高いほど、所有格表現の容認性は高くなる。また、合致しない例であっても文脈によりスキーマを満たすような形での補完が成されれば容認されるようになる。

4.4 プロトタイプからの拡張：周辺的事例と文脈との関わり

本節では、一見不適切と見られる事例を考察し、それが談話文脈とどのように相互作用するかを考察したい。この節での目的は、文脈を与えることによって同じ表現の容認性が大幅に変わること、そしてその対照的な差異がスキーマによってうまく説明できること、を示すことである。

ここでは3つのタイプの文脈を提示する。この3つ以外にも表現の容認性に影響する文脈はありうるが、ここでの目的には十分と思われる。

4.4.1 最上級による修飾：ドメインの修正

すでに簡潔に見たように、主要部名詞のドメイン内に欠けている概念を付加する修正の仕方がある。それは最上級による修飾である。最上級を制限的に修飾した表現では、一般に時間概念により簡単にアクセスすることが可能である。

(50) a. A:　He is a singer.
　　　　B:　#Of which year?
　　b. A:　He is (one of) the most popular singer(s).
　　　　B:　Of which year?

名詞 singer に最上級を付け加えることで、その最上級で示される状況が成立していた場面・時代などといった、新しいドメインが要求される。この新しいドメインを適用することにより、時間表現が可能となるのである。言い換えると、最上級などの修飾表現は、主要部のドメイン内に、所有格と主要部との唯一的同定関係を新しく作り出すことになる。その結果、元々不適格であった事例がスキーマを満たすようになり、適格だと判断されることになるのである。同様の例を以下に挙げておこう。

(51) a.　the year's #(most outstanding) woman　(Taylor (1989: 676))
　　b.　last year's #(most popular) singer
　　c.　yesterday's #(most attractive) lady at the party
　　d.　the 18th century's #(greatest) concern

このように、スキーマを用いた本論の説明では、最上級修飾の有無による容認性の違いについて正しく説明することが可能である。しかしながらプロトタイプだけに頼る説明ではこの差を説明することができない。もしプロトタイプ理論でこの差を扱おうとするならば、最上級つきの表現の方がプロトタイプに近く、最上級のない表現はそのカテゴリーのメンバーではない、という、不自然な主張をしなければならなくなる。実際にはこの二つの表現における参与者は

第4章　所有格表現カテゴリー (1)

一定であり同一なのだから、その差はプロトタイプ事例と非メンバーといったような大きな差であるはずがないのである。

同様の議論が以下の場所を表す所有格の例でも可能である。

(52) a. America's #(most exciting) city
b. the country's #(best behaved) long-term prisoner
c. She was said to be the world's #(most popular) singer.
d. Made of the world's #(toughest) unbreakable plastic, Melamine dinnerware comes in almost 400 different patterns and dozens of colors.　(BROWN)
e. In 1846 Matthew, B. Goodwin, jeweler and watchmaker, became the town's #(first) telegrapher ....　(BROWN)
f. The bond issue will go to the state courts [...] and then the sales will begin and contracts let for repair work on Georgia's #(most heavily traveled) highway.　(BROWN)
g. He became, by his own ability, Britain's #(best-known) man of property.

例えば (52a) では、アメリカにはたくさんの町があるので、その中のたった一つの小さな町を唯一的に同定する機能を持ってはいないため、スキーマを満たしていない。(52b) でも一国にはおそらく長期服役者は一人ということはなく、たくさんいるはずである。どちらの場合も、スキーマで求められていた唯一的同定の規定に違反している。しかし、最上級表現を与えることで、主要部のドメインはより特定化され、場所が唯一的同定の役割を果たすに十分なものとなる。ここでも、プロトタイプカテゴリーだけに頼った説明ではこの差をうまく捉えられるとは思えない。

最後に、最上級以外でもこのドメインの特定化の役割を果たせるものがあることを指摘したい。

(53) a.　this country's #(**only**) university　(Quirk et al. (1985 : 325) (強調は筆者))

b. Kenny Lane of Muskegon, Mich., world's # (**seventh ranked**) lightweight, had little trouble in taking a unanimous decision over Rip Randall of Tyler, Tex., here Monday night. (BROWN)

これらの表現から最上級に準じる表現をなくしてしまうと、容認性の度合いは急降下する。このような差がなぜ生じるのか、プロトタイプ理論だけでは説明することができないのだが、スキーマに照らし合わせることでその対照の理由を明確に与えることができるのである。

4.4.2 文脈によるドメイン内参与者の補充

さて、次に文脈が主要部名詞のドメイン内における参与者に影響を与える事例についてみてみたい。具体的には、談話文脈が、文脈自由のレベルで名詞のドメインにはもともとなかった参与者を付け加える場合である。このような場合には文脈自由の解釈の場合と談話文脈を踏まえた解釈との間に大きな容認性の差が出てくることが予想される。実際に事例を検討してみると、この予想が正しいことが明らかになる。

先ほど4.3.4において、(40)の today's resemblance という表現が不適格であることを議論した。その理由は、主要部名詞 resemblance が状態名詞派生であるため、時の概念がそのドメイン内になかったからだと説明したことを思い出してみよう。しかしながら、文脈が与えられ、問題となっている状況が一時的であり推移する状態である、という意味が付加されると、today's という所有格形が容認できるようになる。

(54) a. *today's resemblance （= (40)）
b. Today's (perceived) resemblance (may fade as the two of them age.)

(54b)が表しているのは、現在似ていると思っていることが、実は一時的な特徴にすぎないということであり、その状況が時間的に限定されていることに焦点をあてている。よって、文脈が付加されたことでドメインに修正が加わった

ことになり、この状況下では時間概念がドメイン内に関わっていると考えてよくなる。更に、類似性という、主要部名詞で表されている事態状況を、時間尺度上の一地点を選択することで特定することに意義が見いだせることになる。

次に同じような事例を二つほど見ておこう。(55a) を文脈自由で解釈した場合、エディンバラ (Edinburgh) のドメインには人のグループによって満たされるような参与者は存在しないのが普通であるため、意味をなさない。しかし、(55b) では文脈の助けによって、新たな参与者がドメイン内に付け加わる。ここでは、エディンバラという街がそれを概念化している人の心の中に存在する抽象物として理解されることになる。

(55) a.　# other people's Edinburgh(s)
　　 b.　[...] many times throughout her life Sandy knew with a shock, when speaking to people whose childhood had been in Edinburgh, that there were **other people's Edinburghs** quite different from hers, and with which she held only the names of districts and streets and monuments in common. Similarly, there were **other people's nineteen-thirties**.　(M. Spark, *The Prime of Miss Jean Brodie* (強調は筆者))

談話文脈を与えることで主要部名詞のドメインが修正され、新たな参与者が導入された結果、(55a) はスキーマに合致するようになる。このように容認性の違いに明らかな差が見られることを、スキーマに基づく説明では明快に扱うことができるのである。

もう一つの事例も類似の効果を見せる。

(56)　(#) the room's teacher

the room (部屋) は通常場所であり、また teacher と the room との関係は通常偶発的なものである。教師はたまたまその時点でその場所にいたのであり、the room だけで teacher を唯一的に同定できるわけではない。よって、スキーマを満たしてはいない。しかし、文脈が与えられて、この唯一的関係が保証されるようになれば、(55a) と類似の (57a) の表現も、問題なく受け入れられ

るようになる。

(57) a. #one room's teacher
　　 b. One day in Fall, in a small school in California, the SAT was being given, and all of the tiny classrooms were filled with nervous, college-bound teenagers. To each classroom was assigned a teacher who was to supervise the test. **One room's teacher** happened to be Mary Anderson, and it was on that day that her adventure began.

文脈により、部屋ごとに1人教師が割り当てられるという唯一対応が保証されることになるため、部屋によって教師を同定することが可能となり、(57a)は(57b)において自然な表現となっている。

4.4.3　対比文脈によるドメイン修正

ドメイン修正の手段として最も強力なものは対比文脈であろう。対比文脈によって、新しい参与者が明示的に導入されることになる。例えば次の例を見てみよう。

(58)　#John's Mary　(= (45b))

この表現が不適切な理由は、4.3.5で述べた。すなわち、Maryは固有名詞であり、すでに指示性の高い表現であるため、「主要部名詞を唯一的に同定する」という意味機能をもつ前置型所有格表現を適用する必要がないからであった。
　但し、代名詞よりも固有名詞の方が若干指示性が低い可能性を秘めていることは事実である。興味深いことに、(58)のような指示性の冗長性によって不適格になっている例も、(59)のような状況を想定すると可能となる。

(59)　Do you mean the Mary who is Bill's girlfriend?
　　　——No, I mean **John's Mary**.

(59)は同じMaryという名の女性が二人以上存在している状況なので、どちらのMaryかを特定するためにJohnやBillに言及すること自体が大変意味の

あることとなっている。この事例は、所有格名詞にのみこだわっていては説明できない事例としても有効である。ここで (59) に与えられた文脈は、John をトピックにするものではない。先ほどの規定に従えば、トピックとは談話の中心となっているものである。しかしここで対話の中心となっているのは「メアリー」という名で呼ばれている人物であって、John ではない。つまり、(58) の表現を適切にするには、所有格名詞への修正ではなくむしろ Mary という名の人物が二人以上いるという前提、言い換えると主要部名詞側への修正が要求されるのである。つまり、Mary という固有名詞だけでは、対象の特定が不十分であり、Mary という固有名詞はやや普通名詞よりのニュアンスを帯びる。(59) において Mary に定冠詞 the がつく (the Mary) のは、その証拠である。

同様に、先ほど見た (21b) も、例えば Bill のガールフレンドである Mary がいて、彼女は家を出ていかなかった、という状況であれば容認可能になるという報告がある。

(60) a. {*Concerning/*As for} John, **his Mary** has got out of his house. (= (21b))

　b. A: I heard poor Mary died in fire last night!
　　B: Are you talking about the Mary who is John's girlfriend?
　　A: No, I mean **Bill's Mary**. She joined the party at John's, and around midnight Bill dropped by to pick her up. He found the house on fire and dashed inside to help his sweetheart, but unfortunately, she died of smoke inhalation. **As for John, his Mary managed to get out of the house** through the exterior garage door, and John himself was seriously wounded.

いずれにしても、それぞれの人物間に唯一的な対応関係が存在することが要求されていることになる。

対比文脈による類似の効果をもう一つ見ておこう。例えば girlfriend のような名詞は時間安定性が高いために、その名詞のドメイン内には時間に関係する参与者役割はないはずである。しかし、対比文脈は時間を表す所有格形を容認可能に変える。

(61) a. #today's girlfriend
   b. He always brings his girlfriend to football games, but he is quite a playboy, so **today's girlfriend** may be different from **yesterday's**.

対比文脈のおかげで、girlfriend の時間的な推移性に焦点が当てられることになり、そのドメインは修正されて、「ガールフレンドであること」という関係が成立する時間に関わる概念が参与者として現れるようになる。その結果、(61a) も何ら問題なく容認されるようになる。以下類似例を二つあげておく。

(62) a. Today, children are growing up physically far earlier than their parents did. [...] **Today's parents** cannot seem to accept that the girl who starts menstruating at eleven is not super-advanced. (LOB)
   b. Many say it is because **today's child** is much better fed than her ancestors. (LOB)

いずれも、対比文脈によって主要部名詞の表す性質の一時性に焦点が当てられていることがわかる。

　ここで注意しておきたいことがある。この対比文脈は確かに強力な手段ではあるが、この手段は主にドメインに修正を与える役割のみを果たすのであり、問題の表現が完全な形で容認可能性を獲得するためには、「唯一的同定」という側面も共に満たされなければならない。例えば次の例をみてみよう。

(63) a. ??Maintenance on **the city's road** must be just as difficult and expensive as that on **the county's**.
   b. Since the two roads run through the same type of marshy terrain, maintenance on **the city's road** must be just as difficult and expensive as that on **the county's**.

「市道 (city's road)」と「郡道 (county's road)」を対比している用法では、city/county という概念が新たに道路 (road) のドメインに付け加えられることにな

第4章 所有格表現カテゴリー (1)

っているが、しかしこれだけでは唯一的な同定を必ずしも保証するわけではない。一つの市、一つの郡にはおそらくたくさんの道路が走っていることが常識として想定されるからである。更に文脈によって、まさに具体的に二つの道路が話題となっていることが予め与えられているならば、city, county だけで道路をそれぞれに同定することができるようになる。スキーマに基づく説明では、この微妙な違いをもうまく捉えることができる。

　最後に、指示性が高いとされた固有名詞の場合に対比文脈が及ぼす効果も見ておこう。指示性の高い表現であっても、対比文脈で用いられている場合、更に所有格名詞で同定することがより自然になる。

(64) a. (??) America's Statue of Liberty
　　 b. **America's Statue of Liberty** is not so famous as **France's Eiffel Tower**.

(65) a. (??) San Francisco's Bay Bridge
　　 b. The first superhighways ——**New York's Henry Hudson** and **Chicago's Lake Shore, San Francisco's Bay Bridge** and its approaches, a good slice of the Pennsylvania Turnpike—— were built as part of the federal works program which was going to cure the depression.　(BROWN)

一般に、比較対照されるモノは普通同じカテゴリーに属するものである。(64)で比較対照されている主要部名詞は、「エッフェル塔 ((the) Eiffel Tower)」、「自由の女神 ((the) Statue of Liberty)」など、具体的な名前こそ違うが、いずれも有名な建造物である、という点で共通性をもつ。(65)で用いられている固有名はいずれも「スーパーハイウェイ (superhighway)」という名で大きくカテゴリー化されるものである。ここでの対比文脈により、それぞれの建造物、スーパーハイウェイはそのドメイン内にその存在する場所の情報概念を含むようになると考えられる。

　ここまでをまとめよう。対比文脈化はドメインを修正する。つまり、新しい参与者役割を導入したり、明示的に焦点化したりするのである。このおかげでスキーマの要件を満たすようになり、主要部名詞に新たに付加された参与者役

割を所有格形で表すことができるようになる。

　以上見てきたように、構文スキーマとの合致度が低いために不適切だと判断される所有格表現も、文脈の助けによってスキーマ要件を満たすようになれば、問題なく容認される。同じ表現でも文脈によってその容認度が変化する。このような周辺例における帰属度の揺れは、先に述べたように静的な性質を帯びたプロトタイプ理論では扱いがたいものである。スキーマ理論ではその点がうまく解決される。標準的に要求される性質がどのようなものかがわかり、かつ周辺的な例と文脈とがどのように相互作用するかをも明らかにできるのである。

4.5　プロトタイプとスキーマの橋渡し

　4.2で、スキーマ理論とプロトタイプ理論とは同じカテゴリー化のプロセスが持つ異なる側面に焦点を当てたものだと述べた。しかし、前置型所有格表現のカテゴリーに関して、スキーマ理論に基づく分析とプロトタイプ論に基づく分析とをつきあわせてみると、ある問題が見られる。それは、プロトタイプ論で中心例とみなされていた〈所有〉を表す関係が、スキーマ理論では言語の意味内部の状況だけではスキーマを満たせず、補助的に百科的知識を介さなければならない例と位置づけられてしまうことにある。〈所有〉の関係に基づく所有格名詞は、主要部名詞のドメインという考え方に立てば最も漠然とした関係に位置するものである。なぜ、直観的にも中心的な意味を担うとされる所有関係が、スキーマ理論では最も説明を要する存在となってしまうのだろうか。
　このギャップを橋渡しする考え方として、本節では3.2.2で見た主体化（subjectification）という概念を考えてみたい。

4.5.1　主体化

　主体化とは、意味変化に関わる一つの要因であり、言語化の対象となるべき事態、場面のなかに、概念化者自らが関わりを持つようになる現象の総称である（Langacker (1990b, 1999)）。主体化の度合いはその場その場で様々であり、概念化者が完全に言語化の対象の中に取り込まれている場合もあれば、言語化

の対象の一部に積極的に関わりを持つ段階で止まっている場合もある。
　例として所有格形と同じく参照点構造を持つとされる動詞 have の意味を考えてみよう。以下は have の用例の代表的なものである。

(66) a.　Be careful——she has a knife!
　　 b.　I have an electric saw (but I seldom use it).
　　 c.　They have a good income from investments.
　　 d.　He has terrible migraine headaches.
　　 e.　She has red hair.
　　 f.　They have some vast open areas in the United States.

上記の例はすべて同じ動詞 have を用いているが、少しずつその意味が異なる。(66a) の have の主語は目的語をコントロール下においているという点で、目的語に対して直接的な力の行使を行っている。それが、(66b) (66c) へ移るに従い、次第にその公使力が弱いものになっていく。そして最後の (66f) では、主語は目的語に対してもはや何のコントロールも力の行使ももたず、ただ単に参照点として目的語を位置づける機能を果たすのみとなっている。図 4-2 でいうならば〈A〉から〈C〉へ向かっての推移となる。

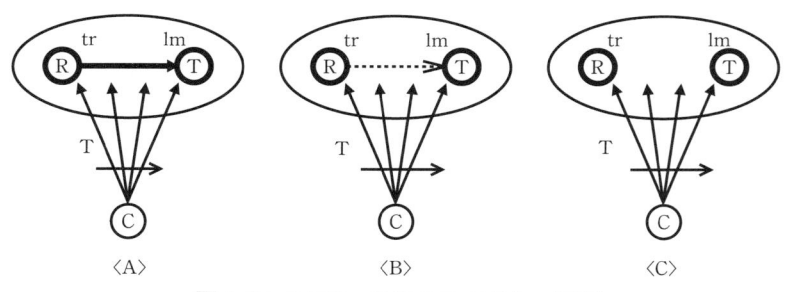

〈図 4-2：主体化―動作主性の弱化の程度〉

いずれの例においても、その根底に参照点構造が存在していることは確かである。異なるのは、図〈A〉では参照点からターゲットへアクセスする経路の源が have の主語に帰せられていたが、図〈C〉ではその源はもはや主語 They (= 合衆国の人々) ではなく、むしろ、言語上どこにも表現されていないが確実に

その発話現場に存在する概念化者 (c) に遡られるという点である。つまり、参照点からターゲットへの経路の性質が、客観的に存在する関係を利用する〈A〉から、専ら発話者の心的な辿りだけとなった〈C〉へと変わっているのである。

4.5.2 主体化と所有格表現

　前置型所有格表現が、その根底に参照点構造を超スキーマとして踏まえていることは、本稿の最初に見たとおりである。(49)で提案した所有格表現のスキーマを満たす際に、文脈が様々な形で役割を果たすことをこれまで見たが、実はこの文脈の関与の度合いにも段階性がある。このような文脈の関与度が主体化という考え方でうまく位置づけられることを見たい。

　動詞 have の多義性の例に倣って考えてみると、所有格表現においても、参照点からターゲットへ向かう関係に関わる主体化の度合いが異なっていることが観察できる。主体化の度合いが低いものとは、言語化の対象となる場面そのものの中に表されている客体的な関係を主として利用したものであり、文脈がなくても容認される事例のこととなる。一方、主体化の度合いが高いものは、話者がその場の（時にはその場限りの）文脈・状況を積極的に利用して、対象の同定を意図するものとなる。

　プロトタイプ理論で中心的事例とされていたのは〈所有〉関係に基づく表現であったが、これは発話者の存在の有無に関係なく、所有格名詞と主要部名詞の間に客体的に成り立つ関係であり、図4-2の〈A〉に当てはまる。

　また、所有格名詞と主要部名詞とが唯一的な対応関係を持つことが言語表現内で保証されている場合もこれに準じるものと考えられる。

(67)　the circle's radius　(＝(41a))
(68) a.　??the circle's arc　(＝(41c))
　　 b.　the circle's red arc　(cf. (42))

所有格名詞を一つ決定すれば、主要部名詞が唯一的に決定できる。円を一つ決定することで、その半径も直径も自動的に一つに決まる。また、修飾語句により、その唯一的関係がすべて言語化された表現の中でほぼ過不足なく保証されるようになる。(68a)では情報が不十分であるが、(68b)のように複数の弧が

それぞれ異なった色で識別可能になっている場合、「赤い弧」という情報を与えることで、その表現内で対象の特定化ができるようになる。

図4-2の〈B〉に対応する次の段階として、明示化された情報だけでは不十分だが、その場の状況を加味することで唯一的に特定できる場合が挙げられる。これは従来唯一的同定機能の反例として挙げられてきたものである。

(69) a.　my sister　（但し姉妹が二人以上いてもよい）
　　　b.　my friend　（但しふつう一人しかいないというニュアンスを伝える）

また先ほどの (68a) の表現 *the circle's arc も、たくさんの円があり、それぞれの弧が図示してあって、そのなかの例えば最も小さな円の弧について述べる、という文脈であれば、対象を唯一的に特定することが可能であった。つまり、対象を唯一的に特定するために必要となる情報がすべて言語表現上明示化されているわけではなく、その発話場面の状況（文脈など）の助けにより部分的に補われた結果、対象の決定が保証されているのである。

更に進んだ図4-2の〈C〉の段階として、完全に文脈に依存している例が挙げられる。

(70) a.　#John's Mary　（＝(45b)＝(58)）
　　　b.　#one room's teacher　（＝(57a)）

これは文脈がなければまず容認されないという点で、大変現場的で臨時的な用法である。言語化された表現そのものだけでは、スキーマで規定されている理想的な関係、つまり参照点とターゲットとの唯一的同定関係が満足されないのだが、文脈というその場限りの情報に基づいて、話者がドメインを修正し、対象を同定することができる。つまり、対象を同定するのに、客体的に存在する関係を利用するのではなく、全くその場限りの臨時的な関係を話者が主体的に読みこんで利用している。この点で、表現の意味の成立に対する話者の介入度が最も高いと言える。

以上見てきたように、図4-2の〈A〉から〈C〉への推移に対応して、現場に即した文脈が表現の意味の中に取り込まれている。所有格名詞から主要部名詞へ向かう関係にはスキーマの規定にあるとおり唯一的同定機能が要求される。

しかし、その関係の満たし方が変わってきているのである。図〈A〉に当たる事例は、話者とは無関係に客体的に存在する関係を積極的に利用して対象を同定するものであるが、一方図〈C〉に当たる事例では、話者自らがその場面に依存した文脈を利用してその関係を作り出している。カテゴリーの周辺的事例は文脈を利用する度合いが高いが、それは言語化しようとする場面を前置型所有格表現のスキーマに合致させるため、話者自らが場面へ介入した結果だということになる。

通時的に見ても〈C〉タイプは後発型である。前置型所有格表現の萌芽と見られるものは古英語の時代から存在したが、その頃に認められていた関係はいわゆる所有、部分全体、親族関係など、所有格名詞と主要部名詞との間に客体的に成立する具体的関係を経由して、対象を特定するタイプの関係が中心であり、それ自体で所有格構文のスキーマを満たしていた。一方話者の介入度の高い〈C〉の例は古英語期には見られず、むしろ屈折接辞が消滅したことによる関係の自由化の後に可能となった表現と思われる。現代の所有格は主要部名詞の指示対象を限定する働きをもつようになっており、定冠詞（definite article/determiner）としての働きに近い。

また、言語習得の側面から見ても、この推移は自然な流れを形成しているようだ。子供の発話で最も早く見られる事例は〈A〉タイプの、それもプロトタイプ的〈所有〉を表すものだという報告がある。Brown (1973 : 233) によれば、初期の子供の言語習得では典型的な所有関係に基づくものが多く、部分全体関係などはまれで、抽象的な主題関係に基づく例（John's employment など派生名詞にまつわる例）は皆無に近かった。

このように、通時的研究や言語習得の研究報告からも、〈A〉タイプから〈C〉タイプへの移行が自然な方向性を持つことがわかる。カテゴリーが拡張していく一因として、話者の場面に対する介入度が高くなっていったことが窺えるだろう。

4.6 まとめ

本章では前置型所有格構文の表現可能な範囲について検討を加え、そのカテ

ゴリーの規定を試みた。この表現は確かに Langacker の提唱する参照点構造を踏まえてはいるものの、それ自体ではあまりにも抽象度の高い規定であり、この構文で表せる意味関係及び用いられる状況を適切に限定し、説明するには不十分である。この点を踏まえて、所有格、主要部名詞、そして二者の関係それぞれについて、より詳しく言及した形での構文スキーマを提示した。通常なら認められない一見不思議な関係を表している場合でも、その場面文脈によって構文スキーマの補完的機能が適正に果たされる場合は容認される。このような文脈によって大きく容認性が分かれるダイナミックな側面に関しては、プロトタイプ理論だけでは説明がつかないが、スキーマを提示することによって、所有格表現と文脈効果との関係を明示的に述べることが可能となった。

　この文脈効果は、スキーマを満たす際に話者が言語化の対象となる場面に介入してくる主体化の産物として位置づけられる。文脈が必要だということは、話者の主体化の度合いが高いということになる。前置型所有格表現の表す意味カテゴリーの拡張性が高く広範囲にわたる理由は、主体化の程度がかなり進んだ表現であるためである。所有格構文といった一見卑近で何の変哲もない表現が、話者をも取り込んだ動的な側面を持つ文法カテゴリーであることが、再確認できたのではないだろうか。

注

　＊ この章は Hayase (1993a) 及び早瀬 (2002) の一部を修正、発展させたものである。
1)「経験のゲシュタルト」という考え方を、節が表す「他動性」の概念に当てはめて議論した先駆的研究としては Lakoff (1977) 参照のこと。
2) 詳しくは Taylor (1989) を参照のこと。
3) 新聞社出版社などの編集に携わる状況では「デスク (=デスクに座る地位の人)」というメトニミーが可能である。
4) ここでのスキーマは、従来の古典的理論における必要十分条件とはかなり異質のものであることに注意したい。これはそのカテゴリーメンバー間に見られる共通した性質を、具体事例からボトムアップ式に取り出したものである。また、カテゴリーが変化するに従って、そのスキーマの内容が変化

することは十分に考えられる。しかも、スキーマの内容を満たすために言語外的な情報を補助的に用いることも問題なく行われるものである。これに対して、古典的理論はカテゴリーが変化するものだという観点があまりないため、その表現の内在的性質のみに基づいて規定を行うことになる。

5) 但し (21b) は、Tony Smith 氏の指摘によれば、更なる想定として例えば、John 以外の男性のガールフレンドで Mary という人がいて、その人は家の外に出なかったことがわかっているような状況があれば容認可能と報告されている。4.4.3 の議論を参照のこと。

6) 所有格名詞が主要部名詞のドメイン内にあるとする規定は Taylor (1989) でも述べられているが、一方で後の Taylor (1996) にはその言及が成されておらず、主としてトピック性に比重を置いた説明が展開されている。

7) もちろん、後に述べるように、ドメインは文脈によって修正されうる。

8) 但し、この唯一的同定機能は、現実世界にそれに対応するものがただ一つだけしか存在してはならないとする絶対的な主張と解釈してはならない (Barker (1996：78-83))。ここでの意図は、その場の文脈において、主要部名詞の指示対象として該当するものが当面一つ決定できればよいというものである。

第5章　所有格表現カテゴリー (2)

5.1 はじめに

　前節では、主に普通名詞を主要部とする所有格表現を考察し、その適用範囲と文脈効果との関わりについて議論してきた。この前節で見た考え方は、派生名詞を主要部名詞に用いた前置型所有格表現にも適用して説明することが可能である。但し、動詞派生名詞は事態を名詞化しているために、元の事態構造にも言及する必要があり、話が少し複雑となる。この節では派生名詞が所有格表現の主要部名詞となる場合について、少し詳しく見ていきたい。

　一般に動詞派生名詞のドメインにあたるものは、派生元の動詞の表す事態の参与項と考えられる。例えば〈破壊する (DESTROY)〉という事態においては、その破壊行為に関わる〈主体 (destroyer)〉と破壊を受ける〈対象 (destroyee)〉が存在して初めてその関係が成立することになる。その意味で、事態概念は必ずその事態の参与者を前提としていることになる。

　この考えに基づけば、他動詞派生の名詞の場合、所有格となる候補は少なくとも二つの参与者であるということになる。しかし実際のところ、どの参与者が所有格として現れることができるかは、名詞によって異なっている。特に、事態の「対象」に当たる参与者のうち、所有格になれるものに制限があることが知られている。(1) が問題ないのに対し、(2) は一般には容認しがたいとされている。

(1) a.　the prisoner's release (by the FBI)
　　b.　the city's destruction (by the enemy)

  c. the speech's delivery (by the president)
(2) a. *the cliff's avoidance (by the climbing party)
  b. *the picture's observation (by the audience)
  c. *the film's enjoyment (by the audience)

なぜこのような対照が見られるのだろうか。また4.3.3でも見たように、談話文脈によりトピック性を与えて代名詞化してみると、(2)もかなり改善される。

(3) a. Concerning that cliff, **its avoidance** is very important in choosing a safe route to the guerrilla camp.
  b. Concerning that picture, **its careful observation** will reveal many interesting details.
  c. Concerning that film, **its full enjoyment** is certainly restricted to a few amateurs. (Taylor (1996 : 223-225))

ここで疑問となるのが、なぜある参与者は文脈がなくても適切な所有格として容認されるのに、別の参与者の場合は文脈と代名詞化という補助手段が必要なのだろうか、ということである。4.3.6で提示した、前置型所有格表現のスキーマ要件(4章(49))とからめて考えてみよう。ここで所有格として選ばれる参与者はいずれも「動詞派生名詞のドメイン内」にもとから存在するものなので、主要部名詞に課せられたスキーマ条件i)を問題なく満たしている。問題があるとすれば、スキーマ条件ii)に挙げた「所有格名詞として選ばれたもののトピック性の度合い」及びスキーマ条件iii)に挙げた「唯一的同定機能」に関してであろう。まずii)に関して、事態構造の中でそのトピック性があらかじめ保証されている参与者は、そのままで適切に所有格となれるが、そうでないその他の参与者はトピック性の点で劣るため、談話の助けが必要になってくるのだと考えられる。またiii)に関しても、唯一的に事態概念を同定するに足るような参与者でなければ、所有格表現としては成立しないことになる。
 このスキーマを満たす参与者とは事態にどのような関わり方をしている者なのだろうか。この点を明らかにするには、更に事態構造を詳細に検討し、どの

参与者が事態の成立に大きく貢献しているのかを測る必要性がある。以下ではこの事態構造に着目し、先行研究の検討を踏まえて本稿での見解を示したい。先行研究では主として他動性に基づく「影響性（Affectedness）」の概念及び、アスペクト構造による分析が成されてきたが、本稿ではこの2つの側面を統合した**因果連鎖（causal chain）**モデルを導入して事態構造の分析及び適切な所有格となれる参与者への規定を試みる。

5.2 先行研究

ここではまず先行研究の概略とその問題点について考察する。取り上げるのは、影響性（Affectedness）に基づく伝統的な分析、事態の時間的性質であるアスペクトに基づく分析、そしてTaylor（1994、1996）による認知的・機能的分析の3つである。

5.2.1 影響性の制約（Affectedness）

派生名詞の中でも、対応する動詞の目的語として表れていた参与者を所有格に登用できるものとできないものがあることは以前から知られていた。この現象を捉えるものとして提案された有名な制約に「影響性の制約（Affectedness Constraint）」（Anderson (1978)；Fiengo (1980)）がある。これは、事態によって影響を被る目的語のみが所有格となれる、と規定する制約である。目的語に当たるものが影響を被るとは、動詞が表す事態によって何らかの変化が生じることを指す。例えば(4)と(5)を比べてみたい。

(4) a. the city's destruction (by the enemy) （＝(1b)）
　　b. Germany's unification (by Kohl)
　　c. the missle's deployment
(5) a. *the film's enjoyment (by the audience) （＝(2c)）
　　b. *the picture's observation (by the audience) （＝(2b)）

破壊（destroy）すれば町（city）は壊れ、以前の姿を失う。統一（unify）という行為によってGermanyの状況は大きく変わる。これに対し、the film, the pictureは、動詞の行為によって特に何らかの変化を被っているわけではないため、これらは影響性の制約から所有格になれないと予測される。

影響性の制約に加え、「経験者制約（Experiencer constraint）」（Rappaport (1983)）も提案されている。fearやfrightenなど心理動詞から派生された名詞 (fear, frightなど) はその動詞の項役割として〈刺激を与えるもの：刺激物 (Stimulus)〉と〈刺激を経験する者：経験者 (Experiencer)〉をとるが、この経験者制約は、所有格となれるのが経験者に相当するものだけだ、と規定する。以下の(6)(7)において、the scarecrow（案山子）は刺激物、Amyは経験者である。

(6) a. The scarecrow frightened Amy.
 b. *the scarecrow's fright (of Amy)
 c. Amy's fright
(7) a. Amy feared the scarecrow.
 b. the scarecrow's fear
 c. Amy's fear   （Rappaport (1983 : 130-132)）

この経験者制約も広い意味では影響性の制約に従っていると言える。刺激は経験者に心的状態の変化を引き起こすため、経験者は影響を被っていると解釈できるからである。

しかしながら、影響という概念は有効とはいえ、その意味の曖昧性ゆえに、時に規定が難しくなっている。例えば、次の事例では必ずしも状態変化を被ったとは解釈しがたいものが所有格として問題なくおさまっている。

(8) a. the movement's execution
 b. the sermon's delivery
 c. the mystery's solution   （Fellbaum (1987 : 78)）

このように見てくると、影響性という概念をもう少し精緻化する必要がありそうである。

5.2.2 アスペクト分析

　後になって、影響性という概念をアスペクト特性に求めてより精細に規定しようとする試みを行った研究が生まれてきた（Tenny (1987); Fellbaum (1987)）。アスペクトとは事態のもつ時間的特性のことで、Vendler (1967) の4分類が有名である。Vendlerによれば、事態は活動（activity）、達成（accomplishment）、到達（achievement）、状態（state）と、大きく4つのタイプに分類される[1]。それぞれに対応する事態の事例を以下に示す。

(9)　活動（activity）……run, walk along the river, drive a car, push the cart...
　　達成（accomplishment）……destroy the city, build a house, walk to the station...
　　到達（achievement）……arrive, leave, die, discover...
　　状態（state）……live, see, have...

活動タイプの述語(run along the street, swim)はある程度の持続性をもつが、明確な事態の終結点をその内部にもたない。例えばrun, walk (along the river), push the cart, などの事態は、ある程度の時間幅を持つ一方で、事態が完結する終結点がないため、どこまで行けばその事態が終わるのかは不明確である。一方達成タイプの事態（destroy the city, deliver the sermon）は時間的な持続性もあり、かつ明確な事態の終結点が存在するものである。例えばrun to the station, walk a mile, destroy the city などの事態は、駅まで走れば、一マイル歩けば、あるいは町がすべて破壊されてしまえば、その行為は終結するという特性を持つ。到達タイプ（reach the top, recognize）はその事態が成立・完結するのが瞬間的、一時点的であって持続性を持たないのが特徴である。一般に、持続性の有無は時間幅を表すfor句との共起性によって、また事態の終結点の有無はin句との共起性によって、それぞれ確かめられる。

(10)　活動（activity）
　　a.　He walked along the river {for an hour/??in an hour}.
　　b.　He pushed the cart {for five minutes/??in five minutes}.

(11) 達成 (accomplishment)
   a. He walked to the station {??for an hour/in an hour}.
   b. The army destroyed the city {??for a day/in a day}.

(12) 到達 (achievement)
   a. He died {*for an hour/in an hour}.
   b. He arrived at the station {*for an hour/in an hour}.

最後に状態タイプ（know the answer, see the picture）の事態には、終点も変化も存在しない。時間的に明確な境界線を持たず、変化もない状況を表す点で、他の3つと一線を画している。

　Fellbaum は先に見た(4)(5)の対照が、達成タイプの事態かそうでないかに求められると考えた。達成タイプの事態に生起する目的語は、その事態において十分な影響を被っているもの（Affected）であるとみなされるため、達成タイプの事態を表す場合に限り、目的語が所有格として登用されうると議論した。

　同様に、Tenny (1987) はこの達成タイプの事態の持つ性質を一般化し、「有界性」の有無によって区別することを考えた。影響を被っているとされる目的語は、基本的に事態に区切りを与える有界性を保証する役割を果たしている。例えば、drink（飲む）はそれ単独では区切りのない活動タイプとしての事態を表すが、drink a glass of beer（グラス一杯のビールを飲む）では有界性をもった達成タイプの事態を表す。つまり、目的語 a glass of beer は事態を限界づける役割（Tenny はこれを delimiter と呼んでいる）を果たしている。よって、影響性の制約は広く「有界性の制約」によって包括されることになる。

　この分析は一見したところかなりの説明力を持つように思われる。例えば、(8) でみた事例は影響性の制約ではうまく説明ができなかったものだが、実はこれらは達成タイプに分類される事態を表している。達成タイプであるかどうかを確かめるには in/for 句との共起性をテストとして用いる。

(13) (cf. (8))
   a. execute the movement {in an hour/??for an hour}
   b. deliver the sermon {in an hour/??for an hour}
   c. solve the mystery {in an hour/*for an hour}

上記の例はいずれも in 句とは共起し、for 句とは相容れない。つまりこのことは、事態の終点が何らかの形で存在することを意味している。加えて言うと、この説明によって先ほどの(4)でみた事例も達成タイプであることが確認される。容認されなかった(5)の事例は、以下のテストでも明らかなように、in/for 句テストによって終点を持たない活動タイプであるとわかる。

(14) (cf. (4))
 a. destroy the city {in an hour/*for an hour}
 b. unify Germany into one country {in a day/??for a day}
 c. deploy the missile {in ten minutes/??for ten minutes}

(15) (cf. (5))
 a. enjoy the film {*in an hour/for an hour}
 b. observe the picture {*in an hour/for an hour}

ここまでは、有界性に基づく制約でうまく説明ができているように思われる。

しかしながら、まだ解決されない問題が残っている。まず第一に、Fellbaum が挙げた事例の中には、達成タイプではなく到達タイプと目される事例が含まれている。到達タイプは達成タイプと異なり、事態の持続性を持たず、瞬間相としての性質をもつ。

(16) a. the captive's release from the prison (Fellbaum (1987 : 80))
 b. John's arrest by the FBI
 c. America's discovery by Columbus

release, arrest, discover などの動詞で表されている事態はいずれも瞬間的な解釈を受ける到達タイプの事態である。とすれば、達成タイプに加えて到達タイプも目的語を所有格に登用できるかと思われるが、残念ながら中には所有格を許さない到達タイプ事態も存在する。(17) はその例である。

(17) a. *the ballroom's entry
 b. *the robber's recognition by the police

c. *the government's (bad) perception

(16)(17)どちらも到達というアスペクト特性をもつ事態を表すのに、この差はどこから来るのだろうか。それは、変化を被っているか否かという点に求められる。例えば(16a)では the captive（捕虜）は release（解放）という事態を受けて自由の身へと転換する一方で、(17a)では the ballroom（舞踏室）は entry（入場）によって何ら変化を被るわけではない。ここで変化しているのはむしろ入場行為を行った主体の方である。同様のことが(b)(c)にも当てはまる。つまり、動作の客体が変化するか、主体が変化するかという違いも考慮する必要があることになる。このように考えると、アスペクトだけで影響性の有無を包括できるとする主張には無理があることがわかる。

更に、達成タイプと分類される動詞の中にも、目的語を所有格で表せるかどうかに差が見られるものがある。その一例として所有者交替動詞（possession-alternation verbs）が挙げられる。(18)が示しているように、in 句と共起できるという点では先ほどの(13)(14)と同様であるが、それにも関わらずこれらの動詞が派生名詞となった場合には目的語の所有格形を許さない。

(18) a. inscribe the wall with the motto {in an hour/??for an hour}
b. present the valedictorian with the medal {in a minute/*for a minute}

(19) a. ??the wall's inscription with the motto
b. ??the valedictorian's presentation with the medal
c. ??the library's provision with books
d. ??the patient's injection with the drug

但し、これらの事例には with を用いない交替形が可能であり、その場合の目的語は所有格として前置することができる。

(20) a. inscribe the motto on the drug
b. present the medal to the valedictorian
c. provide the book to the library
d. inject the drug to the patient

(21) a. the motto's inscription on the drug
b. the medal's presentation to the valedictorian
c. the book's provision to the library
d. the drug's injection to the patient

Tennyの理論に基づけば、どちらの目的語も事態を限界づける機能をもっていることになるので、この差は説明ができない。一般に、Goal項と分類されるものは所有格にはなれないようである。

また、Fellbaumらの主張に反して、活動タイプとみなされる事態であっても目的語を所有格に登用できる例がないわけではない。

(22) a. the ship's skillful navigation by the first officer (saved the crew.)
b. navigate the ship {for three hours/*in three hours}

このような反例をみてくると、純粋にアスペクトにのみ基づく分析では、所有格として目的語を表せるか否かの境界線をうまく引くことができないことがわかる。(16) (17) の到達タイプに分類される事例を見ていても、同じアスペクトであっても主体が変化するものと客体が変化するもの等、それぞれに異なりが見られる。目的語を所有格に持ってくることができるかどうかを正しく考察していくには、アスペクトだけではなく、事象構造も考慮に入れる必要がある。

5.2.3 認知・機能的アプローチ：Taylor (1996) の「情報価値 (informativity)」

この節では認知文法の考え方に基づいたアプローチを概観し、その有効性と問題点を考察する。

4.3.1でも述べたように、Langacker (1991, 1993) は、所有格構文が一般に参照点構造を反映していると主張した。所有格は主要部名詞を同定するための参照点として機能する。つまり、参照点として適格に機能できるかどうかが、所有格選択の重要な目安となるのである。Langacker自身は適格な参照点となる条件として「内在的に、あるいは文脈による場合もあるが、いずれにしても

認知的に『際だち (salience)』を持っている必要がある ("[T]he reference point has a certain cognitive salience, either intrinsic or contextually determined." (Langacker (1993:6)))」と述べてはいるが、派生名詞の事例に関してはそれ以上詳しい検討を行ってはいない。例えば、the city's destruction と *the picture's observation の容認性の違いはそれぞれの参照点の際だちに差があることから来ると予想されるが、なぜ destruction に対して the city は際だちを持ち、一方で observation に対する the picture はそうでないのかについては、特に何も述べられていない。

Taylor (1994b) は Langacker の参照点分析を支持した上で、この「際だち」というものを「情報価値 (**informativity**)」という概念を用いて規定しようと試みている。「情報価値」とは、ターゲットを同定するために(その参与者が)どの程度信頼できる効果的な手がかりを提供するかという度合いを示すものである ("Informativity is the degree to which the participant provides reliable and effective cues for the identification of the target." (Taylor (1994b: 225)))。Taylor はいくつか具体例を用いてこの概念を記述しようとしている。例えば、A loves B という表現が真であるか否かを確認しようとする際、我々は A (の心的状態)を考慮する。あまり B の方を検討しようとは思わない。ということは、「愛する」という関係においては A の方がより効果的な手がかりを与えることになる。その他に、A destroys B という表現の真偽を確かめるには、手がかりとして有力になってくるのは B であり、A ではない、と説明している (Taylor (1994b: 225))。このように、所有格候補となれる参与者は、派生名詞で表されている事態を同定する際に手がかりを与えるという意味で情報価値の高いものでなければならない、と結論づけている。つまり、その事態に関してより多くの、より詳しい推論を可能にする参与者の方が、情報価値が高いと考えられ、従って参照点として機能しやすく、所有格としてもふさわしくなる、という論理である。

Taylor の主張によれば、この情報価値という概念によって、従来の影響性の制約が予測することと同じ結果を予測することができ、それに加えて、参照点構造という人間の普遍的な認知能力からより自然な説明を与えることが可能だと主張する。例えば心理述語の場合には経験者 (experiencer) の方が刺激物

(stimulus) よりもさまざまな推論 (心的状態の変化など) を呼び起こすため、情報価値が高い、という予測を行う。また、the city's destruction や *the cliff's avoidance のコントラストに関しても、変化を被った参与者の方が明らかに情報価値が高いので、the city の方が destruction の参照点として機能しやすいと予測できるという。

しかしながら、Taylor の「情報価値」という概念自体が不十分な定義しか与えられていない。問題となる参与者が「情報価値がある」のか否かを本当にその都度決定できるのだろうか。Taylor 自身は確かに情報価値という概念の概略を与えるためのラフな記述的説明を行ってはいるが、その中で議論された例は destroy 等ほんの 2、3 の典型例にすぎない。これでは個々の具体事例に本当に応用できるのかどうかわからない。例えば、以下のコントラストを見てみよう。これらはすべて、影響性の制約では容認できないと予測するはずの事例である。

(23) (= (8))
    a. the movement's execution
    b. the sermon's delivery
    c. the mystery's solution   (Fellbaum (1987 : 79))

(24) (= (2))
    a. *the cliff's avoidance
    b. *the picture's observation
    c. *the ballroom's entry

もし Taylor の説明に従うとするならば、(23)で所有格に選ばれている論理目的語の方が(24)のそれよりも情報価値が高いということを示さねばならない。問題はどうすればそれがわかるか、である。

更に、(25)-(27)の事例はその情報価値の程度がもっと複雑であることを示している。Taylor は、談話文脈によってトピック性を高めてやることで、基本的にどんな参与者でも容認できると考えている。以下の事例はいずれも(24)と同じものだが、(24c)は現実には容認されない((27b))。

(25) a. *the cliff's avoidance
   b. Concerning that cliff, **its avoidance** is very important in choosing a safe route to the guerrilla camp. (= (3a))
(26) a. *the picture's observation
   b. Concerning that picture, **its careful observation** will reveal many interesting facts. (= (3b))
(27) a. *the ballroom's entry
   b. *As for that dreamlike castle, **its entry** is something I'm dying for in my life (**my entry into it**... であれば適格).

(b)の事例はすべてトピック性を文脈によって高めたものであるが、結果としてその容認性には異なりが見られる。なぜ observe の目的語の方が、avoid や enter の目的語よりも情報価値が高いのかが明確にわからないことも問題だが、もう一つの問題は、なぜ文脈の助けによりトピック性が高まっても、observation や avoidance の事例は改善され、entry は改善されないのか、である。とするならば、疑問点がいくつか浮かんでくる。所有格として選択可能な目的語の情報価値には程度差があるものなのか。あるとすれば、どのようにそのことがわかるのか。残念ながら、Taylor は情報価値という概念を測るための具体的な基準を何ら示してくれていないため、これらの疑問点は解決されない。

また、情報価値という概念と影響性という概念とは関係がありそうだが、これについても Taylor は詳しく述べてはいない。情報価値という概念はどうも影響性を踏まえているようにも思われるが、いずれにしても検討の余地がありそうである。

情報価値を決定する基準を提案する代わりに、Taylor はもう一つの概念である「内在性 (intrinsicness)」を持ち出して、この情報価値という概念と対比させ、結論として情報価値という概念の方が有効であることを導き出そうとしている。繰り返すが、情報価値とは目標物を同定する際にどれだけ効果的な手がかりを与えるかというその度合いを表す概念であった。これに対して「内在性」という概念は、Langacker (1991) の概念的自律性に対応するものであり、典型的には of 構文で表されると指摘する。例えば The enemy destroyed the city に対応する名詞化表現のうち、the destruction of the city は容認可能だが*the destruction of the enemy は容認できない。その理由は、the enemy という参与者が destruction で表される事態と内在的な関係にはないからだ、と説明する[2]。そして、内在性を反映している of 構文と情報価値を反映している所有格構文との間に解釈の違いが見られることを指摘して、内在性と情報価値という二つの概念は異なる種類のものであることを議論している。例えば、次の(28a)では参与者を事態の主語として解釈する読みと目的語として解釈する読みの両方が可能である。

(28) a.　the fear of the enemy（enemy＝経験者／刺激物）
　　 b.　the enemy's fear（enemy＝経験者のみ）

このことから、経験者のみならず刺激物も事態にとって内在的関係にあるものだという結論が導き出されている。しかし、これに対応する所有格構文(23b)では経験者のみが所有格として選ばれる候補者となっている。このふるまいの差から、Taylor は内在性と情報価値とは別の種類の概念であり、所有格に関わる概念は内在性ではない、と結論づけている。

　しかし、ここで明らかになったことは、情報価値という概念そのものではなく、単に所有格構文が of 構文とは異なる性質をもつ別個の構文であることである。情報価値とはどういう基準で決定されるのか。それは依然として不明瞭なままであり、せいぜい所有格構文に出てこられるか否かで決定される、という循環論を繰り返すこととなる。

　同様の批判が描出名詞（representational nouns）とよばれる picture, photograph, portrait や、情報名詞（informational nouns）である news, report, statement, draft などにも当てはまる。Taylor は、これらの名詞のふるまいも、内在性と情報価値とを区別する基準となりうる、と主張している。例えば、次の(a)(b)の事例は必ずしも同義ではない。

(29) a.　the news of yesterday
　　 b.　yesterday's news
(30) a.　the news of John

b. John's news

確かに、前置詞 of によって導入されるのはその事態に関して内在的な関係にあるもの、具体的には描かれている対象、報告されている対象である一方、所有格で表されているのは例えばニュースのソースに関わる何らかの情報（"the news reported by John or yesterday" など）である。しかしながら、やはりここで明らかにされたのは of 構文と所有格構文が表しうる意味の範囲が異なることである。なぜニュースソースやそのニュースが報道された日時の方が、ニュースの内容そのものよりも情報価値が高いと判断されているのか（なぜなら、報道された日時は所有格となるが、ニュースの内容そのものは所有格として理解されないため、yesterday's news は「昨日についてのニュース」の解釈とはなり得ない）も不明なままである。

結局のところ、Taylor の主張は、所有格に来ている参与者は情報価値があったからこの場にこられているのだ、というものだが、その情報価値という概念をどのように図ればよいのかが明確ではない。本当にすべての事象が情報価値という概念で扱えると主張するのならば、もっと明確な規定を行って、実際の例において検討を行う必要がある。

以上見たように、Taylor (1994b, 1996) の「情報価値」という概念は不明確である。個々の動詞、事態に関して、どの参与者が十分な情報価値を担っているのか否かを、どのように認定するべきなのか。本論ではそれを明確にするのが因果連鎖（causal chain）モデルであると考える。ここで提案する因果連鎖モデルにもとづくアプローチでは、Taylor の情報価値という概念に理論的な基礎を与えることができると同時に、その概念の曖昧さを補って明示化することができる。因果連鎖モデルは事態の内部構造を示すものなので、その事態の各々の参与者がもつ情報価値性というものを測ることができる。

5.3　因果連鎖モデルに基づく分析

ここで事態を表すモデルとして導入するのは Croft (1991) による因果連鎖

(causal chain) モデルである。これは、動詞が表す事態が CAUSE, BECOME, STATE の 3 つの段階から構成された、因果関係に基づく構造をもつ、と仮定する、事態に対する理想認知モデル（Idealized Cognitive Model：ICM（Lakoff (1987)））である。このモデルでは、事態のアスペクト特性及びその事態に関わる参与者の位置づけを同時に行うことができるため、所有格選択の問題に明示的な解決を与えてくれる可能性がある。以下因果連鎖モデルの説明とその利点、このモデルを名詞化に当てはめることの妥当性、そしてこのモデルをもちいて所有格選択がどのような場合に行われるのかを規定していきたい。

5.3.1 因果連鎖モデル

Croft は、事態を参与者から参与者へのエネルギー伝達のプロセスとして理想化し、そのプロセスを CAUSE、BECOME、STATE の 3 つに分類して示している。CAUSE は事態を引き起こす者がエネルギーを対象に伝えるプロセス、BECOME はエネルギーを受け取った者が何らかの変化を被るプロセス、そして STATE はエネルギー伝達を受けて落ち着いた、あるいはおさまった状態として規定される。

　1 つの事態は 1 つの動詞によって表される。動詞の表す意味範囲は、その動詞の主語と目的語によって区切られる、因果連鎖上の連続的な部分にあたり、その範囲は###で表される。主語と目的語という文法関係がどのように因果連鎖上に配置されるかは、その動詞の意味構造を吟味することで決定される。このように、事態の参与者と、その事態の内部構造全体が、その事態のドメインとして表示されることになる。

　このモデルでは事態の内部構造として典型的に 3 つのタイプが区別される。それらは「使役」「起動」「状態」の 3 つである。まず、使役動詞とは因果連鎖表示のうち CAUSE, BECOME, STATE 3 つをすべて含むものである。起動動詞は最後の 2 つ、つまり BECOME と STATE からなる事態を表す。最後に状態動詞は STATE のみを含む事態を表す。それぞれの動詞タイプとその例文を以下に示す。

使役相：The rock broke the window.
```
   rock     window   window    window
   •────>•────>(•)────>(•)
     CAUSE  BECOME  STATE
    ###      break (vt.)      ###
    SBJ                       OBJ
```

起動相：The window broke.
```
            window   window    window
   •────>•────>(•)────>(•)
     CAUSE  BECOME  STATE
           ###   break (vi)  ###
```

状態相：　　　The window is broken.
```
                     window    window
   •────>•────>(•)────>(•)
     CAUSE  BECOME  STATE
                ### broken ###
```

〈図5-1：因果連鎖表示〉

　これらプロトタイプ的な事態に加えて、非プロトタイプ的な事態もありうる。それは厳密な意味での因果関係を含まない事態である。例えば、空間関係や所有関係は、ある参与者から他の参与者へのエネルギー伝達を何ら含まないものである。しかしながら、これらの関係に関わる参与者同士はある意味で非対称性をもつ。例えば、空間関係においては少なくとも2つの参与者が関わるが、そのうち可動性のあるものがFigureとして認識され、もう一方がGroundとして機能する。所有関係においても、所有する者と所有される者との間にはFigure-Groundの認識の差が存在する。この非対称性に着目し、Croftは**強制**（**coercion**）という概念を用いて「所有関係、空間関係などといった非因果関係も、そのFigure-Groundの非対称性に基づき、因果関係に類似するものとして強制解釈する」という考えを提示している。

　例えば、移動動詞における「Figure優先による強制解釈」では、Figureと目されるものがGroundに先行するように、因果関係が付加される（以下、強制分節（coercion arc）は因果連鎖表示上では coer. と略記する）。

(31)　He sprayed the wall with paint.

```
X      Y     (Y)coer.  Z         X : paint
•―――→•―――→(•)―――→(•)              Y : wall
###    verb          ###
SBJ                  OBJ          〈図 5-2：Figure 優先による強制解釈〉
```

同じように、所有関係にも所有者と被所有者との間に非対称的関係が見いだされる。所有関係は因果関係ではないが、被所有者が所有者のところへと移動するとみなされることから、被所有者優先による強制解釈が付加される。

(32) a.　John gave Mary a candy.
　　 b.　The dean presented the valedictorian a medal.

```
X      Y     (Y)coer.  Z         Y : a candy, a medal
•―――→•―――→(•)―――→(•)              Z : Mary, valedictorian
###    verb          ###
SBJ   present        OBJ          〈図 5-3：被所有者優先による強制解釈〉
```

強制はたいていの場合事態の最終状態、つまり因果連鎖の最後の部分にあたる解釈の際に行われる。強制が行われた場合、典型的な因果連鎖の時と異なり、この最終状態の分節には異なる参与者がその始終点に関わっていることになる[3]。

5.3.2　因果連鎖モデルと名詞句

　因果連鎖モデルは、一般に事態を表す動詞の意味構造についてのモデルである。ここではこの動詞についてのモデルを動詞派生の名詞にも当てはめようとしている。その根拠として、派生名詞はその意味のベースとして、必ず何らかの形で対応する動詞の因果連鎖を踏まえていると考えられることを挙げたい。動詞と対応する派生名詞とは、事態をどのように捉えるかというレベルで異なってはいるが、事態構造そのものは共有している。例えば、動詞 destroy はその内部構造を時間に沿って連続的に走査して捉えるものだが、派生名詞 destruction は時間を捨象し、事態を全体でひとつのまとまりとして、つまりモノとして、捉え直したものである。その捉え方が違うだけで、基本的な意味構

造は共通している。よって、動詞の因果連鎖をその派生名詞分析に応用しても差し支えないと考えられる。

但し気をつけておきたいのは、派生名詞によっては元の動詞の表す因果連鎖表示すべてを指し示さないことがあるという点である。例えば、派生名詞 destroyer では、動詞 destroy が表す因果連鎖全体をひとまとまりとしてとらえているのではなく、因果連鎖上に現れる参与者の一人を指し示すものとなっている。しかし、動作主名詞である destroyer は、動詞 destroy による事態を想起させるという点で因果連鎖を背景に踏まえていることにかわりはない。派生名詞の種類によっては、因果連鎖のある部分だけをプロファイルすることがあり得るが、因果連鎖自体はそのベースとして、常に不変的に機能していると考えられる。

5.3.3 因果連鎖モデルの記述可能性

因果連鎖表示を用いることでいくつかの利点が指摘できる。そのうちの一つは先ほどから見てきた伝統的な概念である「影響性 (affectedness)」を包含できることにある。参与者が影響を受ける (affected) とは、言い換えると何らかのエネルギーを享受したことであるという見方ができる。その影響が完全なものであれば、その参与者は結果状態へと至る。因果連鎖モデルでは以下のように定義できる。

(33) ある参与者が影響を受けている (affected) という場合、その参与者は BECOME に相当する分節の始点に関わっている。完全に影響を受けた場合 (fully affected)、その参与者は BECOME-STATE 二つの分節に共に関わっているものである。

つまり、BECOME に相当する分節が関われば、何らかのレベルでの影響が認められる参与者が存在する、ということになる。

Fellbaum や Tenny らのアスペクト分析によれば、in 句と共起できるか否かが影響性の有無のテストとして用いられてきたところがある。本書でのアプローチが彼女たちのアプローチと異なるのは、所有格の可否に関わる「影響性」の概念には、BECOME 分節の存在だけで十分であるという立場をとることで

ある。例えば、(22)で扱った navigate で表される事態の目的語 ship は、位置変化を起こしているという意味ではすでに「影響を受けている (affected)」と認められるが、この表現が in 句と共起できないことから、Fellbaum, Tenny らの分析では論理目的語を所有格形で用いることが不可だと判断される。しかし現実には目的語を所有格として登用することが可能である（以下に再録）。

(34) a.　navigate the ship (*in five hours)
　　 b.　the ship's navigation

確かに、in 句と共起できることと、目的語を所有格として登用できることとは重なる部分も多いが、完全な対応関係にはないのである。

　in 句と共起するか否かは影響性のテストとしては完全でないかもしれないが、BECOME-STATE 分節が存在するか否かの一つのテストにはなる。もし問題となる述部が in 句と共起可能であれば、BECOME と STATE 両方の分節がその因果連鎖表示に存在することになる。注意したいのは、STATE 分節単独では in 句と共起できないことである。

(35) a.　He knew the answer (*in ten days).
　　 b.　John feared the scarecrow (*in a minute).

つまり、事態が in 句と共起できるためには、その因果連鎖表示上に STATE 分節のみならず BECOME 分節もなければならないのである。

　二つ目に、ここで導入している因果連鎖モデルにより、Vendler (1967) の 4 分類をも表示することが可能である。5.2.2 で見たように、Vendler は状態 (state)、活動 (activity)、達成 (accomplishment)、到達 (achievement) の 4 つの事態タイプを区別したが、それぞれは以下のように表示することができる。まず、状態タイプは単純に STATE 分節のみで構成される事態に対応する。活動タイプは明確な結果状態を持たないことから、STATE 分節を欠いたもの、つまり CAUSE-BECOME 分節によって表示される。

　ここで注意しておきたいことは、この分析では到達タイプと達成タイプに関するアスペクト上の違いを必ずしも区別しないことである。到達タイプと達成タイプの違いは、事態が時間的にどのように展開されるかのみであり、その違

いは因果連鎖上必ずしも反映されるわけではない。従って、異なるアスペクトに属している事態であっても、事態構造そのものが同じであれば、因果連鎖上も同じ表示が与えられることになる。逆に、アスペクトタイプが同じであったとしても、事態構造が異なる場合には、因果連鎖上は異なったものとして表示されることになる[4]。

三つめの利点として、因果連鎖表示では、主体変化を表す事態と客体変化を表す事態の違いを捉えることができる。時間的属性のみに着目していては、この二つを区別することができないが、例えば現実に同じアスペクト分類が成される到達タイプにも、CAUSE-BECOME-STATE すべての分節からなる客体変化のもの (release など) と、BECOME-STATE 二つの分節から成る主体変化のもの (realize など) がありうる。このような違いも、以下のように表示を分けることができる。

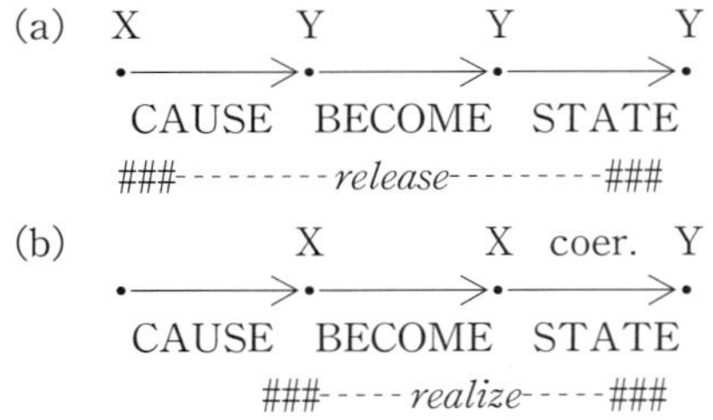

```
(a)     X        Y       Y       Y
        •———————•———————•———————•
        CAUSE  BECOME  STATE
        ###--------release--------###
(b)              X        X  coer. Y
        •———————•———————•———————•
        CAUSE  BECOME  STATE
                ###-----realize-----###
```

〈図5-4:主体変化と客体変化の表示〉

BECOME 分節の始点に来る参与者が変化を受けるものなので、(a)では Y がその変化を被る、つまり客体変化の表示となり、一方(b)では主体である X が変化を被っている主体変化の表示となる。

以上をまとめると、因果連鎖モデルは因果関係とアスペクト特性とを統合した事態表示が可能である。この両方の要素ともが所有格選択に重要なものとして働くため、このモデルは有益であると考えられる。

5.4 因果連鎖モデルに基づく所有格参与者選択の規定

さてここまで先行研究の利点と欠点について概観してきたことを、因果連鎖

モデルで統合して表してみたい。

(36) 派生名詞の所有格として機能することができる参与者は、典型的には
(a)派生名詞の表す事態の因果連鎖表示において、BECOME 分節の始点に位置づけられる参与者であり、
かつ
(b)その事態がプロファイルしている部分の終点に対応する参与者である。

(36a)を満たしているということは、述語表現が参与者に何らかの変化をもたらすものであり、かつ in 句と共起可能であることを表している。ここで、影響性の概念と、達成タイプ（Accomplishment）というアスペクト的な要請が両方同時に満たされている。また、(36a)を満たしているということは、その参与者が述語表現における目的語であること、つまり客体変化を表すことを保証する。このことを典型的に表している因果連鎖表示を以下に示す。

```
X        Y        Y        Y
•——————→•——————→•——————→•
 CAUSE  BECOME   STATE
 ###---------VERB---------###
```
〈図 5-5：動詞の因果連鎖表示〉

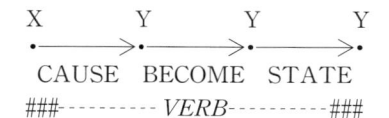

このような事態であれば、参与者 Y は(36a)の通り、BECOME 分節の始点に位置するので、変化を被る対象となっている。本論では BECOME 分節に関わる参与者を影響性という概念で捉えることになっているが、BECOME-STATE も動詞の表す事態がプロファイルする意味の中に含まれていれば、in 句とも共起できるので、上記の例は最も典型的な事態表示だと言える。更に、(36b)にあるように、その参与者 Y は確かに動詞事態のプロファイルの終点に位置する参与者 Y と一致しているため、この事態は主体変化ではなく客体変化であることが確かめられる。まとめると、BECOME (-STATE) 分節の始点と終点に同じ参与者が対応することが、所有格登用に求められることになる。

この規定が得られたところで、もう少し深い疑問が生ずる。それは、なぜ、BECOME (-STATE) 分節の始点と終点が同一参与者であることが、所有格登

用に必要なのだろうか、という疑問である。ここでは更に一歩踏み込んで、このような規定が認知言語学的にどのような意義づけがなされるのかを明らかにしておきたい。そして、(36)で見た規定が全く恣意的で意味のないものではなく、事態認識の基本となる部分と深く関わっていることを説明していきたい。

BECOME (-STATE) 分節に着目するということは、因果連鎖表示を後ろから見ていくことになる。因果連鎖とは通常エネルギー伝達の流れを示すモデルなので、その連鎖の頭から順に展開することになるのだが、ここで議論したことは逆の見方を採用し、動詞に対応する因果連鎖表示が表す事態の最後の部分に着目している。このような逆のものの見方によってわかることは、何が事態の本質となるか、ということである。

Langacker によれば、言語システムは必ず**自律／依存に基づく階層性**から成り立っている。その一例として、動詞の表すプロセス概念は必ず参与者としての名詞を前提としており、この存在がなければ完成しない概念である。一方、名詞概念はそれ単独でも成立しうる。この点で、プロセスは依存概念、名詞の表すモノは自律概念であると言える。この自律／依存の階層性（the Autonomy/Dependence (A/D) layering）は、複合的な事態の概念化には必ず見られるものであり、因果連鎖が辿るエネルギーの流れとは逆の経路を辿って得られる。例えば、Floyd broke the glass with a hammer という文で表される事態を考えてみると、この事態は次のような概念階層から成り立っていると考えられている。

(37)　Floyd broke the glass with a hammer.
　　　(Floyd broke (hammer broke (the glass breaking)))

この事態の中で最も単純で自律的とみなされる概念は、the glass breaking（グラスが割れる）という、参与者が単独という形で取り出せる。Langacker によれば、ある参与者とそれが被る変化によって構成される関係が、プロセス事態の最小単位であると主張し、これがそれ以上細かく分けることのできない、事態の核であるとして、この最小単位を **thematic relationship** (Langacker (1991: 287)) と呼んでいる。そして、この事態の核に更に肉付けを加える（例えば使役部分を加える）ことによって、より複合的な事態が形成されていくこ

とになる。

さて、以上のことを踏まえてみると、先ほどの規定(36)で述べられていたことは、実は次のように言い換えることができる。

(38) 事態の因果連鎖の中から、適正な thematic relationship を取り出すことができる場合、その事態を表す動詞の目的語を所有格として用いやすい。

thematic relationship は事態の核であり、その事態に最も中心的に関わる参与者とそれが被る変化から成り立つものである。因果連鎖表示では BECOME 分節（と、もしあれば STATE 分節）から成り立つものに対応している。BECOME 分節の始点に位置する参与者が、事態のプロファイルの最終地点（BECOME 分節か、もしあるならば更に STATE 分節）の参与者と一致していれば、それは BECOME（-STATE）分節に単独の参与者のみが関わっている、つまり thematic relationship を適正に構成しているということになる[5]。

この「thematic relationship が事態の中核を成す」という点は重要である。というのも、ここに関わる参与者は、認知的にもその事態に関して本質的な役割を果たしていることになるからである。この点で、Taylor が提案していた情報価値（informativity）という概念は認知構造の観点から因果連鎖モデル上で測定することが可能となる。Taylor の言っている「十分に情報価値のある参与者」とは、thematic relationship に単独で関わっている参与者のことなのである。ある参与者が事態の thematic relationship に適正に関わっているということは、その参与者が事態の中核を担っていることを示しており、ひいては事態がそれについて語っていることを保証するものと解釈できる。つまり、語彙の中でトピックとして機能することが、語のフレーム意味論的に決定されているのである。そうでなければその参与者のトピック性は理想的状況にはないこととなる。

以上、影響性、アスペクト及び客体変化という条件を満たすための規定(36)は、認知言語学的に thematic relationship と呼ばれる、事態の中核を取り出す、という規定(38)に読み替えられることを議論した。そして、事態の中核に単独で関わる参与者は、逆に言えば事態がそれについて語っていると認定され

る、中心的な役割を果しているため、情報価値が保証されることを議論した。以下ではこの(38)の規定に基づいて個々の事例の分析を行う。

5.5 派生名詞と目的語所有格

5.5.1 達成タイプ事態派生の事例

ではまず、因果連鎖の3つの分節部分、つまりCAUSE, BECOME, STATEをすべて兼ね備えている事例から検討していく。release, destroy, deliverなどの達成（accomplishment）タイプの事態がこの例である。このタイプの事態に対応する因果連鎖は、以下のような表示となる。

(39) a. the city's destruction by the army
　　 b. Caesar's assassination by Brutus

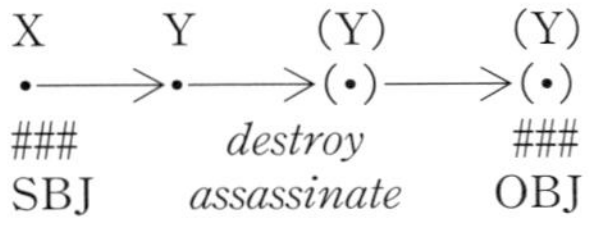

```
X        Y       (Y)      (Y)
•───────•──────>(•)─────>(•)
###    destroy   ###
SBJ   assassinate  OBJ
```
〈図5-6：達成タイプ事態の因果連鎖表示〉

ここで注目したいのは、問題となっている事態において目的語として機能する参与者 Y である。Y によって表示される参与者は、使役者（causer）である X からのエネルギーを受け、変化を被って、ある最終状態へと至る。例えば (40a) では、the city が Y に相当する参与者であり、X に相当する使役者である the army からのエネルギーを受けてその状態を変化させるのである。ここで、in 句と共起するか否かということが、BECOME-STATE からなる分節が存在するかどうかのテストとなる。

(40) a. destroy the city in a week
　　 b. assassinate Caesar in a day
(41) a. the completed destruction of the city
　　 b. the completed assassination of Caesar

同様に、形容詞 completed と共起するか否かも、事態が完結していることを表

す、つまり最終状態に達していることを確かめるテストとなる。ここで、destroy, assasinate などの述語は BECOME-STATE から成る分節を含んでおり、かつその分節に関わっているのは参与者 Y のみである。つまり、BECOME-STATE 分節には目的語である Y のみが関わっていることから、Y を中心として純粋に Y について述べる事態であることが窺える。言い換えると、この事態における目的語 Y は十分にその事態を代表するだけの認知的際だちを担っていることになる。

5.5.2 心理動詞派生の事例

Croft (1991) は、心理動詞のうち刺激物 (Stimulus) を主語に採る please, frighten 型の動詞を、使役的なプロセス動詞とみなすことができると述べている。具体的には、刺激物が経験者 (Experiencer) に新たな感情への変化を引き起こす、というプロセスである。一方で、経験者主語の心理動詞 (like, fear 型) は stative な性質をもつとも主張している。Croft は二つの事例を引いてこの違いを説明している。まず第一に、手段を表す節と共起できる場合には問題となる事態が使役的であり、状態的ではないこと、二つ目に、使役的プロセスには進行形が可能であり、使役型の心理動詞も文脈を整えればこの解釈が可能になることである。

(42) a.　John pleased his boss by coming in early every day.
　　 b.　*John's boss liked him by coming in early every day.
　　　　(cf. John's boss liked him because he came in early every day.)
(43)　While the adults were chatting, the clown was amazing the children with his acrobatics.　　　　(Croft (1991 : 215))

このことから、刺激を主語にとる please などの動詞は、新しい心的状態をもたらすという意味での使役プロセスをもつ動詞であることが窺える。因果連鎖表示では使役プロセスは CAUSE-BECOME-STATE の3分節の連鎖で表される。一方で、経験者主語の心理動詞は典型的には何ら心理状態の変化がもたらされない状態動詞とみなされる。この状態事態は強制分節 (coercion arc) である STATE 分節単独で表される。ここで、please 型の刺激物主語心理動詞と

like 型の経験者主語である心理動詞とは、基本的に同じ因果連鎖を踏まえているが、それぞれの動詞がプロファイルしている分節部分が異なるのである。

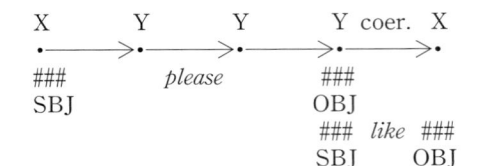

```
X        Y        Y        Y coer.   X
•───────>•───────>•───────>•────────>•
###      please            ###
SBJ                        OBJ
                  ###  like  ###
                  SBJ        OBJ
```
〈図 5-7：心理動詞の二つのタイプ〉

ここでの因果連鎖が表しているのは、X が Y に働きかけて Y の心的状態を変化させ、結果として Y は X に対する何らかの心理的反応を抱く、という一連のプロセスである。刺激主語の心理動詞の表示をみると、Y は BECOME-STATE 分節に単独で関わっているため、その事態の中核に位置し、事態はそれについて語っているものとみなすことができる。このため、目的語は所有格として用いることが問題なくできる。

(44) a.　the people's disillusionment with the president　(Rozwadowska (1988 : 148))
　　 b.　the audience's disappointment at the news
　　 c.　Mary's amusement at the fairy tale
　　 d.　John's (public) embarrassment of Mary　(Grimshaw (1990 : 119))

その一方で、強制分節 STATE のみからなる心理動詞は上記の条件を満たさない。BECOME 分節を持たないからである。実際、これらの事例では目的語を所有格とすることはできない。

(45) a.　John fears the ghost.
　　 b.　*the ghost's fear
(46) a.　John prefers this garden.
　　 b.　*this garden's preference

まとめると、心理動詞のうち刺激を主語とする frighten タイプでは、目的語 Y が単独で関わる BECOME-STATE 分節連鎖を取り出すことが可能である。

つまり、frighten タイプの目的語はその事態の中心的位置を占めることができるという点で、フレーム化されたトピック性を担っていると言える。一方 fear タイプは BECOME 分節がなく、強制分節である STATE 分節のみから成立しているので、そもそも適正な thematic relationship に当たる部分をどこからも取り出すことができない。つまり、目的語は十分に事態の中核に関わっているとみなすことができない。この違いが (44) - (46) の容認性の違いとなって現れてくるのである。

5.5.3 交替動詞の事例

次に、present, provide, inscribe, inject などの、目的語の交替を見せる動詞の事例を考えてみよう。

(47) a. present the medal to the valedictorian
　　 b. present the valedictorian with the medal
(48) a. provide the books to the library
　　 b. provide the library with books
(49) a. inscribe the motto on the wall
　　 b. inscribe the wall with the motto
(50) a. inject the drug to the patient
　　 b. inject the patient with the drug

これらの動詞は (47) - (50) にあるように、交替を見せるので有名である。これらの動詞には主語となる参与者に加えて、更に二つの参与者が関与するが、その二者間に非対称的な関係が存在する。それは所有者と所有物という関係である。つまり、これらの動詞では論理的目的語の選択に関して、所有者を選ぶのか被所有者を選ぶのかで二通りの可能性があるということである。

まず (a) パターンを示す事例を考えてみよう。例えば (47a) では the valedictorian は所有者であり、the award は所有物となる。これらの動詞は通常因果関係やエネルギー伝達には関わらないと考えられるが、Croft (1991) は「被所有物優先による強制解釈 (Possessee-first coercion)」を提案し、通常の因果連鎖に準じる表示を与えている。

```
X      (Y)       Y coer.   Z(= Location)
•─────→•───────→(•)──────→(•)
###    present   ###    to   ###
SBJ              OBJ         OBL
```
〈図 5-8：交替動詞 (1)〉

所有者として選ばれている参与者は Y と表示されている。動詞がプロファイルしている分節には BECOME 分節が含まれており、ここには参与者 Y だけが単独で関わっている。従って、この参与者 Y は事態の中核に関わる参与者であり、事態はこの参与者 Y について語っているものと理解することができる。よって、(51) に示すように、参与者 Y に相当するものを所有格に登用することに何ら問題は生じないのである。

(51) a. the award's presentation to the valedictorian
　　 b. the book's provision to the library
　　 c. the motto's inscription on the wall
　　 d. the drug's injection into the patient

次に、(47) – (50) の (b) に対応する事例を考えてみよう。こちらは所有者に当たる参与者を直接目的語にとっているのだが、これに対応する (52) はいずれも不適格である。

(52) a. ??the valedictorian's presentation with the medal
　　 b. ??the library's provision with books
　　 c. ??the patient's injection with the drug
　　 d. ??the wall's inscription with the motto

この場合に対応する因果連鎖表示は以下のようになる。

```
X       Y        Y coer.  Z          Y: medal
•──────→•───────→(•)─────→(•)        Z: valedictorian
###              present           ###
SBJ                                OBJ
```
〈図 5-9：交替動詞 (2)〉

ここで注目したいのは、因果連鎖表示そのものは CAUSE, BECOME そして強

制分節の3つから成り立っており、(51) の表示(〈図 5-8〉)と同一であることだ。違いはどこにあるかというと、動詞が分節化している部分が (51) と (52) とで異なっているところにある。(52) に対応する動詞では3つの分節すべてをプロファイルしているのに対し、(51) に対応する動詞ではその一部、つまり強制分節を除いた部分だけをプロファイルしているのである。

先ほどから見てきた条件はこの二つの表示に異なった判断を下すことになる。強制分節を含むと、BECOME-STATE 分節は単独の参与者をもつことができない。よって強制分節を含むプロファイルを与えている (52) からは適正な thematic relationship を取り出すことができない。一方、強制分節をはずした部分をプロファイルしている (51) では参与者が一致するためこれが可能である。つまり、同じ動詞であっても、プロファイルが異なるために、一方では事態の中核としてYについて語っているとみなせ、一方ではそのようには見なせない事態の捉え方をしていることになるのである。

影響性の制約では (51) と (52) の違いを説明することができない。というのも、どちらの事例でも同じように変化を被り影響を受けていると見なせてしまうからである。

(53) a. ??Jeremiah sprayed the paint on the wall (in five minutes) and there was half a can left over.
  b. Jeremiah sprayed the wall with the paint (in five minutes) and there was half a can left over.
(54) a. Jeremiah sprayed the paint on the wall (in five minutes) and the wall was only half covered.
  b. ??Jeremiah sprayed the wall with the paint (in five minutes) and the wall was only half covered.　　(Tenny (1994 : 53-54))

(53a) と (54a) では、内項である the paint が完全に消費され、ゆえに完全に影響を被っていると解釈される。この含意は、(53a) のような、缶の半分が残ってしまっている状況とは相容れない。一方、(53b) と (54b) では直接項である the wall で表されている「容器」もまた完全に影響を被っていると理解される。もしこの現象が正しければ、影響性の制約は (52) の事例がすべて容認可

能であるという、誤った予測をすることになる。なぜならば、the paint は位置変化を起こしているし、the wall は状態変化を起こしているため、いずれも影響を被っていると解釈できるからである。Tenny の「限界づけ（delimitedness）」という概念でもここで見た対照を説明することができない。in 句は (49b) とも (50a) とも共起可能で両立するので、Tenny の定義によればどちらの目的語も限界づけの機能を持ち、従って派生名詞にした場合に所有格として表現することができるはずである。しかしながら、(52) の例が示しているように、実際にはそうではない。

ここでの因果連鎖に基づく分析では、the paint と the wall が派生名詞になった場合の所有格として機能するか否かで異なっていることは明らかである。the paint の方が明らかに有効な候補である。

まとめると、(51) と (52) の容認性の差は因果連鎖に基づく分析で明らかにできる。(47) の事例における論理目的語は常に BECOME-STATE の連鎖分節に安定して生じるが、(48) の方では最後の強制分節の末端にしか生じない。そのため、事態の中核を担う参与者とはほど遠いと認定されてしまうのである。

5.5.4 到達タイプ事態

次に、到達タイプの事態に関する事例を検討しよう。到達タイプとは瞬間的にある到達点に達する形で生じる事態を表す。よって、特殊な解釈が可能である場合を除いて、一般に進行形とはなじまない。

(55) a. ??The policeman is arresting the criminal.
　　 b. ??The policeman is releasing the captive from the prison.
　　 c. ??Columbus was discovering America.
　　 d. ??He was entering the room.

更に、到達タイプの事態は一般に in 句とは両立するが、for 句とは相容れない。

(56) a. The policeman arrested the criminal {in/??for ten minutes}.
　　 b. The policeman released the captive {in/??for ten days}.
　　 c. Columbus discovered America {in/??for ten days}.

d.　He entered the room {in/??for ten minutes}.

到達タイプから派生した名詞には、目的語を所有格として許すものもあれば許さないものもある。

(57) a.　the captive's release from the prison
　　 b.　John's arrest by the FBI　　　　　(Fellbaum (1987:80))
(58) a.　*the robber's recognition by the policemen
　　 b.　*the government's (bad) perception
(59)　　 *the ballroom's entry

(57)‒(59)の事例に対応する事態は、いずれも一般に瞬間相を表す到達タイプとしてひとまとまりに分類されている。つまり事態が一瞬のうちに成立し、時間的持続性はない、という点で、同じグループに属すると考えられているのである。しかしこれらの事例も、それぞれの内部構造を詳しく検討すると、因果連鎖表示上では異なるものとして区別されることになる。

　5.3.3で、因果連鎖表示が反映しているのは、描かれている事態の時間的展開というよりも、むしろその事態が主体変化か客体変化かといった事態内的な構造である、と述べた。つまり、因果連鎖表示は、事態の内部構造については詳述するが、その事態が実際の時間軸上でどのように展開されるか（一瞬のうちに展開されるのか、時間をかけて展開されるのか）については不問に付しているのである。よって、同じアスペクトタイプ、つまり同じ時間的展開を示すものであっても、場合によっては異なる因果連鎖表示を受けることがありうるということであった。ここで考察する到達タイプの事態はまさにこの例であり、以下一つ一つその事態の内部構造を検討していくことにする。

　arrestやreleaseなどの動詞の場合、その目的語は動詞で表される事態によって変化を被っているとみなされる。例えば、the captive（捕虜）はrelease（解放）という行為によって自らの状態が変化して自由の身になるし、Johnもarrest（逮捕）という行為によって投獄の身へと自分の状態が変化する。America も discovery（発見）という行為を通じて無名の状態から有名の状態へと変化すると考えられる。これらの動詞は以下のように因果連鎖表示できる。

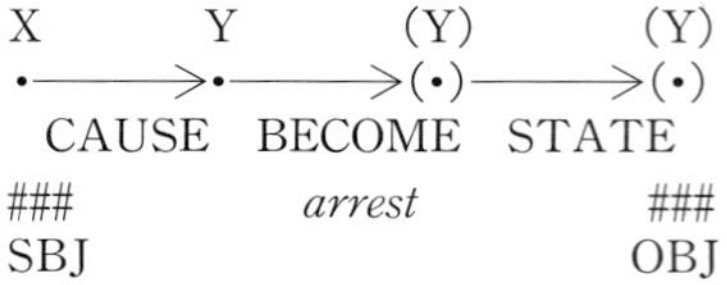

```
X       Y        (Y)        (Y)
•──────>•──────>(•)──────>(•)
   CAUSE    BECOME    STATE
  ###              arrest         ###
  SBJ                              OBJ       〈図 5-10：到達タイプ事態（1）──arrest〉
```

この表示は目的語登用に関する制約（38）に合致する。述語の論理目的語は変化を被っている、つまり、BECOME 分節の始点に関わる参与者と一致しているからである。

一方 recognition や perception などの場合はどうだろうか。これらの名詞に対応する動詞 recognize や perceive は、先ほどの release や arrest と異なり、その因果連鎖表示には CAUSE 分節がなく、強制分節が最後に表れることになる。このことを確かめる手段は二つある。まず第一に、attentively や carefully などの意図性を表す副詞は CAUSE 分節を強調する役割を果たしているが、意味的に到達タイプとは相容れない。このことは CAUSE 分節の欠損を意味している。release や arrest とは共起できることに注意したい。

(60) a.　John attentively released the captive from the prison.
　　 b.　The policeman carefully arrested the criminal.
(61) a.　??John attentively recognized the robber.
　　 b.　??John carefully perceived the object.

第二に、派生名詞 recognition で表される行為によって、論理目的語は特に変化を被ってはいない。変化を被っているのはむしろ認識主体である論理主語の方である。なぜならば、主語の認識世界が変化したと考えることができるからである。以上、CAUSE 分節の欠損と、主体変化を表す事態であることを因果連鎖表示で表すと以下のようになる。

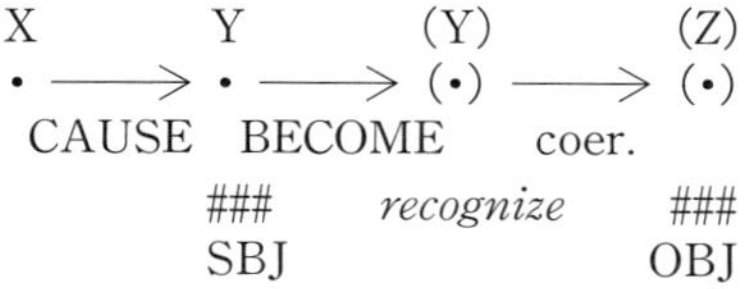

```
X       Y         (Y)         (Z)
•──────>•──────>(•)──────>(•)
   CAUSE    BECOME     coer.
           ###    recognize   ###
           SBJ                OBJ
                       〈図 5-11：到達タイプ事態（2）──recognize〉
```

ここで、論理目的語にあたるものは Z で表されるわけだが、これは変化を被るはずの、BECOME 分節の始点に相当する参与者 Y とは一致していない。このことから、ここでの分析はこの目的語 Y が事態構成の中核であるとは見なせないことを正しく予測する。このように、同じ到達タイプと分類される事態であっても、その内部構造を見ていくと、必ずしも同じではない。因果連鎖表示ではこのことを正しく予測することができるのである。

　空間移動動詞 enter も一般には到達タイプと分類される事態を表すが、これもまたこれまでに見たのとは違う内部構造を持つ事態である。この事態には「図優先の強制解釈（the Figure-first coercion）」が適用される。enter はまず CAUSE 分節をもつ。このことは動作主志向副詞 carefully などとの共起が可能であることからも確かめられる。また、この事態は主体変化の事態であり、客体変化を表すものではない。これらのことから enter の表す事態は〈図 5-12〉のように表示されることになる。エネルギー伝達を享受し変化を被る参与者である X は、論理目的語である Y とは一致しないことに注意したい。

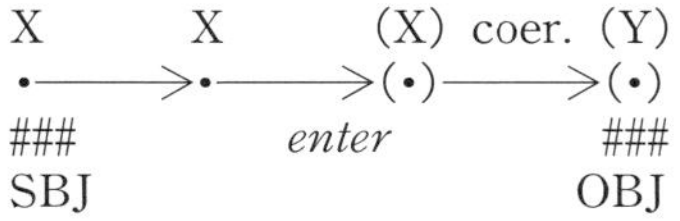

```
X        X      (X) coer. (Y)
•———→•———→(•)———→(•)
###      enter        ###
SBJ                   OBJ
```
〈図 5-12：到達タイプ事態（3）——enter〉

よって、Y は事態の中核を成す参与者とはみなせず、従って enter の場合には目的語を所有格として登用することはできないのである。

　以上をまとめると、因果連鎖表示は事態が時間軸上で実際にどのように展開されていくのかという側面を捨象し、その使役的側面に着目しているため、同じアスペクト特性を持つと分類されてしまう事例、具体的には (57) (58) (59) に見た到達タイプの下位分類が可能となった。単純にアスペクトにのみ基づいた分析ではこの違いを捉えることはできなかったが、因果連鎖に基づく表示では、変化を被る参与者が目的語と一致しているか否かを明らかな形で測ることができるのである。

5.5.5　活動タイプ事態

　Fellbaum (1987) や Tenny (1987) の主張によれば、活動 (activity) 動詞か

ら派生された名詞は一般に目的語を所有格とすることができないという。実際に、達成タイプの動詞であっても目的語が複数形を表すものであれば、結果として活動を表す事態となることがよく知られているが、この場合に目的語を所有格にすることはできない。

(62) a. destroy cities {??in five minutes/for five minutes}
　　 b. alter proposals {??in a day/for a day}
　　 c. consume beers {??in a month/for a month}
(63) a. *Cities' destruction (by the barbarians)　(Fellbaum (1987 : 82))
　　 b. *Proposals' alteration (by the authors)　(ibid.)
　　 c. *beers' consumption (by Japanese workers)

この現象をもとに、彼女たちは活動事態の場合にも目的語を所有格とすることができないと結論づけている。

しかし、詳しく検討していくと、ことはそれほど単純ではない。実際、活動タイプ由来の名詞の中にも、目的語を所有格として許す場合と許さない場合がでてくる。(64)(65)はその例である。

(64) a. *America's idealization by post-war generation　(Hamano (1989 : 128))
　　 b. *the phenomenon's observation by scholars　(Fellbaum (1987 : 85))
　　 c. *the film's enjoyment by the audience
(65) a. The ship's skillful navigation by the first officer saved the crew.
　　 b. The slogan's repetition changed the emotion of the public.

(64)(65)とも、どちらも in/for 句テストにおけるふるまいから、活動タイプ事態であることが確かめられる。活動タイプ事態は for 句とは共起するが in 句とは共起しない。

(66) a. idealize America {for ten years/*in ten years}
　　 b. observe the phenomenon {for ten months/*in ten months}

c. enjoy the film {for two hours/*in two hours}
(67) a. navigate the ship {for fifteen minutes/*in fifteen minutes}
b. repeat the slogan {for a week/??in a week}

FellbaumやTennyらのアスペクト分析では上記の事例の違いが説明できない。一方で、使役因果関係とアスペクトとを組み合わせた因果連鎖に基づく本稿での分析では、これらの違いを次のように説明できる。まず、in/for句テストが示しているように、navigateやrepeatで表される事態にはそれ自体終結点が存在しない。この事態を限界づけるのは前置詞句などの斜格（to the shore）の存在である。この表現が付加されれば、in句と問題なく共起することができる。

(68) navigate the ship to(ward) the shore (in fifteen minutes)

けれども、これらの事態は因果連鎖表示上 BECOME 分節をもち、かつその始点に参与者 Y が関わっている。確かに、動詞 navigate の論理目的語である客体 ship は位置変化を被っているし、動詞 repeat の場合も、同じく論理目的語である the slogan は何度も繰り返し用いられ、人々の記憶に定着したりよく知られるようになったりするため、変化があると考えられる。

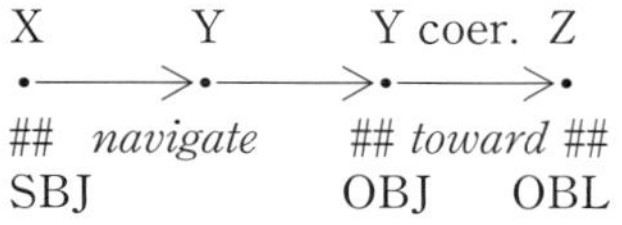

```
X         Y        Y coer. Z
•————→•————→•
##  navigate  ## toward ##
SBJ           OBJ      OBL
```
〈図 5-13：活動タイプ事態（1）——navigate〉

一方で、idealize や observe などの動詞は主体側に心理的変化が生じているのであり、対象が変化したわけではない。このため、次のような表示が与えられる[6]。

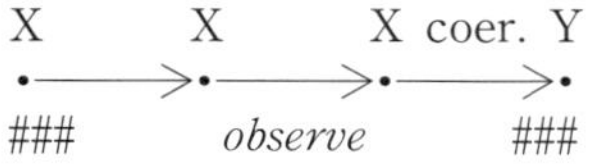

```
X         X        X coer. Y
•————→•————→•
###     observe    ###
```
〈図 5-14：活動タイプ事態（2）——observe〉

活動動詞の中でも、客体変化を表す navigate などの動詞の場合、それに対応

する派生名詞はその論理的目的語を所有格にすることができる。その理由は目的語が変化を受ける対象だからである。一方主体変化を表す動詞の場合、その目的語は特に明確な変化を受けるわけではない。idealize などの感情を表す動詞は後者に分類される。

　以上をまとめると、活動動詞で目的語を所有格として表すことができないとされていたもののうち、実際にはそれが可能なものがあることを見た。その場合の条件として、客体変化を表す事態であることが挙げられた。因果連鎖表示ではこのことを、BECOME 分節の存在とその分節に関わる参与者を見ることで確かめることができると議論した。

　ここまで、因果連鎖表示に基づき、所有格に登用可能な参与者の規定を行ってきた。因果連鎖表示は BECOME 分節（及び STATE 分節）によって、影響性という概念を包含することができ、加えてアスペクト分析も 3 つの分節の組み合わせによって取り込むことができた。しかも、主体変化・客体変化の区別を行えるという点で、アスペクト分析では扱えなかった事例も説明できる。所有格登用が可能な参与者は、BECOME 分節（そしてあるならば STATE 分節も）に単独で関わっている参与者であることが明らかになった。

5.5.6　派生名詞における所有格選択：まとめ

　ここまで、様々な事例を見てきた。目的語を所有格として表すことが適切であるかどうかの判断には、事態の因果連鎖表示から Langacker の意味での thematic relationship を取り出すことができるかどうかが重要であった。thematic relationship は事態の核であり、その事態に最も中心的に関わる参与者とそれが被る変化から成り立つものである。また、この thematic relationship は、因果連鎖表示上では BECOME 分節（と、もしあれば STATE 分節）から成り立つものに対応している。逆にいうと、もし thematic relationship に対応するはずの BECOME（-STATE）分節に、参与者が二つ以上関わっていたら、それはもはや事態の核という意味での thematic relationship とは呼べないのである。その典型例は強制分節が関わっている場合である。強制分節が存在すればそこには必ず二つ以上の参与者が関わる。これまでに考察した事

第5章　所有格表現カテゴリー (2)

例をいくつかのパターンに分類し、以下にまとめて表示してみよう。

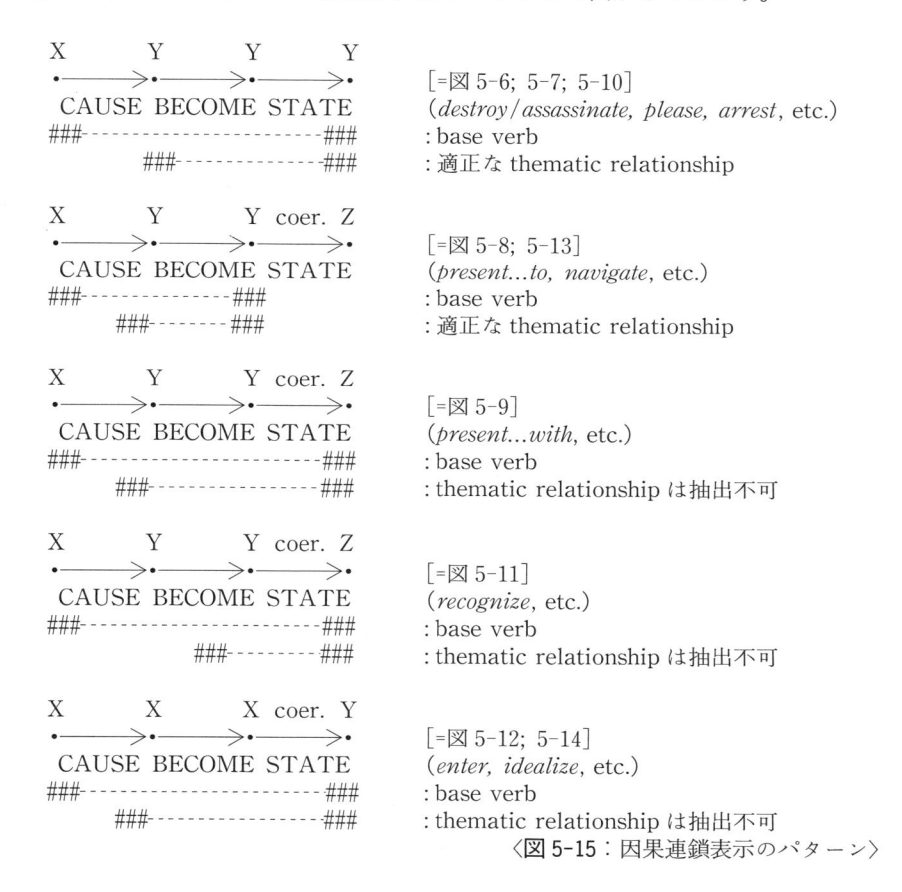

```
X         Y          Y
•────▶•────▶•────▶•         [=図 5-6; 5-7; 5-10]
CAUSE  BECOME  STATE          (destroy/assassinate, please, arrest, etc.)
###-------------------###    : base verb
       ###-----------###     : 適正な thematic relationship

X         Y          Y coer. Z
•────▶•────▶•────▶•         [=図 5-8; 5-13]
CAUSE  BECOME  STATE          (present...to, navigate, etc.)
###-------------###          : base verb
       ###-----###           : 適正な thematic relationship

X         Y          Y coer. Z
•────▶•────▶•────▶•         [=図 5-9]
CAUSE  BECOME  STATE          (present...with, etc.)
###-------------------###    : base verb
       ###-----------###     : thematic relationship は抽出不可

X         Y          Y coer. Z
•────▶•────▶•────▶•         [=図 5-11]
CAUSE  BECOME  STATE          (recognize, etc.)
###-------------------###    : base verb
              ###-----###    : thematic relationship は抽出不可

X         X          X coer. Y
•────▶•────▶•────▶•         [=図 5-12; 5-14]
CAUSE  BECOME  STATE          (enter, idealize, etc.)
###---------------------###  : base verb
       ###-------------###   : thematic relationship は抽出不可
```

〈図 5-15：因果連鎖表示のパターン〉

興味深いことに、自律的である thematic relationship が取り出せる場合、名詞化したときにその論理目的語を所有格として一貫して表しやすいことがわかる。thematic relationship は事態の中核を成すものであり、ここに関わっていた参与者はその事態の成立に決定的な役割を果たしていることになる。ある参与者が事態の thematic relationship に適正に関わっているということは、その参与者が事態の中核を担っていることを示しており、ひいては事態がそれについて語っていることを保証するものである。つまり、語彙の中でトピックとして

機能することが、語のフレーム意味論的に決定されているため、結果的に、手がかりとしての所有格となれるだけの情報性、トピック性も持ち合わせていると考えられる。そうでなければその参与者のトピック性は理想的状況にはないこととなる。

但し、一般の所有格表現の場合と同様に、参与者のトピック性には、談話文脈による修正が成されうる。その例が(3)であった((69)として再録)。

(69) (= (3))

a. Concerning that cliff, **its avoidance** is very important in choosing a safe route to the guerrilla camp.

b. Concerning that picture, **its careful observation** will reveal many interesting details.

c. Concerning that film, **its full enjoyment** is certainly restricted to a few amateurs. (Taylor (1996: 223-225))

avoid, observe, enjoy の目的語は、通常の用法ではトピック性の点で不足があるため、所有格として用いた場合の容認性は低いが、構文スキーマで規定された他の条件は問題なく満たしている。このトピック性の低さという欠点も、談話文脈と代名詞化によって補完された場合には、適切な表現として認められるのである。

Taylor はトピック性を高めればどんなものでも基本的に所有格になれる、と判断していたふしがあるが、いくら文脈の助けがあっても容認できないものもある。この現象も、因果連鎖上でその参与者がどの位置を占めているかをみることで、その相対的なトピック性を測ることができるため、本稿の分析ではある程度予測可能である。ここで、談話文脈の助けがあっても容認性があまり改善されなかった例を思い出してみよう。心理動詞のうち、fear タイプの場合は、それ自体が状態の部分のみを表す動詞なので、図5-16に再録するように thematic relationship をそもそも始めから抽出することができない。このため目的語の語彙的なトピック性が非常に低いことがわかる（以下再録）。

(70) (= (6c) (7b))

a.　Amy's fright（Amy は経験者）
b.　*the scarecrow's fear（scarecrow は刺激物）

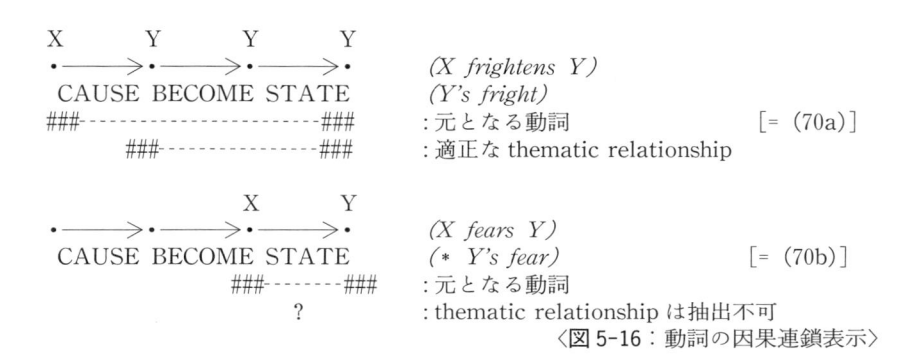

```
 X      Y      Y      Y
 •─────>•─────>•─────>•           (X frightens Y)
 CAUSE  BECOME  STATE              (Y's fright)
 ###---------------------###       ：元となる動詞          [= (70a)]
         ###------------###        ：適正な thematic relationship

                 X      Y
 •─────>•─────>•─────>•           (X fears Y)
 CAUSE  BECOME  STATE              (* Y's fear)            [= (70b)]
         ###------###              ：元となる動詞
                  ?                ：thematic relationship は抽出不可
```

〈図 5-16：動詞の因果連鎖表示〉

　また、名詞 entry の場合、位置の移動という、厳密には因果関係ではない関係を「因果関係的」に見立てて、最終状態を表す部分に「Figure 優先による強制解釈」（Figure-first coercion）が与えられていた。つまり、enter の目的語は、Figure-Ground の分化でいうならば、Ground、つまりもともと際だたないものとして解釈されていることとなる。このように、本来の因果的連鎖表示になじまない事態であることと、Ground という本来的に際だちが低く解釈されるものが目的語に当たることから、談話文脈でそのトピック性を高めても埋め合わせができないことになる。このように、何らかの強制的解釈を経なければならない位置づけにある参与者は、もとから語彙フレームにおけるトピック性が大変低く、どのような修正を施してもそのトピック性を上げることがなかなか難しいことがわかる。

5.5.7　英語の名詞化のもつ能格性と自律／依存関係

　前節まで、派生名詞を用いた所有格表現の適格性を決定する条件を検討してきた。確認したように、事態の中核を成すと考えられる thematic relationship を抽出できるか否かが重要な鍵を握っていた。この事態の中核を担う最小単位は、自律的な単位を表しており、これに様々な依存概念を付け加えていくことで、現実に存在する多種多様で様々な事態が記述されていくことになる。

派生名詞での検討を終える前に、英語の名詞化現象においてこの自律／依存関係を持ち出す妥当性について少し触れておきたい。言語を類型論的に分類する方法はいくつかあるが、そのうちの一つに格標示システムの違いに基づく分類がある。それは、能格言語と対格言語の区別である。英語は対格言語の一例であるが、その特徴は、他動詞の主語と自動詞の主語がおなじ主格（Nominative: NOM）格を与えられ、他動詞の目的語だけが対格（Accusative: ACC）を与えられることである。一方能格言語では他動詞の目的語と自動詞の主語が同じ絶対格（Absolutive: ABS）と呼ばれる格標示が付与されるのに対し、他動詞の主語は能格（Ergative: ERG）という別の格標示が与えられる。表2は対格言語と能格言語の格標示の違いをまとめたものであり、(71) - (72) のサモア語は能格言語の事例である。

	SUBJECT		OBJECT
	Transitive	Intransitive	Transitive
対格言語	NOM		ACC
能格言語	ERG	ABS	

〈表5-1：項と文法関係の対応―対格言語と能格言語〉

(71) a. Mary slept.
   NOM
   b. Wally tickled Sandy.
   NOM   ACC
(72) a. 'ua itl le teine.
   PERF die the girl (ABS)
   'The girl has died.'
   b. Na fufulu e le tama le ta'avale.
   PAST wash ERG the boy the car (ABS)
   'The boy washed the car.'   (Langacker (1991: 379))

本稿に関連する興味深い現象として、通常は対格言語としてのふるまいを見せる英語でも、名詞化されたものは能格性を表すということが挙げられる（Williams (1987) 及び Langacker (1991))。次の (73) (74) を見てみよう。

第5章 所有格表現カテゴリー (2)

(73) a. the expression of the patients
   b. the expression of bad sentiments
   c. the expression of bad sentiments by the patients
                                    (Williams (1987 : 366))
(74) a. the chanting of the demonstrators
   b. the chanting of the slogans
   c. the chanting of the slogans by the demonstrators
                                    (Langacker (1991 : 380))

ここで、(73a) (74a) では元となる動詞が自動詞的に解釈されている（例えば The demonstrator chanted all morning に対応すると考えられる）。ここでは of によって元の動詞の主語にあたるものが導入されている。(73b) (74b) では of が元の動詞 chant の目的語に当たるものを導入している（The demonstrator chanted the slogans. に対応）。(73c) (74c) では、対応する元の動詞は他動詞的に用いられている（The demonstrator chanted the slogans）が、of で導入されているのは目的語であり、主語にあたるものは by によって別の標示を与えられていることになる。この現象はある意味で能格言語が見せた特徴と並行している。能格言語では自動詞の主語と他動詞の目的語が同じ格標示を与えられ、他動詞の主語だけは別の能格標示が成されるのだが、ここでみた名詞化現象でも自動詞の主語と他動詞の目的語に相当する slogans が of によって、そして他動詞の主語に相当する demonstrators が by によって標示されている。

Langacker によれば、能格性とはまさに概念的な自律／依存の階層性の反映であるという。能格言語では、絶対格（ABS）で表されるものがゼロ標示であり、かつまた、なくてはならない概念である内項を示している。能格システムにおいて絶対格の方がより基本であり、自律／依存関係のうち自律している格であるとみなされるという。英語の名詞化においても、of がデフォルトの格標示であり、より基本であると考えられる。つまり、英語の名詞化現象には能格性現象が見られるのである。このように考えてくると、英語の名詞化現象を自律／依存の階層性に基づいて考えることが妥当であろうと思われる[7]。

ここでみた自律／依存の関係により、更に説明できる事柄として、一般に論理主語が所有格として用いられた場合に of 句が必須であるという事実が挙げられる。(75) を見てみよう。

(75) a.　the enemy's destruction of the city
　　　b.　the destruction of the city
　　　c.　??the enemy's destruction
　　　d.　the city's destruction（by the enemy）

ここでの論理主語は the enemy であるが、自律概念である「町の破壊（city's being destroyed）」に依存する概念である。依存概念であるがゆえに、(75b) にあるように削除することが可能であるが、(75c) が示すように、それ単独では存在し得ない。一方で、自律概念に関わっている論理目的語 the city は、論理主語の有無に関わらずそれ単独であらわれることができる。つまり、論理主語が所有格となれるのは、何らかの形で論理目的語が具体化されている場合である。この現象は概念上での自律／依存の関係が反映されたものと考えられる[8]。

5.6　ing 接辞による派生名詞の場合

本章の前半部分 (5.2-5.5) までは、動詞派生名詞が主要部に来る場合の所有格表現について、主に目的格に当たる参与者を所有格に登用する場合の可否について、検討してきた。その結果、thematic relationship という概念上での自律関係を表す単位が抽出できるか否かが、所有格表現の可否の大きな要因であることが明らかになった。この議論を更に拡大適用するため、この節では、これまでにみたものとは異なる、もう一つ別の派生名詞タイプである -ing 名詞をとりあげ、その所有格形との関係について考察する。文と、それに対応する名詞句とが意味的に並行していることに関して焦点を当てた研究は数多く見られるが、この節では主として二つのタイプの派生名詞に着目し、そのふるまいの比較を行う。この二つのタイプの派生名詞とは、前節で考察した、-tion, -sion, -al などの接辞を伴う動詞派生名詞と、-ing 接辞を付けることで名詞化された「行為名詞 (action nominal)」である。これら二つのタイプの名詞は何を

所有格として採るかに関して異なるふるまいを見せることを考察し、この違いはそれぞれの派生名詞が描いている事態のアスペクト的な解釈の違いに求められることを主張する。

　所有格の選択に関するふるまいの違いは次のような事例に表れる。まず、前節でも考察したように、派生名詞はある一定の条件を満たせば、派生元の動詞の目的語にあたる参与者を所有格形で表すことができるが、-ing 名詞はそれを許さない。

(76) a.　The North Pole's {*exploring/exploration} by the Perry Party
　　 b.　Korea's {*dividing/division} into North and South
　　 c.　Germany's {*unifying/unification} into a democratic country by Kohl
　　 d.　the secretary's {*dismissing/dismissal} by the chairman

また、時間を表す所有格名詞も一般に許容されない。

(77) a.　last year's {*immigrating/immigration} of the boat people
　　 b.　yesterday's {*perusing/perusal} of the document
　　 c.　today's {*destroying/destruction} of the city

　先行研究ではどのような扱いをしてきただろうか。先ほどの -tion, -sion, -al 等の接辞による派生名詞に関しては、Fellbaum や Tenny らがアスペクトに基づく研究を行ってきたが、もう一つ項構造に基づく研究を行っているものとして Grimshaw (1990) が挙げられる。Grimshaw は名詞を二種類に分けるが、一つは項をとる名詞であり、事態を表し、元の動詞の項構造をそのまま保持するもの、もう一つは項を持たない名詞で、こちらは事態を表したりプロセスの後に生じた結果状態などを表す（複合事態名詞 (complex event nominals) と呼ばれる）が、特別な項構造をもともと持たないものである（単純事態名詞 (simple event nominals) や結果名詞 (result nominals) がこれにあたる）。Grimshaw は分析の中で、目的語を所有格としてとる名詞は後者の「項をとらない名詞」に分類し、その根拠をいくつか示している（例えば、複数形にできること、目的を表す句と共起できるなど；Grimshaw (1990 : 80ff)）。そして、時間を表す

所有格表現は項構造とは無関係とされることから、項をとらない名詞として自動的に分類することになる。よって、所有格となっている論理目的語や時間を表す表現などは、Grimshaw の分析によれば、項ではなく付加詞 (adjunct) と分類される。ing 名詞はこのどちらの所有格も容認しないので、項をとる名詞だと考えられていることになる。

　Grimshaw の分析は洞察に富むものであるが、残念ながら彼女が行っている項をとる名詞と項をとらない名詞との線引きはそれほど明確ではない。彼女は、この二つの名詞の違いを外項の違いに帰して、項をとる名詞の外項は Ev で、項をとらない名詞の外項は R である、としているが、それも単にそう規定したにすぎず、それを積極的に支持する経験的な根拠がない。また、Grimshaw の分析では項構造のみに基づいているため、現実にはすべての派生名詞が目的語を所有格として容認するわけではない、という事実を説明していない。もし Grimshaw の主張が正しいならば、目的語を所有格とすることの可否を基準にして、(78a) は容認できる表現であるために項をとらない名詞であり、一方 (78b) は容認できない表現なので、項を必ずとる名詞だということになる。しかし (25) – (27) で Taylor が挙げていたように、談話文脈によって (78b) に対応する表現が容認可能になる。だとすれば、項を必然的にとる名詞 (78b) が、談話文脈に入れただけで突然項をとらない名詞 (78c) に変身することになるが、その議論には無理があるのではないだろうか。またそのような差がもたらす意味の違いのようなものを見つけることもできそうにはない。

(78) a. the city's destruction
　　 b. *the picture's observation
　　 c. Concerning that picture, **its careful observation** will reveal many interesting facts.　(= (26b))

まだこの現象に関しては検討の余地がありそうである。以下では、これまでに見てきた論理目的語を所有格とする場合の説明を踏まえて、更に時間を表す所有格の生起可能性をも統一的に説明する方法を模索したい。

5.6.1　名詞と概念化

　まずing名詞とこれまでみてきた派生名詞との性質の違いが存在するかどうかについて、認知言語学的観点から検討を加えてみたい。特に、より一般的な名詞における区別について概観し、その区別と、ここで検討している派生名詞との対応関係について確認をしたい。

　名詞の文法カテゴリーに関して、Langacker (1991: Ch. 3) は可算名詞と質量名詞の区別を概念レベルで規定しようとしている。Langackerによれば、プロファイルされた領域を有界 (bounded) ととらえるか非有界 (unbounded) と捉えるかによって、可算名詞か質量名詞かが区別できるというのである。例えば、大きな赤い点を間近で見ている状況を想定してみよう。あまりに間近だと、視野そのものをその赤い点が満たしてしまう。そのような場合には (79a) は適切である。しかし同じ赤い点を、今度は遠くに離れて眺めれば、赤い点が描かれているその背景も視野の中に入ってくることになる。このような状況では (79b) の方が (79a) よりも適切である。

(79) a.　I see a red spot.
　　 b.　I see (nothing but) red.　　　　　(Langacker (1991: 69))

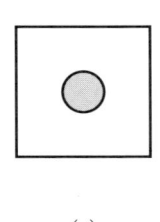

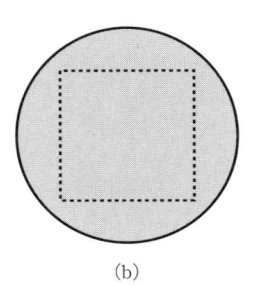

〈図5-17：視野と知覚対象の有界性との関係〉

この赤い部分が非有界、つまり、その境界が認識されないと解釈された状況では、無冠詞の質量名詞としてのredが用いられているのに対し、同じ赤でも距離をおいて眺めた場合、背景に比してその境界を捉えることが可能となるため、a red (spot) と可算名詞として表現されていることになる。

この有界性の有無という基準は派生名詞にも当てはまる。Langacker (1991) によると、完了プロセスはもともと内在的に境界を持つ（事態の終点があるということ）ため、名詞化された場合でも可算名詞として扱われる。例えば jump という動詞はアスペクト的には achievement/semelfactive と呼ばれるが、その表す事態は完結しているため、派生名詞 jump も可算名詞として用いられるというものである。更に、jumping などのように、典型的に -ing 接辞を用いた名詞化を行った場合、その名詞は質量名詞としてふるまう (a jumping は容認されないのに対して a jump は可能) が、その理由は、元来存在していた完結点が解釈スコープの外に追いやられているからだと説明されている (Langacker (1991: 97-99))。このことから、この節で考察しようとしている二つの派生名詞のふるまいの違いについて、次のような想定が与えられる。つまり、派生名詞は事態を全体的に、境界を持つモノとして解釈しているのに対して、ing 名詞はおなじ事態の内部構造にその意味を焦点化させており、その結果として事態の本来持つ境界がスコープからはずされているのである。

　この主張に関連する事象について、従来の学者たちが気づいていなかったわけではないが、多くの場合、現象の単なる記述にとどまっている。例えば、Quirk et al. (1985) では (80) のペアを引用し、(a) タイプは事態を全体として捉えているのに対し、(b) タイプは進行中の行為を指すと記述している。

(80) a.　His exploring of the mountain is taking a long time.
　　　b.　His exploration of the mountain {took/will take} three weeks.　　　　　　　　　　　　　(Quirk et al. (1985: 1551))

また、Oxford English Dictionary（以下 OED）にもこの二つのタイプの名詞化の違いに関する言及が見られる。ing 名詞は「持続的な行為や存在を表す名詞 ("nouns of continuous action or existence")」であって「事態の始終点を捨象した、事態の持続が不定に続く ("empty indefinite duration without reference to beginning or end")」ものである (OED の ing の項)。ここではもう一歩踏み込んで、この違いを詳細に確認してみたい。そして、この違いが根本的なふるまいの違いの理由を生みだしていることを見ていきたいと思う。

　まず第一に、ing 名詞は完結性を含意する形容詞と共起しない。

(81) a. the complete {destruction/*destroying} of the city
b. the thorough {exploration/*exploring} of the forest
c. the total {renewal/*renewing} of the contract
d. the absolute {elimination/*eliminating} of foreign dependencies
e. the total {suppression/*suppressing} of the freedom of speech
f. the complete {withdrawal/*withdrawing} of Belgian troops
g. the complete {conversion/*converting} of the file

complete などの形容詞があると、描かれている事態がその最終状態に到達し、完結しているというニュアンスを与える。一般に、もともと最終状態を含意していない事態を表す動詞と、このような表現とは共起しない。例えば、以下の文において work, sleep, smile はいずれも結果状態を明確に持つ事態を表すものではない。このため、副詞 completely とは共起しないのである。

(82) a. *He worked completely.
b. *She slept completely.
c. *The king smiled completely.

このことは、形容詞 complete と共起する派生名詞が、完結点をもつものとして解釈されていること、及び、共起できない ing 名詞にはその完結点が存在しない解釈がなされていることを示唆している。

派生名詞を区別する二つ目の基準は複製可能性 (replicability) である。これは有界性のもう一つのテスト基準でもある。again and again などの副詞句を用いることで、繰り返しの解釈を強制することができるが、この解釈が可能なのは境界を持つ (bounded) もしくは完結性をもつ事態に限られている。例えば play the tune は境界をもつ事態であるが、「似ている (resemble)」は境界や完結性とは無縁である。

(83) a. Harry played the tune **again and again**.
b. *Harry resembled his father **again and again**.

(Langacker (1991 : 88))

このテスト基準を、問題となっている二つの派生名詞に適用すると、同様の結果が得られる。

(84) a. {??The destroying/The destruction} of the city has been repeated again and again throughout history.
   b. In Japan {*the immigrating/the immigration} of boat people recurred again and again in 1980.
   c. {*The invading/The invasion} of this city has been repeated again and again during the past.
   d. {*The performing/The performance} of King Lear was repeated again and again.
   e. {*The discovering/The discovery} of new treasures happens all the time.

この対照的なふるまいを引き起こしているのは二つの名詞の意味の違いである。つまり、派生名詞は完結性のある、境界をもったものとして解釈されているが、ing名詞はそうではないということである。

3つ目の例は尺度を表す所有格形と共起可能か否かに関係する。

(85) a. ten years' {*separating/separation}
   b. 360 days' {*confining/confinement} in the country jail

事態がどの程度の時間的展開を見せるのかを特定するためには、もともとその事態が完結性を持っていなければならない。派生名詞は ten years' などの尺度表現と共起できることから、もともとこの事態は完結性を持ったものとして解釈されていることがわかる。

最後に、目的語の選択に関するふるまいの違いを挙げたい。ing名詞は裸複数名詞を目的語に採る方がいくぶん自然な響きを持つのに対し、派生名詞にはそのような傾向は特に見られない。

(86) a. the {destroying/destruction} of churches (one after another)
   b. the {??destroying/destruction} of {the/one/the last} church

(87) a. the {establishing/establishment} of branches (one after another)
　　b. the {??establishing/establishment} of the newest branch in the capital
(88) a. The {discovering/discovery} of ancient artifacts provides a thrill that propels the archeologist forward.
　　b. The {??discovering/discovery} of the ancient artifacts took place on July 15.　　　　(Michael T. Wescoat（個人談話）)

one などの数量詞、定表現（the, the last など）が目的語に添えられていると、達成タイプのアスペクト解釈が得られる。達成タイプの事態は、完結性を持つ境界を持った事態である。(86a) (87a) (88a) では、複数名詞が目的語に表れているが、このために非完結的な読みが強くなる。よって、one after another などの、動作が進行中であることを強調する表現と共起できるのである。一方、これに対応する (b) の文では、目的語が量的に限定されているため、問題となる事態は完結しているとみなされるが、その解釈が ing 名詞とはあまり相容れないことから、ing 名詞が非完結的な解釈をされていることが示唆される[9]。

有界性の有無によって名詞を区分することで、更に説明できることがある。それは、派生名詞には二通りの解釈が可能であるのに対し、ing 名詞には一つの解釈しかないという性質の違いである。「現在展開中である」という解釈は、ing 名詞に第一に備わっているものであるが、実際には派生名詞にも適用可能である[10]。以下の例を見てみよう。

(89) a. The destruction of the church continued for three days.
　　b. The exploration of the area continued for a day.
　　c. The conversion of that file continued till midnight.
(90) a. the destruction of the city halfway
　　b. the exploration of the area halfway
　　c. the conversion of that file halfway

もし派生名詞がこれまで見てきた事態完結の解釈のみならず、持続・進行中と

いった意味も表すとするならば、ここで疑問が生じる。どのようにすれば、派生名詞のこの「二面性」を説明することができるだろうか。

　派生名詞が見せる解釈にこのような幅が見られることは、派生名詞に対して2章で見た認知操作の一つである「パースペクティブシフト（perspective shift）」が相互作用してくるという考え方で説明できる。(79)で見たように、パースペクティブシフトは認知操作の一つであり、(79)では赤い領域からその境界を得るための操作であった。このパースペクティブシフトの役割については Talmy (1988) も同じように気づいており、「事態について時間幅を認知レベルで変更するのに効果的である（it effectively changes the cognized extent of the event）」と述べている。長距離的視点（a long-range perspective）を採れば、事態の時間幅はどんどん縮まって、最後にはその始終点までが認識内に入ってくる一方、近距離的視点を採用すれば、事態の幅をこじ開けた形での認識をすることになり、しばしばその事態の始終点は解釈の外へ追いやられることになる。

(91) a. She climbed up the fire-ladder in 5 minutes.
　　 b. Moving along on the training course, she climbed the fire-ladder at exactly midday.
　　 c. She kept climbing higher and higher up the fire-ladder as we watched.　　　　　　　　　　　(Talmy (1988 : 184))

この例では、同じ事態が異なった捉え方をされている。はしごを登るという事態が (91b) では長距離的視点によって「点」として理想化されている一方、(91c) では近距離視点の採用により、非有界の事態として解釈されている。ここで注意したいのは、(91a) の「はしごを登る」事態そのものはもともと内在的に有界の事態であるということだ。この点は重要である。なぜならば、認知操作が異なった解釈をもたらすことができるためには有界性が前提として必要だからである。時間的な始まりの時点、終わりの時点があるからこそ、視点を変えることにより、境界を持った幅のある事態としてとらえたり、境界を捨象した非有界の事態として捉えたりといった融通が可能となるのである。もとから境界を持たない事態には、いくらパースペクティブシフトを行ったとしても、対象となる事態は非有界のまま変化がみられないことになるので、得られる解

釈は一つに限られるのである。

　派生名詞が有界・非有界両方の解釈を許すという事実は、裏を返せば、派生名詞で描かれている事態が基本的に有界なものとして捉えられたということを表している。この点で、(86-88) でみたように解釈が一つに限られている ing 名詞とは対照的である。つまり、ing 名詞はパースペクティブシフトにより事態の幅をとらえることのできない、非有界の事態を元来表しているのである。

　ここまで、二つのタイプの名詞をその有界・非有界という観点から区別できることを見てきた。この区別をすることで、対照的な文法上のふるまいについて説明が与えられる。以下では、この時間的有界性という概念が、所有格形との共起性について、自然な解決を与えることを示していく。

5.6.2 ing 名詞と目的語所有格

　派生名詞における目的語所有格の可否については先ほどから議論してきたとおりである。目的語所有格が可能な場合、(38) で示したように、事態の核としての thematic relationship が重要な役割を果たしていた。この議論を踏まえて、ここでは ing 名詞にもその説明範囲を拡大適用する。

　ing 名詞は記述の対象となっている事態を非有界として捉えた表現であることを、これまで確認してきた。そして、この現象はパースペクティブシフトにより、対象事態の始終点をスコープからはずしたものとして捉えることができると議論した。この考え方を因果連鎖で表示される事態に当てはめて見ると、次のような表示が得られる。

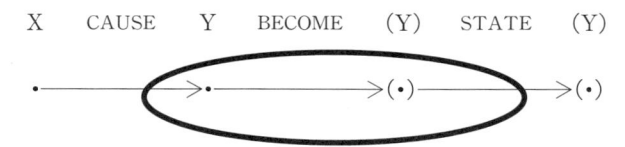

$$X \quad CAUSE \quad Y \quad BECOME \quad (Y) \quad STATE \quad (Y)$$

〈図 5-18：ing 名詞の解釈と因果連鎖〉

　図 5-18 で描かれている状況は、ing 名詞の解釈を表したものである。ベースとなる事態の基本は同じであるが、事態の始まりと終わりをそのスコープからはずしているのである。ここで重要になってくるのは、事態が完全に終結しない

という意味合いがあるということから、thematic relationship に対応する部分が完全な形で取り出すことができないということである。その結果として、thematic relationship に唯一的に関わってくる参与者を選び出すこともできないことになる。つまり、先ほどのスキーマを満たすような、十分にそれ自体で情報価値の高い参与者をひとつだけ選び出すということが不可能だということになる。

さて、このように考えると、なぜ ing 名詞では目的語相当語句を所有格として用いることができないのかが説明できる。

(92) a. *the city's destroying by the enemy
  b. *Caesar's assassinating by Brutus　((39) と比較対照のこと)
(93) a. *the medal's presenting to the valedictorian
  b. *the book's providing to the library
  c. *the drug's injecting to the patient
  d. *the motto's inscribing on the wall　((51) と比較対照のこと)
(94) a. *John's arresting by the FBI
  b. *the captive's releasing from the prison
  c. *America's discovering by Columbus　((57) と比較対照のこと)
(95)　*The ship's skillful navigating by the first officer saved the crew.　((65) と比較対照のこと)

非有界解釈をすると thematic relationship が取り出せなくなる、とするならば、先に見た目的語を所有格として登用できるための条件 (38) とはあわなくなり、従って (92-94) はすべて不適格になると予想される。

5.6.3　時間を表す所有格と二つのタイプの名詞との相互作用

最初に述べたように、ing 名詞と派生名詞は時間を表す所有格との共起に関しても対照的なふるまいを見せる。

(96) a.　last year's {*immigrating/immigration} of the boat people
  b.　yesterday's {*perusing/perusal} of the document

    c.   last week's {*invading/invasion} of Kuwait by Iraq
    d.   this Tuesday's {*performing/performance} of King Lear
    e.   yesterday's {*renewing/renewal} of the contract
    f.   today's {*destroying/destruction} of the city

派生名詞は時間の特定を受けられるが、ing 名詞はあまりなじまないようである。

　この現象も今までの説明で捉えることができる。時間にもとづく対象の同定という機能はどんな場合でも有効なわけではない。時間による特定が最も自然なのは、対象となる事態が時間軸上で境界を持つ場合である。

(97) a.   The cows all died in a month.
    b.   When the cows all died, we sold our farm.
                                    (Talmy (1988 : 184))

「牛が死ぬ」という事態そのものは明確な境界を持っている。そのことは、in a month という前置詞句との共起が可能であることからも確かめられる。ここで注意したいのは、このような境界を持つ事態が、(97b) のように「点」のように理想化し、時間軸のある時点にアンカーできるということである。一方で、時間軸上で境界を明確にもたない「状態」は (98) にあるように時間的特定がうまく機能しない。

(98) a.   #When the boy was {intelligent/tall/clever}, ...
    b.   #When the boy resembled his father, ...

一般に、(98a) も (98b) もあまり容認性が高くない。それは「知的である (be intelligent)」とか「似ている (resemble)」という事態は時間がたってもあまり展開していかない状態を表しており、非有界という性質を持っているからである。このような状態に対して時間的特定を可能にするためには、少し特殊な状況を想定する必要がある。例えば、ある時点では intelligent であり、別の時点では intelligent でないような、通常では考えにくいような状況を想定すれば、時間による特定が有効となる。つまり、時間による対象の同定、特定が有効になる

ためには、当該の状況が時間的に変化、推移していくというニュアンスが必要なのであり、それに従って resemble や be intelligent という事態を境界を持ったものとして捉え直す必要がある。

有界性は時間の所有格の使用にも関係する。

(99) a. #today's resemblance
  b. #yesterday's intelligence
  c. Today's (perceived) resemblance may fade as the two of them age.

(99c) が示しているのは、現在見られる類似性というものは一時的なものだという側面が強調されている状況である。このような文脈が与えられると、名詞 resemblance は例外的ではあるが時間上境界を持つものとして解釈される。よって、時間を表す所有格表現が事態の同定に寄与することとなるのである。ここで再び、境界の有無というものが時間の所有格の共起に大きく関わっているのである。

ing 名詞が非有界の解釈を受けることをいままで確認してきたが、このとらえ方がされていると基本的に時間による特定とはそぐわない。例えば、at the time of... などの表現は時間軸上のある一点に事態を位置づける役割を果たすが、ing 名詞とはあまり相性がよくないようである。

(100) a. At the time of {*the immigrating/the immigration} of the boat people...
  b. At the time of {??the perusing/the perusal} of the document...
  c. At the time of {*the invading/the invasion} of Kuwait...
  d. At the time of {*?the performing/the performance} of King Lear...
  e. At the time of {*the renewing/the renewal} of the contract...
  f. At the time of {*?the destroying/the destruction} of the city...
  g. At the time of {*?the refusing/the refusal} of the offer...

この事実は以下のように説明することができる。すなわち、ing 名詞で描かれ

ている事態は境界を持つものとして理想化されて解釈されていない、つまり、その事態の始終点が解釈からは除外されているため、どんなにパースペクティブシフトを駆使して、遠距離的視点をとったとしても、もともと存在しない始終点をとらえることはできず、よって一点に集約する解釈すら不可能だからだということになる。

　パースペクティブシフトによる説明は派生名詞と ing 名詞との振る舞いの違い、特にここでは時間を表す所有格表現との共起可能性における振る舞いの違いをうまくとらえることができる。時間を表す所有格表現は、事態を点のようにみなすことを前提としているため、一般に遠距離視点を要求するのである。

　もしここでの説明が正しければ、次の事例も正しいことになるはずである。時間を表す所有格表現と、非有界として解釈された派生名詞とは相容れないという予測がたてられる。時間を表す所有格表現は遠距離的視点を要求するのに対し、派生名詞を非有界と解釈するためには近距離的視点をとる必要があるため、ここにパースペクティブの矛盾がでてくるのである。例えば、halfway などの表現や、continue などの動詞を付け加えると、当該の事態が完結していない、まだ進行中である、というニュアンスを強く出すことになるが、このような表現と時間の所有格形は相容れない。

(101) a. ??yesterday's invasion of the city halfway
　　　b. ??today's conversion of that file halfway
　　　c. ??last week's renewal of the treaty halfway
　　　d. ??yesterday's discovery of the treasure halfway
(102) a. ??Yesterday's invasion of Iraq continued...
　　　b. ??Today's conversion of that file continued...
　　　c. ??Last week's renewal of the treaty continued...
　　　d. ??Yesterday's discovery of the treasure continued...

このように、時間を表す所有格表現は遠距離的視点を促進する。それによって、事態は境界を持つものとして、また点として、時間軸上に配置することができるようになる。一方で、境界を持たない事態はこのようなことができない。以上の説明は、派生名詞と ing 名詞の時間を表す所有格との相互作用を説明する

ことができ、加えて、派生名詞が時間の所有格との組み合わせで見せる二通りの振る舞いについても同様の説明を与えることが可能となる。

ここまでをまとめよう。目的語を所有格にすることができるか否かに関する説明と同じものが時間の所有格との共起にも当てはめられた。名詞の二つのタイプは有界性の有無によって区別された。事態を時間によって特定化しようとすれば、当該の事態に何らかの境界が存在することが前提として必要になる。派生名詞は yesterday's などの時間を表す所有格と共起できるが、それは派生名詞が基本的に対象となる事態を境界のあるものとしてとらえているからであり、逆に ing 名詞は同じ事態を非有界として解釈している形式なので、どのような認知操作、具体的にはパースペクティブシフトを行ったとしても、その境界をとらえることはできないのである。

以上、ing 名詞を主要部とする所有格表現について、対応する派生名詞との比較を通じて検討してきた。この派生名詞の二つのタイプが、概念上の有界性の有無に基づいた「可算／不可算（countable/uncountable）」の区別を反映していることを、いくつかの文法現象を通じて例証した。この有界性の有無に基づく区別によって、目的語や時間表現の所有格表現の可否という、一見互いに関連性がないと思われる事例を自然な形で説明することができた。派生名詞の目的語を所有格として表すためには、もとの事態の因果連鎖表示から thematic relationship を取り出せるか否かが重要であった。この thematic relationship とは、事態の概念上の中核を成す自律的な最小単位である、という認知的な動機づけが成されていた。ing 名詞は非有界的解釈を受けている派生名詞であるため、この「事態の自律的な核 (autonomous core)」を取り出すことができないのである。よって、目的語を所有格とすることができなかった。また、時間の所有格表現については長いことそのふるまいについて確たる議論がなされてこなかったが、本章ではこれに対しても自然な説明を付けることを試みた。つまり、ing 名詞の有界性がパースペクティブシフトと相互作用することで、事態を幅のない一時点として理想化することが可能になっているのである。

5.7 まとめ：所有格構文のスキーマ要件及び派生名詞での所有者選択との関わり

　この章では、一般派生名詞とing名詞とが主要部名詞として表れた場合の所有格表現について検討し、主に二つの名詞のふるまいの差がどのように生じるのかを議論した。派生名詞で表される事態の内部構造を詳細に検討するために、現実世界での事態把握・解釈を反映する因果連鎖分析を導入した。事態の参与者はこの因果連鎖表示に基づいて配置され、またその位置づけが査定されることになった。この因果連鎖表示による検討の結果、事態の中核ともいうべき自律的最小単位である thematic relationship を抽出することができるか否かが、目的語を所有格として登用する際に重要であることを確認した。派生名詞のあるグループ及びing名詞は、この中核を取り出すことができず、よって目的語を中核に関わる参与者として同定できないため、目的語を所有格として表すことが不可能であることを議論した。

　最後に、これまで見てきた派生名詞における所有格認可の条件を、先にみた一般的な所有格のスキーマとの関係と絡めて整理したい。4章（4.3.6）では適格な所有格表現の構文スキーマとして3つの条件を挙げた（以下に再録）。

(103)　(＝4章 (49))　〈前置型所有格構文のスキーマ〉
　　　前置型所有格表現が適切となるのは、
　　　i) 所有格名詞が主要部名詞の概念化に必要なドメイン内にあり、
　　　ii) それ自体がトピック性の高いものであり、
　　　iii) かつ主要部名詞を唯一的に特定できる効果を十分に持つものである。

派生名詞が所有格として認可できるのは thematic relationship に関わる参与者だった。この条件は、上記スキーマのii) 及びiii) にまたがって対応するものと考えられる。繰り返しになるが、事態の thematic relationship とは、事態の自律的な最小単位を形成しており、事態の中核と捉えられるものだった。ここに単独で関わる参与者は、事態の中核に関わることが保証されるため、「それ（＝参与者）について事態が語られている度合い」が最も高い、つまりトピック

性が最も高い候補者だと言える。また、単独で関わっているということは、それによって事態を唯一的に特定することが最も容易であることにもつながる。動詞派生名詞の場合、典型的には項構造に関わる参与者が所有格候補となっているため、スキーマ i) の条件は最初から問題なく満たされている。このようにして、一般の所有格のスキーマが、派生名詞の場合でも満たされていることが確認できる。

　以上、動詞派生名詞の場合にも先ほど見た前置型所有格構文のスキーマが同様に当てはまることを見た。派生名詞の場合、所有格の候補となる参与者は、因果連鎖表示で表されたドメイン内に存在するし、また参与者が決まれば派生名詞で表される事態をより具体的に特定することが可能なため、残るトピック性条件を満たしていればよいことになる。語彙のフレーム的意味の中でデフォルト的にトピック性が決まっているが、それは談話文脈による代名詞化によって修正が可能である。一方 ing 名詞については、その名詞化そのものが事態を概念上全体として解釈せず、むしろそのプロセス性に焦点を当てた解釈を行ったものなので、どのような方法であっても thematic relationship を完全な形で取り出すことができない。つまり、所有格表現のスキーマが指定していた、唯一的同定やトピック性という部分が初めから満たされない構造になってしまっている。そのため、どんな場合であっても目的語を所有格として登用することが不可能なのである。

　認知的アプローチは、パースペクティブシフトや有界・非有界解釈などといった概念を通じて、事態を概念化する際に私たちの認知能力がかなりの柔軟性を発揮することを強調する。この研究が、名詞などの文法カテゴリーを、解釈レベルで概念的に規定するという観点をもつことで、様々な関連する現象を説明する可能性が開かれる、ということを示せていればと願う。

注
　＊本章は Hayase (1995, 1996, 1998) 及び早瀬 (2002) の内容を一部修正・発展させたものである。
　1) 最近になって Smith (1997) は到達タイプの亜種とされていた一群の動詞を

第 5 章 所有格表現カテゴリー (2) 145

semelfactive と呼び、Vendler の 4 分類に加えて 5 分類を提唱している。semelfactive と呼ばれる動詞群は、blink, flash, jump など、進行形にした場合に繰り返しの読みを生みだすものである。これらは瞬間相を表すという点で到達タイプと類似しているが、異なるのはいわゆる事態の完結点というものが到達タイプとは違って存在しないものだとしている。

2) 実際には、「事態の自律的な核」についての議論の中で、Langacker は「自律的核に関わる参与者の方が、依存的部分に関わる参与者よりも、関係する事態に関して具体的かつ詳細な情報を得ることができる (…we can extract more concrete and detailed information from the participant involved in autonomous core than that in dependent part of the event (Langacker (1991: 246)))」と述べている。例えば、Andrea opened the door, という事態であれば、the door の状態は特定化されているが、Andrea がどのようにしてそのドアを開けたのか (もたれかかったからか、魔術によってか、あるいはボタンを押したからか、など) という様態に関しては不問に伏されている。もしも Taylor が Langacker のいう「事態の自律的解釈」に基づいて内在性という概念を規定したとするならば、本当に Taylor の言うように、この所有格と関係するとされる情報価値という概念と、内在性という概念を、明確に区別することができるのかどうか不明である。of が生起できるかどうかで測られている「内在性」という概念が、自律性に基づいて規定される「内在性」の概念とは必ずしも一致しない可能性もある。

3) このように、ベースは同じ因果連鎖表示であってもそのプロファイルが異なるという考え方は、以下の 5.6 で行う ing 名詞の分析と関わってくる。詳しくは 5.6 参照のこと。

4) アスペクトが同じであっても事態構造が異なるために因果連鎖表記が異なってくる例及びその具体的分析に関しては、以下の 5.5.4 で行う到達動詞派生名詞の項を参照のこと。

5) Doron and Rappaport (1993) は、彼女たち自身の事態構造表示に基づいて、影響性の概念を「分離特性 (the "separation" property) とでも言うべき特質によって規定しようとしている。彼女たちの主張は、影響性があるか否かは、動詞の内項 (internal argument) を外項化 (externalization) すること、つまり、もともとの動詞の項構造から外項を取り除いてしまうこ

とが可能かどうかで測ることができる、というものである。項構造内での外項を除去して内項だけが残っても成り立つような動詞は、この「分離可能」特性を持っていることになるとされる。

この分析は本稿での分析とは枠組みが異なるが、「外項あるいは causer がなくても成立する動詞」のみが、派生名詞にした場合に論理目的語を所有格にもってくることができる、と考えている点では基本的に軌を一にするものである。しかし、上記の分析では、「分離可能特性」をそのままに提示しているにとどまっているのに対し、本稿のアプローチではこの考え方に更なる動機付けを与えていることに注意したい。なぜこのような「分離可能」特性のようなものが関わってくるのか。それは、本稿でいえば、因果連鎖表示から thematic relationship を取り出すことができるか否か、つまり、事態の核となる自律的部分を取り出すことができるか否かに還元されている。概念的にも thematic relationship は事態の中核を成す自律的で根元的な部分に対応しているため、そこに関わっている参与者は、事態を唯一的に特定することも可能なのだ。また英語の名詞化は、それが見せる能格性という性質からも、概念上の自律／依存対立に大きく関わっていることがわかる。分離可能特性は、本稿でみた因果連鎖表示での thematic relationship が抽出できることの反映と捉え直すことができる。

6) 注意しておきたいことは、BECOME-STATE 分節が因果連鎖表示に存在していることは、in 句と共起できることの必要条件ではあっても十分条件ではないということである。よって、idealize や observe などの動詞が in 句をとらないとしても、図 5-14 の表示と矛盾するものではないと考えられる。

7) ここで疑問になると思われるのは、英語全体としては対格言語としての性質をもっているのに、なぜ名詞化のみが能格性を示すのかということである。一つの理由としては Taylor (1994b) も述べていることだが、名詞化することによって時間の解釈を捨象するからではないかということが可能性としてあげられる。先に述べたように、派生名詞は元となるプロセスを、その時間の解釈を捨象して、あたかも一つのモノであるかのようにみなしたものである。これに対して、動詞は基本的に時間順に展開されるものなので、因果連鎖に沿ったエネルギー伝達が全面に押し出されてくる。つまり言い換えると、エネルギー伝達の側面は時間のスキャニングによって強く

全面に押し出されてくるからではないかと言える。
8) 更に、もう一つの可能性として、受身文とそれに対応する目的語を所有格とした名詞化とのふるまいの差についても説明ができるかもしれない。一般に「受身の名詞化」の方が、対応する受身文よりもその容認性が下がることが多い。

    (i) a.   The cliff was avoided by the climbing party.
       b. ?? the cliff's avoidance by the climbing party.

先ほど文は因果連鎖モデルに基づく解釈が成されるが、名詞化は自律／依存の対立に基づいていると述べた。受身文は定型節であり、当然時間的スキャニングを含み、因果連鎖に基づいて分析できるが、名詞化された方は時間的スキャニングではなくむしろ自律／依存体系に基づいた分析が適切になると言えるかもしれない。

9) ここでの観察は、目的語が定的であるか否かによって、達成解釈と活動解釈との違いが生まれてくるという、Dowty (1977) などでも議論されている事実と並行している。

    (i) a.   drink beer {for/*in} three minutes　（活動 (activity)：非有界）
       b. drink the beer {*for/in} three minutes　（達成 (Accomplishment)：有界）

10) 更に付け加えると、従来 the city's destruction などの目的語を所有格とする表現には活動解釈（activity reading）が不可能であると主張されてきた。例えば Fellbaum (1987) や Tenny (1987, 1994) は the city's destruction in three days が容認できる一方で *the city's destruction for three days は容認できないことを挙げている。しかし、この主張に反して、例えば以下の文は全く問題なく容認される。

    (i)   [Speaking of Sarajevo] Its destruction continued in spite of the cease-fire.　　（Taylor (1994b：footnote 11)）

つまり、ここでなされているのが明確な完結点をもたない活動解釈であることは明らかである。

第6章　分詞構文カテゴリーのネットワークと拡張

6.1　はじめに

　この章では英語の分詞構文という、我々になじみの深い構文における、事態認知・事態把握のあり方について、主にアスペクトに着目して考察する。この構文は次のような事例に代表される。

(1) a.　Walking along the street, I came across a strange group of musicians.
　　b.　Thinking about Bill, she offered a prayer.

近年の類型論研究では、それ自体絶対的な時制をもたず、典型的には主節に対して副詞的な機能を担う非定形節を総称して converb (Haspelmath and König (1995)) と呼んでいる。

(2)　**Converb** is defined here as a nonfinite verb form whose main function is to mark **adverbial subordination**.
　　　　　　　　　　　(Haspelmath and König (1995: 3))

Haspelmath and König (1995) によれば、ここで扱う分詞構文は Converb という名称のもとに統一される。Converb とは、節同士を結びつけるための副詞的あるいは接続詞的な機能を持った動詞派生形式、と規定されている。このような構文では、構文全体としての時制は主節が決定する。分詞節の時制は常に主節依存であり、主節に相対的に決定される。また、分詞構文の特徴として、主節と分詞節との論理的な関係は明示化されておらず、事例に応じて様々な解

釈が当てられる。本章では、分詞構文の多岐にわたる意味が〈同時性〉という基本的意味において関連性を持っており、またその〈同時性〉の具体化のされかたの違いによって、分詞構文の表す意味関係の多様性が説明されることを明らかにする[1]。

6.2 Figure-Ground の分化と〈同時性〉

　分詞構文には元来ふたつの動詞で別々に表され得る事態が関与しているが、話者がある事態を描写しようとした場合、そのうち一つに着目し、もう一つを随伴するものとみなして分詞句で表すことになる。この着目された事態が認知図式でいう Figure となって主節で表され、分詞句は Ground とみなされる。どのような事態が Figure となり、また Ground となるのかを決定する要因の一つとして、その事態の持つ時間的特性、つまりアスペクトが考えられる。分詞構文に関わる要因は色々あるが、本稿では Figure-Ground の分化が現れている現象としてアスペクトの視点から分詞構文をみていく。また比較の対象として日本語の例もみていきたい。

6.2.1　Figure-Ground の配置
　この Figure-Ground という知覚分化の概念をいち早く言語学に取り入れて応用した言語学者として Talmy (1978) が挙げられる。Talmy はこの論文の中で、Figure-Ground の分化が言語表現にも反映されていることを指摘し、その具体事例をいくつか紹介している。彼によれば、Figure には「移動する（あるいは移動可能な）もの」がなりやすく、また Ground とは「Figure を認定するための参照点であり、参照フレームとして機能するもの」と規定される。我々が外界を認識する際には必ずこの Figure-Ground 分化に基づく非対称性が生じている。

　この外界知覚における非対称性の表れである Figure-Ground の分化は、言語表現にも反映されている。単文構造では、Figure は文の主語として、Ground はその位置を規定する要素（ここでは前置詞の目的語）として表出さ

れる。例えば以下の文において、(a) では小さくて移動可能だとみなされる bike が主語として表出され、より大きくて動かないと目される house が前置詞の目的語として表出されている。この言語化のパターンはまさにゲシュタルト心理学における知覚の法則である Figure-Ground 分化に合致している。一方、(b) のようにそれぞれの役割が逆に表出されてしまった場合、結果として容認性は著しく低いものとなる。これは、同じ場面に対して不自然な事態把握を行ったためである。つまり、特別な文脈を必要としない状況において、自然と思われる Figure-Ground 選択があるのに、それとは異なる捉え方を行ってしまった結果であると考えられる。

(3) a.　The bike is near the house.
　　b.　??The house is near the bike.　　　(Talmy (1978 : 628))
(4) a.　The bike is **in front of** the house.
　　b.　??The house is **behind** the bike.　　(Croft (2001 : 330))

場合によっては、ある場面状況を描写するのに、理屈の上では少なくとも二通り以上の Figure-Ground の捉え方の可能性があるにも関わらず、明らかに優先される捉え方に対してしか、言語表現そのものが予め存在していないこともある。例えば、(5b) では、(5a) とは逆の Figure-Ground 配置を行って、敢えて water を Figure と、また crocodile を Ground として捉える事態認知を行ってみているのだが、それにふさわしい表現が残念ながら英語には用意されていない。つまり、in という前置詞が表している状況は、まさに先ほどから見ている Figure-Ground の分化のあり方をそのまま反映したものであり、最も自然な把握の仕方なのである。

(5) a.　There's a crocodile **in** the water.
　　b.　??There's water "**being-a-suspending-medium-for**" the crocodile.
　　　　　　　　　　　　　　　　　　　　　　　(Croft (2001 : 330))

Talmy はこの Figure-Ground 分析を複文構造にも適用し、基本的に同じ現象が見られることを確認している。この場合、非対称性は先ほどとは異なり、動詞で表される事態間に見られるものになる。Figure と捉えられる事態は主

節として、またGroundと捉えられる事態は従属節として、それぞれ表出されることになる。以下の(a)例のように、時間や理由を表す事態はGroundとして機能する。

(6) a. He had two affairs while he was married.
　　b. ??He was married **through-a-period-containing** two affairs of his.
(7) a. We stayed home because he had arrived.
　　b. ??He arrived **to-the-occasioning-of**(**-the-decision-of**) our staying
　　　　home.　　　　　　　　　　　　　　　　(Talmy (1978 : 630))

上記(b)の例に見られるように、主節、従節それぞれに表出されている事態を入れ替えてみると容認性が落ちる。これも先ほどの例と同じく、Figureにふさわしい事態をGroundとして、またGroundと捉えられやすい事態をFigureで表現したことから来る不整合性に求められる。つまり、一つの客観的な事態であっても、その捉え方にはさまざまな可能性があり得るが、その中でも私たち人間が最も自然に捉えやすい把握パターンがあって、それが言語表現にも表れているのである。

このように、Figure-Groundという知覚上見られるパターンが、言語表現における単文、更には複文のコード化といった事態認知のレベルでも観察されている。

6.2.2　同時性

先にFigure-Groundの分化という知覚心理学的現象について述べたが、このような分化が生じるときの1つの前提的特徴として、2つが同時に同じ場所に存在していることが挙げられる。人間の注意力や焦点の当て方には限りがあるため、ある場面に2つのものが同時に存在していても、その両方に均等に焦点が当てられることは少なく、現実にはどちらかがより注意を向けられる。まさにこの非対称性こそがFigure-Ground分化を発生させるわけである。つまり、Figure-Ground分化には、1つの場面において2つのものが同時に存在していることが、前提として重要になってくるのである。

ここで扱う分詞構文も、動詞を2つ以上含むという点で、2つ以上の事態(も

しくは事態側面)が関わってくることになる[2]。動詞が表しているのは一つのまとまりとして捉えられる事態・出来事と考えられるからである。では分詞構文では2つ(以上)の事態がそれぞれどのような関係にあるのだろうか。ここでは分詞構文形式それ自体が持つオリジナルな概念的基本スキーマを、2つ(以上)の事態側面の〈同時性〉であると考えたい。

〈同時性〉という共通スキーマを保証するものとして、この構文に分詞が使用されていることが挙げられる。例えば Langacker (1991) は、ここで扱う現在分詞そのものが主節と従属節との同時性もしくは何らかの形でのオーバーラップを表すと述べている[3]。

(8) …Temporal coincidence is also the hallmark of **-ing** (, …). (T)here is some kind of overlap between the main-and subordinate-clause profiles.　　　　　(Langacker (1991 : 444-445))

現在分詞を用いた分詞構文は、時間的な意味を持つものと非時間的な意味を持つものとに大きく二分される。しかし以下に見るように、いずれの場合でも、分詞構文の持つ基本的意味である〈同時性〉が保持されている。つまり、スキーマ的な意味〈同時性〉を満たしつつ、その適用されるドメインが時間的なものの場合と、あるいは非時間的なものの場合とが見られることになる[4]。このように適用されるドメインが変わるドメインシフトにより、分詞構文の多義性が生まれてくるものと考えられる。

6.3　時間ドメインにおける分詞構文

この節では、時間ドメインで用いられる分詞構文について考察する。分詞構文には二つ以上の事態が関わっていると先に述べたが、どの事態をどのような形で言語化するかにはある一定の法則が見られることを指摘し、更にその法則が人間の認知パターンに帰されることを示す。

6.3.1　語彙アスペクト・文法アスペクト及び解釈の強制

詳しい分析に移る前に、ここで重要な役割を果たすアスペクトの概念につい

て概観しておきたい[5]。

　アスペクトとは事態のもつ時間特性のことである (5.2.2)。アスペクトがどのような形で表されるかにより大きく2つに分けられる。まず語彙アスペクト (lexical aspect) とは語彙、具体的には動詞句に内在するアスペクトをいう[6]。第5章でも概観した Vendler (1967) の4分類はこの語彙アスペクトの分類として有名である。もういちど4分類を以下に挙げておく。

(9)　活動 (activity) ——run, walk, along the river, drive a car, push the cart…
　　達成 (accomplishment) ——destroy the city, build a house, walk to the station…
　　到達 (achievement) ——arrive, leave, die, discover…
　　状態 (state) ——live, see, have…

　アスペクトにはもう一つの側面がある。これは助動詞や屈折・派生形態素などの具体的な文法装置を用いることで明示的にマークされるもので、**文法アスペクト** (Grammatical aspect) と呼ばれる。別名を視点アスペクト (viewpoint aspect; Smith (1997)) ともいうが、その理由は、語彙アスペクトとは違い、話者が同一事態を自由に異なった観点からみたものが反映されているからである。

　英語における文法アスペクトの代表的なものは ing 接辞による進行形であろう。ing 接辞によって、さまざまな語彙アスペクトを表していた事態は**強制** (**coercion**) という認知操作によって「持続性」に焦点を当てられることになる。Croft (1994:9) によれば、強制 (coercion) とは「動詞などがデフォルト的に持っているアスペクトなどの意味クラスを変更する意味上の操作 (a semantic operation that alters verbal … semantic class, i.e., the default verb aspect")」と定義づけている。例えば以下の例において、いずれの動詞もその本来の語彙アスペクトとは異なったとらえられ方をしていることがわかる。

(10) a.　Max is dying. (cf. Max died.)
　　 b.　And then I suddenly knew! (cf. I knew the answer.)
　　 c.　The light is flashing. (cf. The light flashed.)

進行形や過去形といった文法アスペクトを用いることで、die, know, flash の解釈が強制されていることがわかる。動詞 die (死ぬ) は瞬間的に成立する到達タイプ事態を表すとされているが、この同じ動詞であっても (10a) では死に至るまでの徐々に体の機能を失うプロセスを表しており、解釈の強制が行われたことになる。一方、state と分類されるべき know は通常 suddenly という副詞とは相容れないはずだが、(10b) ではその意味が焦点化されているところがずらされて、「知る」という事態の始発局面、つまり、「知らなかった状態から知っている状態へと変化した局面」にその焦点が当たった意味となる。また、flash は瞬間的な状態を表すが、(10c) のように進行形になると繰り返し光るという解釈が成される。

6.3.2 英語分詞構文の分析：時間ドメイン

時間ドメインに適用された場合、分詞構文は〈同時性〉を「2つの事態の時間的オーバーラップ」という形で表出する。そしてどちらを Figure あるいは Ground とみなすか、その表出の仕方には非対称性が見られる。一般に、アスペクト的に幅を持つ事態は Ground として分詞句に現れ、瞬間的・点的なアスペクトを持つ事態が Figure としてみなされる傾向にある。この配置を逆にすると以下の (b) 例のように不自然な文になる。

(11) a. Walking along the street, I came across a strange group of musicians.
　　 b. #Coming across a strange group of musicians, I walked along the street.
(12) a. Attending the lecture on linguistics, I fell asleep.
　　 b. #Falling asleep, I attended the lecture on Linguistics.
(13) a. Studying abroad for one year, I fell in love with my present wife.
　　 b. #Falling in love with my present wife, I studied abroad for one year.

もう一つ注意したいこととして、Figure-Ground 配置を決定するのが語彙レベル (ここでは動詞)、つまり語彙アスペクトではなく、事態をどのように解釈し

たかという状況レベルでのアスペクトだということが挙げられる[7]。例えば、次の例を見てみよう。

(14) a. Composing his last symphony, he died (of a lingering illness).
b. Dying (of a lingering illness), he composed his last symphony.

主節動詞 die は通常私たちが理解するアスペクト、つまり瞬間的なアスペクトを示している。一方、(14b) の dying では、本来ならば瞬間的に完成してしまう「死」という事態を、死に向かうその前段階に着目することで幅を持つものとみなしている。

同様の説明が次の例にもあてはまる。

(15) a. Singing an aria, her costume ripped open.
b. Her costume ripping open, she sang an aria.
(16) a. Driving down the highway, the bolt came undone.
b. The bolt coming undone, he drove down the highway.

(15a) 及び (16a) では主節が rip open や come undone などの比較的瞬間的・点的なアスペクトを持つ事態を表していて、Figure として問題なく機能する。一方その逆に、同じ述語が主節ではなく分詞句に配置されている (b) では、その解釈が異なっていることがわかる。(15b) では、衣装が瞬間的にではなくゆっくりじわじわと裂けていく状況を示し、(16b) もボルトが徐々にゆるんでいく状況を示している[8]。いずれにしても、分詞句に配置された事態は時間幅を持つものという解釈がなされており、Figure-Ground 分化に必要な Ground 性を獲得していることがわかる。

また次のように、一見どちらもある程度の時間幅を持つと考えられる述語の場合でも、やはりこの解釈強制が起こっている。(17b) の主節事態 think about Bill は (17a) と異なり、(18b) に匹敵する、瞬間的アスペクトを持つと解釈される方が自然である。

(17) a. Thinking about Bill, she offered a prayer.
b. Offering a prayer, she thought about Bill.

(18) a. (Someone peering through the smog) I see the Sears Tower.
　　 b. I went around the corner and suddenly saw the Robie House.[9]
(19) a. Feeling like a spectator at a tennis game, he watched her.
　　 b. Watching her, he felt like a spectator at a tennis game. (BROWN)

　先ほど考察したように、状態動詞は事態の始発状態と結果状態いずれもプロファイルすることができる。上の例では、(17b) の主節の thought が「ふと考えた、思い浮かべた」という、始発局面を表す解釈が自然であるし、同様に (18b) では「(突然) 視界に入ってきた」というやはり始発局面を表す。このように、同じ動詞クラスであっても現実にその解釈は様々であり、分詞構文での Figure-Ground それぞれにふさわしい解釈が自然と採られているのである。
　同様のことが (20)(21) にも当てはまる。Figure は背景としての Ground に対して区切り・境界をはっきりと持つ性質のものであることを考えると、動詞 glance, shift など瞬間相を表す述語は、アスペクト的な観点からいってもそのままでは Ground 性を獲得しにくい傾向にある。しかし (20b)(21b) のようにこの述語が分詞句に現れた場合、several times 等の表現がなくても反復の解釈がなされる。これは Ground としてふさわしい時間幅が要求された結果だと考えられる。

(20) a. Singing an aria on the stage, she glanced at me in the middle of her performance.
　　 b. Glancing at me (several times), she sang an aria on the stage.
　　 c. #Glancing at me **once in the middle of her performance**, she sang an aria on the stage.
(21) a. Saying a prayer, she shifted her weight from her right knee to the left one.
　　 b. Shifting her weight (back and forth from one knee to the other), she said a prayer.
　　 c. #Shifting her weight **from her right knee to the left one**, she said a prayer.

これに対して (20c) (21c) では斜体になっている表現が付け加えられ、反復の解釈を敢えてキャンセルする読みを強制している。(20c) では「演奏の最中に一度だけチラリとこちらを見た」ことになるし、(21c) では「右膝にかけていた体重を左膝に移した」という一回きりの体重移動が表現されていることになる。このように、繰り返しの解釈がはっきりと阻害されている場合、全体としての文の容認性は著しく下がってしまう。この理由は、そのアスペクト特性からすると Figure 性の方が高いとみなされる、ただ一度きりの動作を、Ground として解釈しようとしており、そこに無理が生じた結果だと説明できる。つまり、Figure-Ground と合致しないコード化になったために、認知原則にそぐわなくなってしまったのである。

　以上、Figure-Ground の非対称が時間ドメインにおける分詞構文にも反映されていることを見てきた。この非対称は主にオーバーラップする事態のアスペクトの非対称という形で表される。また、ここで関わってくるアスペクトとは、単なる述語のクラスで分類できる種類のものではなく、分詞節が Ground として機能するように、解釈の修正が行われた結果であることを示した。

6.3.3　傍証：日本語における付帯状況文

　以上の現象で働いていると考えられる、Figure-Ground の分化という認知原則は、先ほども述べたように、もともとは人間の知覚のパターンを解きあかす際に提唱されているものである。もしそうであれば、それが人間に普遍的に備わっている能力である可能性が示唆される。以下では実際に日本語でも Figure-Ground の分化が観察される類似の現象があることを見、Figure-Ground 現象の傍証としたい[10]。converb という類型論的分類から考えると、英語の分詞構文は非定形節であるという特徴をもつので、これに対応すると思われる日本語の構文としてナガラ節とテ節が挙げられる。まず、ナガラ節についてみていこう。

6.3.3.1　ナガラ節

　ナガラ節、主節共に両方が時間的幅を持つ持続的な活動タイプの事態 (activity) を表す場合、付帯状況文として適格であるという判断が得られ、かつ、主

第6章 分詞構文カテゴリーのネットワークと拡張　　　159

節とナガラ節とを入れ換えることも可能である。確かに次の (22) (23) はどちらも日本語として可能な文である。

(22) a.　口笛を吹きながら、歩いた
　　　b.　ギターを弾きながら、歌った
(23) a.　歩きながら、口笛を吹いた
　　　b.　歌いながら、ギターを弾いた

一方で、ナガラ節が時間的な持続性を持たない事態を表している次のような例は不適切になる。

(24) a.　#受話器をとりながら、歌を歌った
　　　b.　#立ち上がりながら、話をした。
　　　c.　#電話を切りながら、酒を飲んだ。
　　　d.　#倒れながら、けいれんした。
　　　e.　#子どもの頃、校門を出ながら、縄跳びをした（ものだった）。

興味深いことに、次の (25) のように主節の述語とナガラ節の述語とを入れ替えてみると、全て容認されるようになる。

(25) a.　鼻歌を歌いながら、受話器を取った。
　　　b.　話をしながら、立ち上がった。
　　　c.　酒を飲みながら、電話を切った。
　　　d.　けいれんしながら、倒れた。
　　　e.　子どもの頃、縄跳びをしながら、校門を出た（ものだった）。

(24) (25) で描写されている客観的な事態そのものは同じと考えられるのだが、二つある事態のうちどちらをナガラ節に配置するか、つまり事態をどのように把握しているかが異なっている。この選択の違いが容認性の違いとなってあらわれているのである。すなわち、時間的持続性を持つものを従属節、つまりナガラ節の方に選択しなければならないということが言える。

　また、次のように到達タイプと分類される事態がナガラ節に来た場合は、そもそも付帯状況としての事態を想定することさえできない[11]。

(26) a. #新しい彗星を発見しながら〜
　　b. #強盗犯人を目撃しながら〜
　　c. #自分の会社を設立しながら〜
　　d. #財布を無くしながら〜
　　e. #死にながら〜

　つまり、ナガラ節が時間的幅を持つ持続的な事態を表す場合、主節が同じく持続的であっても、また一時点的であっても容認されるが、逆にナガラ節が一時点的で主節が持続的である場合は、容認されないことがわかる。この現象は、英語の分詞構文と同じく、非定形節であるナガラ節が適切な Ground として、Figure である主節の事態を浮かび上がらせるに十分な時間幅を持った持続性のある事態を表していなければならないことを示している。
　尚、同じ一時点的なナガラ節であっても、主節がナガラ節と同じく一時点的であれば容認される例を見つけることができる。先ほど（24）で不適格とされたものと同一のナガラ節も、次の事例ではかなり容認性が上がっている。

(27) a. 電話を切りながら、ため息を一つついた。
　　b. 倒れながら、身をよじった。
　　c. 校門を出ながら、守衛さんの顔をうかがった。
　　d. 立ち上がりながら、隣の人の方をちらっと見た。

不適格な（24）と適格な（27）との違いは何であろうか。それは主節の述語の性格に求められる。（24）では主節の述語が持続性を持つ事態を表しているのに対し、（27）ではそのような持続性を持たない一時点的なものと解釈される事態を表している。
　このことから、ナガラ節として適切に機能するために必要な事態の持続性とは、絶対的なものではなく、むしろ主節の述語と比べての相対的な持続性であることが分かる[12]。付帯状況を表すナガラ節の動詞は、アスペクト的に主節の動詞と同等か、それ以上の時間幅を要求する。このことは英語の分詞構文において得られた一般化と同じである。つまり、ある事態を言語化する場合に、時間的な持続性及び幅をもつとみなされるものが Ground として適切に機能する

第6章 分詞構文カテゴリーのネットワークと拡張　　161

ことができるのである。(24) が容認されないのはこの一般化に合致しないためで、(25) のように主節とナガラ節とを入れ換えると、一般化に合致するため容認性が上がる。

　これまでのところは事態が幅を持つか、もしくは点的であるかといった、その事態に本来的に備わっているアスペクトにもとづいて事態の配置パターンを見てきたが、以下では更に、話者が読み込む視点のとりかたによってアスペクト解釈が変わってくる場合を考察し、日本語も英語と同様に、何を Figure あるいは Ground とするかは解釈レベルの事態によることを確認したい。
　次の例を見てみよう。

(28) a.　タクシーを待ちながら、守衛さんの顔を（{ちらっと／じっと}）うかがった。
　　 b.　守衛さんの顔を（{#ちらっと／じっと}）うかがいながらタクシーを待った。

同じ「顔をうかがう」という事態でも、共起する副詞表現によっては、その事態の表すアスペクトが微妙に異なってくる。「顔をちらっとうかがう」という組み合わせでは瞬間的な動作事態を、「顔をじっとうかがう」では時間的な持続性を持つ事態を表すことになる。ナガラ節として適切なのは後者の事態であり、この場合に限り適切な Ground として機能することができるのである。もしも (28b) の例文で「ちらっと」「じっと」という副詞表現が明示化されていなかったとしても、ネイティブとしての日本語話者は「じっとうかがいながら」という解釈の方を選択しているはずである。
　ナガラ節が本来的に一時点的な事態しか表さない動詞であっても絶対に容認されないわけではない。主節が持続的な事態の場合、つまり一見、前述の一般化に反すると思われる場合であっても、ナガラ節に繰り返しの解釈が成されると良くなる。

(29) a.　あちこちで珍しい木やその枝にとまった野鳥を見つけながら山道を歩いた。

  b. 次々と仕事を完成させながら、彼は出世していった。
  c. 守衛さんの顔をちらちらとうかがいながらタクシーを待った。

「あちこちで」「次々と」は、表されている事態が何度も繰り返し起こったという解釈を与えるものである。「見つける」、「完成させる」などの事態は到達タイプと分類されるが、そのような事態であっても繰り返し生じる場合には時間的な持続性を得ることができる。以下に更なる類例を挙げておく。いずれも「何度も」「しょっちゅう」「いつも」といった表現と共起することができることから、「繰り返し」もしくは「習慣」という読みが得られていることに注意したい。

(30) a. ガードレールに接触しながら、こわごわ車を運転した。
  b. つまづきころびながら、一所懸命走った。
  c. お金を借りながら、なんとか生活した。
  d. 後ろを振り返りながら、歩いた。

また、繰り返しとは別の形で持続性が解釈として抽出されるものもある。Vendler の4分類にしたがえば一時点的な動作としてまとめられてしまう到達 (achievement) 動詞の中にも、結果状態の主体的保持を表すものがある[13]。これらは維持動詞とも呼ばれ、「〜はじめる」とは言えないが「〜つづける」が可能であるようなものである。以下にその例を示す。

(31) 座る・黙る・(目を) 閉じる・持つ・もたれる・ぶら下がる

いずれも、その動作事態は比較的瞬間相を表すのだが、その後にその動作の結果状態が主体的に保持され、持続する点が共通している。「死ぬ」「壊れる」などの結果状態は永続的であるのに対して、この維持動詞の結果状態は主体的に保持しているものであり、従って主体の判断によって中断することが可能である。維持動詞の場合、ナガラと結合することによって、この結果状態の主体的保持の部分が取り上げられる。よって一種の持続的時間幅を見いだすことが可能となり、同じく時間幅を持つ主節と共起可能となる。

(32) a. タバコをくわえながら、公園を歩いた。

b. 母親の腕にしがみつきながら、大声でわめいた。
c. 目を閉じながら、祈りの声を聴いた。
d. 壁にもたれながら、歌を口ずさんでいた。

以上のことは前述の一般化の正しさを示していると思われる。繰り返しの解釈、また維持の解釈により、ナガラ節は一種の持続性を獲得すると言えるからであり、これは複文における Figure-Ground の分化に合致するように、事態のアスペクト解釈の修正が成されているものと見なせる。

6.3.3.2 付帯状況のテ節

Figure-Ground 配置の一般性を強調するため、もうひとつ日本語の例を見てみよう。ここで見るのはテ節である。テ節はナガラ節と同じような付帯状況としてのふるまいを見せる一方で、「手段・様態」「継起」「原因」「並列」等、ナガラ節よりも広範囲な意味を表し得る。しかし、テ節がその中でも付帯状況の意味を表すことができるのは、英語の分詞構文やナガラ節で見たのと同様の Figure-Ground 配列がなされた場合である。このことを以下で確認し、Figure-Ground 配列現象がある言語の特定の語彙に帰せられる種類のものではなく、二つ以上の事態が関わってくる複文構造そのものがもつ、一般性の高い特徴であることを理解したい。

まず、以下の例を見てみよう。

(33) a. 涙をこぼして、謝った。
b. 音楽を聴いて、勉強した。

「涙をこぼす」や「音楽を聴く」は一般にその事態の終結点が明確ではなく、時間的持続性をもつ事態であり、Ground として適切に機能することができる。これに対して、「(涙を)一粒」「(音楽を)一曲」などの表現が付け加わると、事態は明確な終結点、境界を持つことになり、(34) は同時性の解釈が成立しなくなる。

(34) a. 涙を一粒こぼして、出ていった。
b. 音楽を一曲聞いて、勉強した。

更に、テ節でも日本語のナガラ節や英語の分詞と同様に、解釈の強制が関わってくる。例えば、(a)の例では同時性に基づく付帯状況の解釈が可能だが、(b)では継起的な解釈しか得られない。

(35) a.　荒れていた私は窓を（一つ一つ）壊して歩いた。
　　　b.　窓をひとつ壊して歩いた。
(36) a.　一つ一つ覚えて一人前になる
　　　b.　一つ覚えて一人前になる

(a) の例では、繰り返しの解釈によって事態が明確な境界を必ずしも持たない、よって持続的なものと捉えられている。この解釈によれば、テ節は適切なGroundとして機能することができ、結果的にFigure-Groundの配列に合致することになる。しかしながら、(b)では「一つ」という明示的な表現によってその繰り返しの解釈強制は阻止されてしまい、結果として同時解釈を満たさなくなる。

このように、日本語のナガラ・テ節も英語の分詞句と同様に、主節よりも持続的な時間幅を持つことが要求されることを見た。そして、このことがFigure-Groundの配列に沿ったものであることを確認した。これは付帯状況を表す場合に形式の違い及び言語の違いを超えて共通してみられるアスペクト的な一般化である。

6.4　概念レベルにおける分詞構文

前節までの分析では、Talmy (1978) の意味でのFigure-Ground分化を見せる従属節複文と同様の性質を見せるものとして分詞構文を扱い、主に時間ドメインにおける事例に限って議論を行ってきた。この議論に基づき、本節では更に考察の範囲を広げて、時間関係以外の解釈を示す分詞構文についても同様にFigure-Groundの分化がみられることを示したい。そして、converbのもつGround性こそがその多様な意味拡張を可能にしていることを明らかにしていきたい。

以下では非時間的ドメイン、具体的には概念ドメインに分詞構文が適用された場合の事例を見ていく。ここでも分詞構文の基本的な意味である〈同時性〉は守られているのだが、注意すべき特徴として、〈同時性〉が時間ドメイン以外に適用されている、つまり直接時間概念が関わってこないために、2つの事態が特に時間的な制約を受ける必要がないことが挙げられる。よって、〈同時性〉は先ほど見たアスペクト的な側面とは異なった部分で満たされることとなり、アスペクトの違いといった、事態の持つ時間的な側面は一切捨象されることに注意したい。

6.4.1 概念的階層性

概念的ドメインに適用された分詞構文が表す意味関係の中でも頻度の高い事例として、同一の事態の異なった側面を描写する形がよくとられる。言い換えると、記述対象となる事態そのものは客観的には単一とみなされるものでありながら、それを概念化者が多角的に捉えた結果得られる別の事態側面を描いていることとなる。

(37) a. The Upper House on Wednesday passed the fiscal 2002 budget, **paving** the way for the government to consider tax cuts and additional measures to combat deflation. (Asahi Shimbun)
b. She departs this earth with a gleeful grin, **leaving** behind a man who can't say yes. (FROWN)

(a) の分詞句で表されている「政府がデフレに対して減税その他の策を考慮するための布石となる」ことは、主節で表されている「予算案を可決した」という事態が持つ意味合いとしての別の側面であり、主節事態と密接不可分に、同時に成立することである。また (b) では、彼女が地球を去っていくことは同時に別の見方をすると男を置き去りにして行ってしまうことをも同時に表す。このように、ここで扱う分詞構文では、描かれている二つの「事態」は全く異なる別の事態というよりも、むしろ同一の事態の概念レベルにおける異なる側面を表しており、最初から互いに不可分に成立している、つまり〈同時性〉を満たしていることになる。この場合どちらを Figure とみなすかは、原則的に概

念化者の側に委ねられていることになる。

　しかし、現実には Figure-Ground を自由に反転できるものは限られており、非対称を見せるものが多い。以下ではこの非対称がどのようなかたちで現れてくるかを見てみよう。まずこのタイプの分詞構文の例として、分詞句で描かれる事態が、主節に描かれる事態の具体例、特定例である場合が挙げられる。

(38) a. The Japanese writing system forms extraordinary complexity, **consisting of a mixture of Chinese characters and two sets of syllabaries**.
　　 b. Too often English people abroad create their own community, keeping to English ways of life no matter where they might be.

(友澤 (1997))

またその逆に、主節の方で具体的事態を表し、分詞句にはそれをより一般化した抽象度の高い事態が描かれている場合もある。このとき、分詞句の前にthereby, therefore, thus などといったマーカーが入ることが多い。

(39) a. The uses of passive devices reduce the number of active components throughout the network, *thereby* **decreasing the number of potential faults**.
　　 b. Now, if the chef writes down the recipe, *thus* **creating a system to follow**, others can then be taught to be technical masters of that entree.

表現されている事態は概念レベルのものなので、時間概念やアスペクトに縛られない「事態側面」である。とするならば、Figure-Ground の反転は、つまり主節と分詞句とを入れ替えて表現することは基本的に自由だと思われる。しかし実際には、概念的な階層関係にある場合には少し制限があるようだ。更に興味深いことに、この制限もまた、Figure-Ground の非対称性に沿ったものである。(40) は、先の (38) での主節と分詞節を逆転させたものだが、このマーカーが明示化されている方が容認性が上がる傾向にある。

第6章 分詞構文カテゴリーのネットワークと拡張

(40) a. The Japanese writing system consists of a mixture of Chinese characters and two sets of syllabaries, # (*thereby*) **forming extraordinary complexity**. (cf. (46a))
b. Too often English people abroad keep to English ways of life no matter where they might be, # (*thus*) creating their own community. (cf. (46b)) [14]

つまり、ある一定の配列の方がマーカーなしの無標形式で容認されるという、非対称性が見られるのである。ではなぜ一方の場合にのみ明示的マーカーがより必要とされるのだろうか。

このマーカーが果たしている役割は、推論関係における不適切な配列を改めるためと考えられる。(46)(47)では同一事態もしくは同一事実の異なる2つの側面に焦点が当てられており、その点でこの2つの側面は同時に存在し、平行性を保っていると言える。特にどちらが上位概念、下位概念と明確に決められない場合、つまりどちらも同じレベルの別側面に着目している場合には、どちらをFigureとみなしても問題ないため、入れ替えてもさほどの違和感なく容認できる。つまり、Figure-Ground の反転が比較的自由だということになる。しかしながら、その2つに概念的な階層性が認められ、かつ推論が関わってくると、ここに「順序づけ」という非対称性が生じることになる。一般に、Ground は Figure を位置づけるための参照点として機能する。概念的順序づけが関わる推論関係においては、具体的な事例に当たるものが典型的にGround として機能し、より高次の概念を Figure として導くことになる。(49)はこの非対称を示したものである。従属節として、つまり Ground として機能するのは、先ほど見た具体事例の方であることがわかるだろう。

(41) a. **Since Japanese writing system consists of a mixture of Chinese characters and two sets of syllabaries**, it forms extraordinary complexity. (高次事例：Figure, 具体事例：Ground)
b. #**Since Japanese writing system forms extraordinary complexity**, it consists of a mixture of Chinese characters and two sets

of syllabaries.（具体事例：Figure，高次事例：Ground）

ここで (38) − (40) に立ち戻って考えてみよう。(38) では高次概念が Figure として主節に、そして具体事例・概念が分詞句つまり Ground として表示されており、Figure-Ground 配置に沿ったものとなっている。一方、(39) (40) では逆の配置がなされていることに注意したい。このままでは推論に伴って生じる概念的な非対称性を正しく反映していないことになってしまう。このような不一致を解消する手だてとして、thereby などの明示的推論マーカーが生じていると考えられるのである[15]。

　以上、概念的階層性が認められる場合について考察を行った。同じ事態の別側面に着目しているため、基本的には Figure-Ground の反転は自由である。しかし推論解釈が入ってくると必然的に順序づけが関係してくるので、Figure-Ground の非対称性も生じてくる。ここでは高次概念が Figure として、具体概念が Ground として機能しやすいという現象を検討し、その自然な配列を崩す場合には明示的マーカーなどによる修正が必要となることを考察した[16]。

6.4.2　因果関係

　概念ドメイン、つまり非時間的ドメインに分詞構文が適用されたもう一つの例として、因果関係を表す事例が挙げられる。

　Stump (1985) は、分詞構文の分詞句に個体レベル述語 (individual-level predicates) が来た場合、必ず因果関係の解釈が生まれると主張している。個体レベル述語とは、(42) の分詞句に見られるように、時間によって制限されない固有の性質を表す述語であり、時間に制約を受ける事態と関連を持つステージレベル述語 (stage-level predicates) とは区別される。また、(43) のように、ステージレベル述語であっても、完了を表す have と共起する場合には因果関係の読みを強く出す。更に、(44) のように否定を表すものも同様である。

(42) a. **Being** a master of disguise, Bill would fool anyone.
　　b. **Having** unusually long arms, John can touch the ceiling.
　　c. **Weighing** only a few tons, the truck might reach the top of that

第6章 分詞構文カテゴリーのネットワークと拡張

      hill.
    d. **Standing** a little over five feet tall, Tazio Nuvolari became the greatest driver of his era.（BNC）
(43) a. **Having** made his choice, he stayed with it.
    b. **Having** destroyed the evidence, he was confident that he wouldn't be arrested.
(44) a. **Not** having any money, he was at a loss.
    b. **Not** finding anything to do, we strolled around.

　これら3つの分詞句述語に共通するのは、いずれもが特定の時間によって区切りを与えられる個別の「事態」ではなく、時間を超えて・時間とは無関係に成立する「事実」を表すということであろう。個体レベル述語が表す事態は個についての恒常的性質を表しており、その点で時間を超えて成立する。また完了形の having を用いた場合は、それに続く過去分詞形により、事態が生じた後の結果状態が半永久的に成立することから、事態が起こったという「事実」を示していると解釈可能である[17]。また否定文も、その性質上、必ず具体的な時間時点に結びつけられる「事態」ではなく、時間と直接関わりを持たない意味レベルでの「事実」を表すと考えられる。このように、因果関係を表す分詞構文の場合、時間とは直接関わりを持たないという性質が、分詞句の述語に共通してみられるのである。

　時間とは無関係に成立する、というこの性質そのものは、図らずも、先ほどから見ている分詞句と主節の事態の同時性を満たすものである。個体レベル述語、完了形述語、そして否定述語はいずれも時間幅としては境界を持たない、半永久的な拡がりを持つ。これら3つのタイプの述語が分詞句に来た場合、主節にどのような事態がこようともそれとは無関係に、常に主節との同時性の成立を保証できる。つまり、どんな場合でも〈同時性〉をはじめから満たしてしまっているため、時間ドメインでの解釈は意味をなさず、従って他のドメインでの意味解釈（ここでは因果関係解釈）が求められると考えられる[18]。逆に言うと、因果関係解釈は〈同時性〉を前提としており、それを時間とは別の概念ドメインにおいて解釈することから生まれるものだと言える。

本稿で議論しているような、因果関係が時間的同時性から派生的に得られるという考え方に対し、そうではなくて、時間的継起性から語用論的に得られるとする考え方もしばしば見られる。例えば、Hasegawa (1996) は (45) をひいて、因果関係とは時間的継起性を1つの事態としてまとめることだと述べている。

(45) First, by imposing a causal connection, we efficiently collapse **a series of temporally successive motions into a single event**. Second, by this bracketing into causal events, we not only separate meaningful, coherent patterns from all that goes on around us, but also impart structure to the world.

(Bullock et al. (1982: 210))

しかしながら、分詞構文に関して言うと、因果関係を生みだすのにまず前提として必要なのは厳密な継起性ではなく、むしろ同時生起性もしくは時間的なオーバーラップである。例として (46) (47) の (a) (b) を比べてみよう。(b) では明示的時間副詞によって、2つの事態の時間的オーバーラップが明示的に却下されているが、この場合因果関係としての読みがあまり適切でないという判断が下されている。

(46) a.　Fearing for her continued economic well-being, Mary began to work this year.
　　 b.　#Fearing for her continued economic well-being **last year**, Mary began to work **this month**.
(47) a.　Feeling rather tired, I telephoned this morning and said I couldn't come.
　　 b.　#Feeling rather tired **yesterday**, I telephoned **this morning** and said I couldn't come.

このことからも、因果関係解釈を生む分詞構文が、同時生起性という点で先に見た時間ドメインに適用された分詞構文と共通性を持っていることがわかる。

状態性の高い事態の方が単純な事態の継起性よりも因果関係を強く示唆する

傾向にある、という事実は、他でもよく指摘されている。歴史的に見ても、因果関係を引き起こす接続詞は必ずしも継起関係に限られない。例えばTraugott and König (1993) では、いわゆる因果関係を表す接続詞が歴史的には時間的同時性を元来意味していたという事例を、英語のみならず他の言語からも指摘している。

(48) a. I couldn't work when the television was on.
     b. I can't sleep **now that** I am alone.
(49)   **weil** (＜OHG dia wila so 'so long as'); Lat. **dum** 'when, as long as, because'; Fr. **quand** 'when, because'

(Traugott and König (1995))

更に共時的事例でも、状態性の高い事態が接続詞で導かれている場合に因果関係の解釈を獲得するという傾向が見られる。

(50) a. I have done quite a bit of writing **since** we last met.
[temporal]
     b. **Since** Susan left him, John has been very miserable.
[temporal, causal]
     c. **Since** you are not coming with me, I will have to go alone.
[causal]
     d. **Since** you are so angry, there is no point in talking with you.
[causal]

(Traugott and König (1995))

このことは、状態性の高い事態の方が時間的同時性を満たしやすいという事実と関連していると思われる[19]。つまり、因果関係解釈には、部分的であれ、時間的なオーバーラップが要求されていたことが明らかになる。

　因果関係を表す分詞構文と並行的に説明できるものとして、譲歩を表す分詞構文についても簡単に触れておきたい。これも先ほどの例と同じく、ある単一と捉えられる事態の別の側面について述べている。また、分詞句に状態性の高い述語（否定など：(44)）がくるのも、因果関係の事例と酷似している。つま

り、因果関係例と同じく、主節が何であれ同時性を必ず満たしてしまうので、時間ドメイン以外での解釈が求められることになる。この意味で、譲歩関係事例は因果関係事例と同種のものであると扱える。

譲歩関係を示す分詞構文が因果関係を示す分詞構文と異なっている点は、前者で表現される２つの側面が世界知識に照らして互いに両立しにくいと考えられる種類のものであることだ。以下の例では推論を表すマーカー（nevertheless や while など）が明示化された方が容認される傾向が認められる。

(51) a. Not having any money, he ??(**nevertheless**) went into this expensive restaurant.
  b. #(**While**) admitting that he had no sympathy with private capitalists, M. Dzerjinski said Soviet Russia could not exist without the participation of private trade of the country. (*Chicago Tribune*, April 4. 1925)

同時に並行的に存在する２つの事態が互いに相反する両立しにくいものだという判断は、両立するという判断よりも有標であるため、nevertheless 等それを明示化するマーカーが必要になってくるようである。

以上、分詞構文の因果（譲歩）関係解釈には、部分的であれ、時間的なオーバーラップが必要であることが明らかになった。このことは分詞構文に限られたことではなく、汎言語的にみて接続表現一般に見られる傾向である。分詞構文は様々な意味の発展を見せているが、その拡張の基本にはこの時間的同時性を満たしていることが踏まえられている。

6.4.3 条件関係

Stump (1985) によれば、分詞構文が条件読みを得る場合の要請として、(i) 主節に法助動詞が来る（(52a)）、(ii) 主節に often, sometimes, always などの頻度副詞が含まれる（(52b)）、(iii) 主節が総称読みもしくは習慣読みをもつ（(52c)）、のいずれかが必要であると主張されている。

(52) a. Wearing that new outfit, John **would** fool everybody.
   b. Lying on the beach, John **sometimes** smokes cigars.
   c. Lying on the beach, John **smokes** cigars.

これらの3点の共通性をとりだすと、「主節は具体的事態ではなく、タイプ事態もしくは非特定的なレベルの事態を表す」ということになろう。条件解釈が分詞構文形式の概念レベル適用例である所以である。これに従えば、(53) は主節がいずれも進行形になっており、具体的な事態を指示しているため、条件解釈は得られないこととなり、また事実そうである。ここでは主節が進行形であることから状態を指し示すこととなり、時間のオーバーラップが保証されることから因果関係解釈が強くなっている。

(53) a. Wearing that outfit, Bill is fooling everyone.
   b. Standing on a chair, Bill is touching the ceiling.
                                            (Stump (1985 : 44))

さて、これら条件解釈を生みだす分詞構文の共通性を見てみよう。(52) において、John が人をだますのもタバコを吸うのも、すべて分詞句で表される事態が成立する場合、つまりある服を着ている場合もしくはベンチに横になっている場合に限られる。言い換えると、主節の成立は分詞句が成立している場合に限定されるのである。分詞句は主節事態の成立を保証する前提として、つまり Figure を確立するための参照枠として機能しており、この点で背景としての Ground の性質を具現化している。ここでも Figure-Ground との整合性が見られるのである。

またいずれの例も、分詞句事態が成立する可能世界領域が、主節事態の成立する可能世界領域を、その部分集合として包含している。つまり、2つの事態の概念レベルでの同時性がやはり保証されていることになる[20]。

このように条件関係を表す場合でも、Figure-Ground の非対称性及び〈同時性〉が概念レベルで踏まえられていることがわかる。

6.4.4 結果関係

概念レベルの分詞構文の更なる類例として、主節全体を受けての分詞構文が挙げられる。これは科学論文等のジャンルでかなりの高頻度で出現するタイプのもので、(54)(55)に示すように、分詞構文の主語が主節全体の内容を指していると解釈されるものである。

(54) a. *Black Americans have much higher rates of high blood pressure than Blacks in Africa*, **leading** researchers to believe that the stress of living in America's inner cities plays a major role in triggering high blood pressure in Blacks with a genetic predisposition to the condition.

　　 b. *...the dyke along the Red River crumbled*, **forcing** the evacuation of 15000 people.

(55) a. #Black Americans led researchers to believe that...

　　 b. #The dyke forced the evacuation of 15000 people.

これらも先程来の概念レベルでの事例と同様、同じ事態の別の側面を分詞句と主節それぞれで表現しているという特徴を持つ。また、それぞれで表された個別の側面は、主節が分詞句の中に意味上「挿入された」形で表現されているという点で、概念的な同一性を保っていることになる。

このタイプの分詞形に用いられる述語には、意味的にみて、他に働きかけて変化を引き起こすといった他動的側面が動詞の意味の中に含まれるものが多い (force, kill, make など)。確かに、英語には無生物主語構文というかなり拡張性の高いパターンが別に存在しており、「人が何かを行う」意味ではなく、「ある原因によってある結果が引き起こされた」という原因―結果を表すことが頻繁に行われている。これと同じ解釈がここでもなされているわけで、主節全体を主語的に見立てることは、無生物主語構文の存在を考えれば、何ら不思議なことではない。上記のタイプの分詞構文における分詞形に使役要素を含む述語が頻出するということは、その述語は結果・推論を導く橋渡し、いわば path の役割をしていることになる。例えば (54) では「Black American が高血圧症を示す傾向が高い」という事実から「アメリカで暮らしていることへのスト

レスが高血圧を引き起こす」という結論を「導き出す (lead)」という図式になる。

　ここまで、いわゆる「同時性」の概念が背後に共通して存在すると考えられる事例を一つ一つ見てきた。時間関係に関して表れた場合は「付帯状況」と呼べる意味解釈をもたらして、主にアスペクトの観点から Figure-Ground の認知原則に沿った形で言語化が成される。また、概念レベルで表れた場合には、「因果関係」「条件関係」といった意味解釈を生むことになるが、これも推論順序という観点から Figure-Ground の認知原則に沿った言語化が行われていた。いずれにしても、共通するスキーマとして取り出せるのは「同時性」であり、それに基づく Figure-Ground の分化なのである。

6.5　継起関係

　本節では、一見これまでの考え方には合致しないと思われる意味関係を表す分詞構文を取り上げ、それが、やはり人間の認知パターンを反映したものであることを観察し、これまでの事例の延長上に位置づけることができることを確認したい。
　分詞構文のもう一つの根幹を成すとされるのは継起関係を表す事例である。ひとつは分詞句が主節より前に置かれて先行性 (Anteriority) を表すもの ((56))、もう一つは分詞句が後置されて後続性 (Posteriority) を表すもの ((57)) である。

(56) a.　Finishing the letter, she wondered whether to post it or not.
　　 b.　Entering the room, I switched the radio.
　　 c.　Arriving at Willow Springs, the little town that served as home terminal for the branch line, I began to investigate this 'legend' for myself.　(FROWN)
(57) a.　Miss Tyrell...quitted the room, coming back again from half-way up the stairs to answer a knock at the door.　(Poutsma

(1926 : 518))
b. I'm going to Burgos…, coming back on the twenty-ninth.

(56)では、分詞で表現されている事態の後に続いて主節事態が生じるという解釈がなされ、(57)では逆に分詞事態が主節事態の後に引き続いて生じると解釈される。このように、これら継起性を示すクラスは、分詞の指示する時間が主節事態のそれと連続・継起的となるため、談話の時間を進める機能を持つとされることから、narrative converb (Haspelmath (1995)) と分類される。

継起関係を表す分詞構文に共通する事柄は3点ほど挙げられる。まず第1に、分詞形をとる述語にはアスペクト的に完結点をもつ、典型的には到達タイプに代表される瞬間相を表すものがくる、という点が挙げられる。つまり、分詞句がかなりFigure的な地位を持つような場合となる。このことが時間的オーバーラップを妨げ、同時性ではない別の意味、つまり継起性を生みだすことになっていると思われる。この点で、先ほどから見てきたFigure-Groundの分化とは異なった現れ方をしているように感じられるかもしれない。

しかし継起性とはいっても、その表している状況をよく観察すると、2つの事態間の時間的な差があまりない状況を表すのが典型であることがわかる。ここで第2の点として、この継起関係を表す分詞構文には、ある一定の経路もしくは日程など、全体として1つのまとまり、シナリオとして捉え直すことのできる事態を表しているものが多い (cf. Kortmann (1995 : 221)) という共通点が指摘されている。継起的に生じた事態ならどんなものでも分詞構文で表現できるわけではなく、その2つで1つの更に大きな出来事、事態を構成すると捉えられるようなものに限られる。

(58) a. Shifting his grip, he raised the weapon above his head and brought it down, letting out a fierce hiss of rage, (…)
b. Arriving at the waterside, the boat is launched, (…) (BROWN)
c. He decided to return to France, arriving there in January, 1940. (BROWN)
d. Hartley continued on to Paris, arriving near the end of July.

「グリップを変える」という事態は「持ち上げる」ための前段階としての行為であるし、ボートが「水辺についた」のも「ボートを水面におろす」直前の準備段階ととらえることができる。また「フランスに到着すること」は「フランスに戻る決意をしたこと」に一部含まれる事態である。このように、一連の出来事はすべて自然な流れ、予測の範囲、一つの期待されているシナリオを実現するものであり、あまり期待に反するようなものはこの構文では表されない。

(59) a. #He decided to return to France, {not arriving/flying from there in January}.
b. #The train left Tokyo at seven, getting delayed at Shizuoka on the way.
c. #He went to college at the age of 17, suddenly quitting it after his father's death.

類似の発言は Wierzbicka (1980: 230, 246-54) にも見られる。彼女は、二つの文を等位接続することができるのは、話者がその二つの事態を全体で一つのまとまりとして捉えることができる場合だとしている。

(60) a. The sun was shining and the birds were singing.
b. ??John kissed Mary on the nose and kangaroos are mammals.

Croft (2001: 337) は、このタイプの等位接続文が表しているのがゲシュタルト心理学での「知覚上のよい連続性を成す」という原則であると主張する。これは、二つの実体を実際には一つの大きな実体のそれぞれ一部分であるとみなそうとする知覚上の法則である（2章参照のこと）。

(61) "Good continuation" (from gestalt) is a set of perceptual properties that allows one to construe two entities as actually parts of a single larger entity (...). The two conjoined entities are naturally peceived to make up a single unit due to the Gestalt principle of good continuation.　　　　　　　　　　(Croft (2001: 337))

例えば以下の図において、(a) の方が (b) よりも、それぞれの線分が全体とし

て連続線を成しているものと考えられるのは、この「良い形の要因」によるものである。

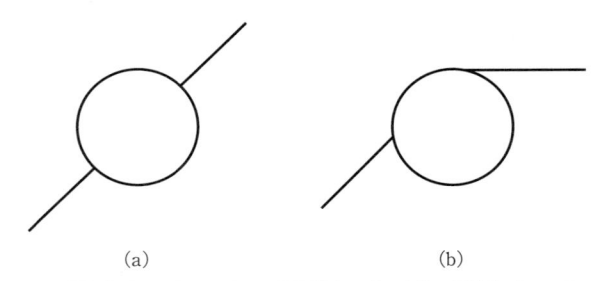

　　　　　(a)　　　　　　　(b)
〈図 6-1：ゲシュタルト要因—良い形の要因（good continuation）〉

　このことから、分詞構文で表される継起性は、実は同時性と連続体を成すものととらえることができる。これに関連して、言語化の順序が時間順を反映しているという点も付け加えておく。

　最後に3点めとして、このタイプの表現が用いられるのは主に経験した一連の出来事を要約して語るナラティブ談話においてである、という報告がある（Kortmann (1995: 221)）。そしてこのナラティブ能力は言語習得においても比較的後になって獲得されるもののようだ。ナラティブは多くの事態側面から成り自然な出来事の流れを形成するものと考えられるが、ここで必要とされる能力、つまり2つもしくはそれ以上の側面を結びつけて1つの事態にまとめ上げるという能力は、一般に少なくとも5歳をすぎなければ習得されないという報告もあり（Slobin (1995: 364)）、発生的にも遅い段階の事例であることが窺える。よって、この個体発生的側面からいっても、継起性を表す分詞構文は、同時性を表す分詞構文から派生的に位置づけられる。

　以上のことを考えあわせると、このタイプの分詞構文は、継起事態を表すとはいっても、どんな連続した事態でもよいわけではなく、1つの更に大きなまとまりを持ったものと捉えられる事態の下位側面と捉えてよいと思われる。つまり、〈同時性〉を概念レベルで「同じ1つの事態」という形で表現したという点で、派生形と位置づけられることになる。発生的にも比較的遅くなってからの発現であるという言語発達面での事実も、継起性を表す分詞構文を派生形と

して捉えることの間接的なサポートになると思われる。

　また、いわゆる継起性を表す事態では、推論に関わる順序づけ等に代表される概念的な非対称性は特にないので、発話者の視点に基づくFigure-Groundの反転に対する制限もないこととなる。よって、原則としては先行性も後続性もどちらも分詞句で表すことができることになる。但し、上で述べた事態の生起順との鏡像性は守られなければならない。以下の例は先ほど (58) で見た例のうち、分詞として表される事態を変化させて対比させたものである。どちらも特に問題なく容認されるが、その場面でどちらの事態に注目を集めていたか、つまりどちらをFigureとして認識したのかは異なっている。

(62) a.　Shifting his grip, he raised the weapon above his head and brought it down, (…)
　　 b.　He shifted his grip, raising the weapon above his head.

6.6　分詞構文のネットワーク

　ここまで見てきた分詞構文をその意味関係に基づいて分類したものをKortmann (1995) による (63) の分類とあわせて見てみよう。

(63)　Most frequent interclausal relations (n=1412; >4%)

Simultaneity (Temporal)	16.1%	Temporal
Addition/Accompanying Circumstance	12.2%	Temporal
Cause	11.8%	Conceptual
Exemplification/Specification	11.5%	Conceptual
Anteriority	10.6%	Successivity
Result	8.4%	Conceptual
Posteriority	7.4%	Successivity
Condition	4.4%	Conceptual

(Kortmann (1995: 219))

Kortmannのコーパス頻度と照らし合わせても、〈同時性〉をそのまま時間ドメ

インで具現化したもの（付帯状況など）が最も頻度が高く、概念ドメインにおいて1つの事態の別側面として具現化しているもの（因果関係、概念的階層性）がその次に来ている。

　これらの意味関係が互いにどのような形で関連しあっているのかを整理すると次のようになる。

```
                Events within the same scene
                    ↙                ↘
        ┌──────────────┐
        │ SIMULTANEITY │ - - - - - ▶ Successivity
        └──────────────┘
              ↙        ↘
         TEMPORAL      CONCEPTUAL
            ↓        ↙    ↓    ↓    ↘
      Simultaneity
                 Exemplification  Cause/Concession  Condition  Result
```

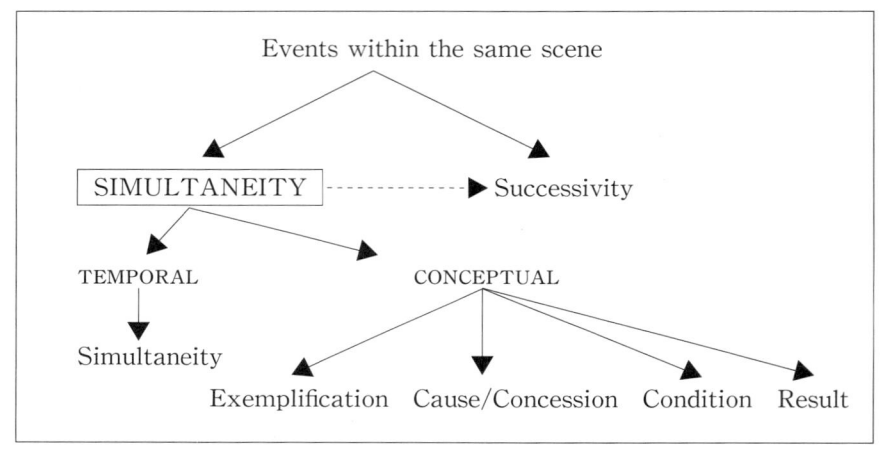

〈図 6-2：分詞構文のネットワーク〉

〈同時性〉というスキーマ的意味の適用ドメインが変わることで、結果的に多様な具体的意味関係を派生してきたと考えられる。特に概念ドメインの方が、時間的ドメインに比べて、場面の因果関係、包含関係解釈といった話者の介入の度合い、主体性の度合いが高くなるため、多くの意味関係を発達させている。また継起性にはあまり多くの意味関係が発達していないが、その理由は、この解釈があくまでも、中心である〈同時性〉の派生形なので、それほど多くの意味関係を発達させる力がないことによると考えられる。

6.7 概念レベルの日英比較

6.7.1 日本語のテ節

この節では日本語の converb 表現の一例としてテ形接続表現を考えてみたい。テ形接続は日本語の converb 表現の中でも実に広範囲の意味を表すという点で、英語の現在分詞形による converb にもっとも近いと考えられる。まず英語の分詞構文で得られた分類と類似のものが日本語のテ節でも見られることを概観したい。そして、テ形も基本的には〈同時性〉を表す形式を持っており、様々な意味はそこから派生的に出てくるものであることを確認したい[21]。

まず先ほど簡単に概観したように、〈同時性〉を時間ドメインで具現化する事例として、(64)のように付帯状況、つまりある事態に付随して別の事態が同時に起こっている例が挙げられる。この用法が認められるのは、テ形に生じる述語が時間幅を持つ事態を示していると捉えられる場合である。この時間幅が主節のそれと共起し、〈同時性〉が満たされていることになる。このことは同じく同時性の意味を持つ接続表現ナガラと入れ替えがほぼ可能であることからも窺える。時間幅を持つとは言い難い事態を表す述語の場合でも、(64b)のように繰り返しの解釈を強制することによって、また(64c)のように状態変化の後の結果状態を維持するという部分に焦点を当てることによって、それぞれ時間幅を捉えることになる。

(64) a.　泣いて謝る（泣きながら謝った）。
　　 b.　看板を（ひとつひとつ）壊して歩いた（看板を壊しながら歩いた）。
　　 c.　壁にもたれて音楽を聴いた（壁にもたれながら音楽を聴いた）。

概念上における平行的な事態、あるいは同じ1つの事態の別側面を描く表現としては次のものがある。

(65) a.　彼女は背が高くて目が丸くて髪が黒いんだ。
　　 b.　リンゴがあってミカンがあってバナナもある。
　　 c.　今日は銀行へ行って郵便局へ行ってデパートへも行こう[22]。

同じく概念レベルのテ節で因果関係及び譲歩関係を表す例が以下に挙げられる。興味深いのは、「テイル」形という文法アスペクトを用いて状態述語とした方が、テ節の因果・譲歩のニュアンスが確実に得られることである。ここでも英語との共通性、及び因果性を導くのに〈同時性〉が重要な役割を果たしていることが窺える。

(66) a. 彼女はフルタイムで朝から晩まで働いていて家事があまりできない。
　　 b. 彼はよく勉強していていつも成績優秀だった。
(67) a. 手帳に書いていて忘れた。
　　 b. 悪いとわかっていてやった。
　　 c. 知っていて知らないふりをする。

条件を表すと見なせるテ形も存在する。(68)ではテ形の代わりにタラ・レバを用いて言い換えても大意が伝わることから、ある種の「条件」と解釈できると思われる。

(68) a. 歩いて十分ぐらいかかる（歩いたら十分くらいかかる）。
　　 b. 彼が参加して5人になる（彼が参加すれば五人になる）。

注意すべきなのは、条件の解釈を得るためには主動詞が具体的な事態を指し示してはならず、タイプ読みでなければならないことだ。もし過去形などになっていて、現実に起こった事態を表すならば、(69)のように様態もしくは因果関係といった、条件以外の解釈となる。この現象も英語の分詞構文の事例と平行している（(28)(29)参照）。

(69) a. 歩いて十分ぐらいかかった。
　　 b. 彼が参加して5人になった。

最後に、テ形は継起事態関係をも表す。

(70) a. 花瓶が落ちて割れた。
　　 b. 学校へ行って先生に相談した。

しかし先に見た Hasegawa（1996）も指摘するように、どんな事態でもテ形で接続すれば自然な継起文となるわけではない。ある1つの大きな意味的まとまりといった自然な流れが抽出される必要がある。この点でも単純な時間ドメインでの解釈ではなく、因果関係や目的などといった概念的なレベルでの解釈が深く関わってきており、英語の分詞構文の継起関係を表すタイプのものとも共通性を持っていることが窺える。

6.7.2　拡張の相違点

　ここまで、日本語のテ形はその表現可能な意味の範囲の広さにおいて、また各々の場合における述語への制約において、英語の現在分詞を用いた分詞構文に概ね匹敵することを見てきた。

　しかし異なる点も存在することに気づかされる。それは、日本語のテ形は英語と違って、いかなる場合も後続性（Posterity）を示さないということである。具体的にいうと、英語で分詞形が後置された場合は (54) (57) のように結果や後続事態を表すことが可能だが、日本語にはそれに対応するテ形が存在しないということになる。テ形は、後置されたとしても、(71) のように同時性にまつわる意味を保ち、決して結果や後続事態といった後続性を示すことはない。

(71) a.　駅から帰ってきた。びしょびしょに濡れて。
　　 b.　10分かかるかな、歩いて。
　　 c.　花瓶が割れたよ、落ちて。

ではこのような違いはどこに求められるのだろうか。
　ここで扱っている converb は、主節の動詞が表す事態に対して更に情報を付け加えるという、副次的な性質をもっていた。この働きは、文レベルにおける斜格の働きと平行する部分がある。この平行性を踏まえて、以下では文レベルの斜格がその動詞で表される事態のどの部分を修飾するのかについての類型論的研究を概観し、それを文を超えたレベルである converb 構文、つまり英語の分詞構文と日本語のテ節についても当てはめて考えてみたい。
　Croft（1991）によれば、1つの動詞はある1つの事態を切り取ったものであり、その事態の表す範囲は因果連鎖における主語と目的語の位置で区切られる

という。前置詞句などそれ以外で表される要素の場合、その意味が動詞の表す事態のどの部分を表すのかによって、大きく二分できるとする。1つは手段、様態など、因果連鎖上の目的語位置より前の部分、すなわち先行性（Antecedent）を表すものであり、もう一つは結果や受益といった、目的語位置より後の部分、すなわち後続性（Subsequent）を表すものである。先行性として分類される意味解釈には、手段・様態といった、事態と同時並行的に見られるものも含まれていることに注意したい。

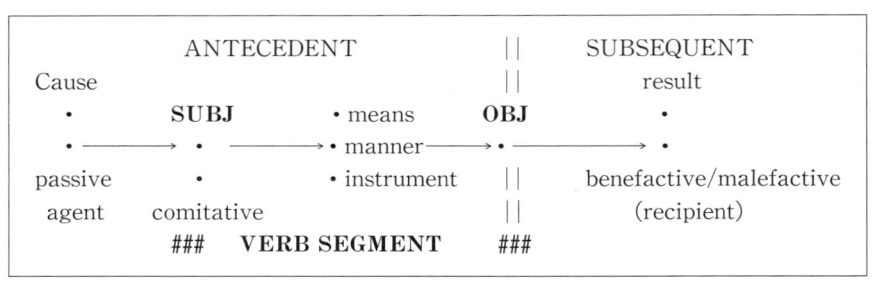

```
┌─────────────────────────────────────────────────────────────┐
│              ANTECEDENT        ||      SUBSEQUENT           │
│  Cause                         ||      result               │
│     •       SUBJ      • means  OBJ       •                  │
│     • ──────→ ────────→ • manner ─────→ •                   │
│  passive        •     • instrument ||  benefactive/malefactive│
│  agent     comitative              ||     (recipient)       │
│            ###   VERB SEGMENT  ###                          │
└─────────────────────────────────────────────────────────────┘
```

〈図6-3：因果連鎖と先行性・後続性（Croft（1991：185））〉

　さて、文を超えたレベルで考えてみると、単文における先行性と後続性の意味分担は、分詞構文の同時性と継起性とに、それぞれ対応していることがわかる。このように考えると、英語のconverb（分詞構文）は先行性（原因、手段、様態、道具など）も後続性（結果など）も共に表すが、日本語のconverb（テ節）は後続性を表すことができない、と言い換えることができる。

　文の主動詞やそれにまつわる付随要素がそれぞれどんな情報を担うのか、その割り振り方が言語によって異なりうるということが、認知言語学的観点に基づく類型論的研究によって明らかにされている。Talmy（1985, 1991）は、動詞の語彙化パターン及び事態の統合パターンを研究し、移動経路や状態変化などの事態の中核的情報（Path情報）が、動詞で表されるか動詞に付随する別の要素で表されるかで、言語が大きく2つのタイプに分けられると仮定した。英語のように、中核的情報を動詞ではなく動詞に付随する別の要素で表すものはSatellite-framed language（付随要素枠付け言語：S言語）と分類され、日本語のようにこの中核的情報を主動詞で表す言語はVerb-framed language（動

詞枠づけ言語：V言語）に分類される。例えば、移動事態における中核的情報はその経路（Path）に関する情報に対応するが、その情報が言語化されるパターンは以下のように異なっている。

付随要素枠付け言語（Satellite-framed language）：英語

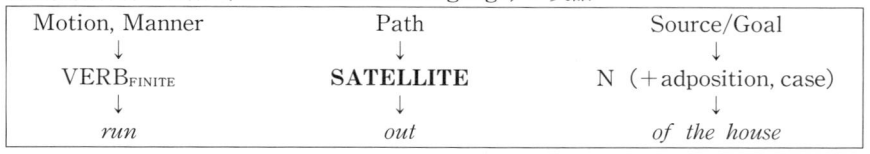

Motion, Manner	Path	Source/Goal
↓	↓	↓
VERB$_{FINITE}$	**SATELLITE**	N（+adposition, case）
↓	↓	↓
run	*out*	*of the house*

動詞枠付け言語（Verb-framed language）：日本語

Motion, Path	Source/Goal	Manner
↓	↓	↓
VERB$_{FINITE}$	N（+adposition, case）	**VERB$_{NONFINITE}$**
↓	↓	↓
入る	部屋へ	走って
'enter'	'(into) the room'	'running'

〈図6-4：言語パターンの二つのタイプ〉

この考え方に基づけば、英語は事態の中核情報を動詞に付随する要素、つまり、動詞とは別の独立した要素によって表現する傾向があるのに対し、日本語ではその中核情報を主動詞で表し、それ以外の要素に受け持たせることはないという傾向が見られることになる。類例を挙げておく。

(72) a. I rolled the keg **out** of the storeroom.
    b. 私は樽を倉庫から転がして出した。
(73) a. I kicked the door **shut**.
    b. 私はドアを蹴って閉めた。

上記の事態における中核情報は、結果的に樽がどのような移動経路（Path）を辿ったのか、ドアがどのような状態になったのか、である。この経路情報は、英語では out や shut という付随要素で、日本語では「出した」「閉めた」という主動詞要素で、それぞれ表されている。つまり、英語では経路や結果といった中核情報を主動詞要素では表さず、独立した別の表現に委ねているのである。

さて、このTalmyの類型論を準複文構造であるconverb表現に拡大適用する可能性を考えてみよう。ここで検討対象となっている要素converbは、日英語とも、主動詞とは別個の要素として表れており、主節の情報を何らかの形で補完、補足する役割を果たしている。このように動詞とは独立した付随要素は、どのような意味情報を担えるのだろうか。それは、単文レベルにおいて描写対象となる場面状況のどの部分に着目して処理するか、に関する類型論的異同に基づいて、ある程度制限されることになる。

図6-3での因果連鎖上で「先行性」に分類されるもの、具体的には、時間ドメインにおける「付帯状況」や概念ドメインにおける「階層関係」「因果関係」「譲歩関係」などの意味関係は、いずれも〈同時性〉を守った意味を表しており、Talmyの用語を用いれば、様態 (Manner) 情報に準ずるものと考えられる。一方、日英語で非対称を見せる「後続事態」「結果」など〈後続性〉を表すconverbは結果を導く経路（path）情報に相当すると分類できる。(74)では主節を受けてある1つの大きな経路を構成しているし、(73)では結論、結果へ導く推論の筋道としての役割を果たしていることから、このタイプのconverbは経路に該当すると考えられる。

(74) a. Miss Tyrell...quitted the room, coming back again from half-way up the stairs to answer a knock at the door. (Poutsma (1926 : 518))

b. I'm going to Burgos..., coming back on the twenty-ninth.

(75) ...**the dyke along the Red River crumbled, forcing** the evacuation of 15000 people.

経路相当表現が結果や後続事態を表す事例は英語には数多く見られる。例としてtoを挙げてみよう。

(76) a. He choked **to death** on his own vomit.（自分の吐瀉物を詰まらせて死んだ）

b. She tore the T-shirt **to** pieces.（TシャツをずたずたにJ引き裂いた）

c.　He came **to** my rescue.（私を救いに来た）
　　　d.　He grew **to** six feet.（成長して背が6フィートになった）
(77) a.　Gather hair at nape of neck. Twirl up **to** form a French twist.
　　　　（髪をねじってフレンチツイストをつくる）
　　　b.　(Every tent and attraction seemed to be playing something different, and as they wandered round, stepping over lengths of cable,) one burst of song would fade **only to** be instantly replaced by a snatch of something different.　（BNC）
　　　　（……一つの曲が聞こえなくなるとすぐに別の違う歌が聞こえてくる）

to が導く名詞や動詞はいずれも、主動詞で表される事態の結果、あるいは後続事態を表している。(77) では to 不定詞が用いられているが、この to ももともとは前置詞の to であったという歴史的経緯を考えると（Haspelmath (1990))、経路表現に類するものと考えてよいだろう。

　上記の仮定を行うと、文を超えたマクロレベルにおいても、図 6-3, 6-4 で見た語彙化パターンと平行した現象が見られることになる。英語では、主節動詞とは独立した別の表現で中核的情報を補うことが、言語の傾向として許されている。単文レベルにおいて、主動詞以外の付随要素が、移動経路や結果状態といった事態の中核的情報を担った。準複文レベルにおける分詞構文で、同じようにこの主節動詞以外の要素として機能しているのは、converb（分詞句）である。そのため、この分詞句が、主文の Satellite スロットを更に補完する形で、中核情報に準じる情報、つまり経路や結果状態に関わる情報を表すことが可能なのである[23]。一方日本語では、主動詞以外の要素として許されているのはあくまでも様態を表すものであり、経路関連の情報を表す可能性は初めから排除されている。つまり、日本語の converb には専ら様態を表す可能性しか与えられていないのである。日本語において経路表現は、その類型論的な性質上、単文であれば主動詞で、文を超えるレベルであれば主節で、それぞれ表現されるべきものであり、それ以外の要素で表されることはないのである。

　関連する事実として、一般に経路表現が1つの文に複数共起することはでき

ず、基本的に1つの文に1つしか許容されないが、様態表現は複数重ねることが可能なことが挙げられる[24]。

(78) a.　#Shirley walked **into the kitchen** and **into the garden**.
　　　　　　　　　　　　　　　　　　　　　　　　　　　（経路＋経路）
　　　b.　Shirley walked **into the kitchen merrily and happily**.
　　　　　　　　　　　　　　　　　　　　　　　　　　　（経路＋様態）

複数の経路表現が許される場合は、全体で1つの経路を描写していなければならない。次のように、一つの経路をより詳しく述べた下位レベルの経路が、その生起順に並んでいる場合は問題なく容認される。

(79)　Shirley walked **across the field, over the hill and into the forest**.

英語の分詞構文が同時生起の意味も後続継起の意味もどちらも問題なく表すという事実は、この一般化と並行している。つまり、英語では主節の動詞部分がほぼ義務的に様態情報を受け持つ。そして一般に、様態情報は重ねて表現することができる（(78b)参照）。よって、英語分詞構文が様態として主節動詞の表す事態と平行して共起する事態を表すことも、また経路として後続性を表すことも、どちらも可能である。しかし、日本語では主節動詞が経路情報部分を受け持ってしまうため、（既存の経路を補完して全体として一つの経路を構成する場合以外は）経路表現を重ねることは余剰となり、不可能となる[25]。テ節の表す意味が主動詞（主節）との同時共起を表す様態要素に専ら限られるのはこのためではないだろうか。V言語では経路情報が主動詞に組み込まれる傾向があるので、他の要素がそれとは別の経路情報を表すことは余剰性につながることになり、不適切となるのであろう[26]。

　以上、なぜ後続性の表し方に日本語と英語とで差が見られるのか、その理由について認知類型論的な観点からの説明を試みた。英語は経路情報を主動詞とは別の要素で表す傾向にある。この文レベルでの語彙化傾向に見られる類型論的異同が、分詞句（ing句及びテ節）の表しうる解釈の可能性の異同という形で、文を超えたレベルでも見られることをみた。

6.8 まとめ

　本稿では英語の現在分詞を用いての分詞構文についてその多様な意味を分類し、その各々の意味の間に関連性を見いだしてきた。分詞構文 (-ing) のスキーマ的意味は〈同時性〉であり、それが最も単純に現れたものが時間ドメインに適用された付帯状況、様態その他の用法であった。この〈同時性〉を保持しつつ時間を捨象した概念ドメインに適用された場合、因果関係や譲歩関係、概念的階層関係などといった分類の意味が得られることを見た。注意すべきは、いずれの場合でも基本的意味としての〈同時性〉が満たされていたことである。また〈同時性〉に付随してくる Figure-Ground という知覚・認識上の非対称性も、各々の例で形を変えて現れていた。時間ドメイン適用例では事態の（単なるアスペクトそのものではなく）アスペクト解釈の違いとして Figure-Ground の非対称が現れてきたし、概念レベルにおいては推論における原因・結果、根拠・結論、前提・帰結といった非対称性として現れてきた。また更に、以上のことが英語のみならず、日本語の converb 表現の一例であるテ節においても同様に観察されることを確認した。

　また、日英語の相違点として、英語で表現可能な〈後続性〉が日本語では不可能であることを指摘し、これを Talmy による語彙化パターンの類型論と比較して、違いの生じる理由を探った。語彙化のパターンにおける差異との平行性が文を超えたレベルにも見られるとするならば、他にも類例が見つかってしかるべきである。今後の課題としたい。

注
　＊　この章は Hayase (1997)、早瀬 (1993b, 2000, 2001) を下敷きにして、修正、発展を加えたものである。
　1) ここでは議論を現在分詞形に限って行うが、過去分詞形の converb にもだいたい同じ議論が当てはまる。また、過去分詞形の converb はその表す意味が基本的に同時性に限られており、現在分詞形ほど意味の発展を見せて

いない。
2) 単純に「事態」とするのではなく「事態側面」という言い方を付け加えたのは、客観的には一つの事態でも見方によって二つ以上の解釈が可能である場合も考えられるからである。「事態」が時間ドメインにおける分詞構文に適用される概念であるのに対し、「事態側面」は因果関係など非時間的ドメインで用いられる分詞構文の説明に有効な概念である。詳しくは 6.4 節を参照のこと。
3) 他に Wierzbicka (1988) や Duffley (1995) も -ing 形が同時性を表すという立場をとっている。
4) この種のドメインシフトは意味の多義性を生みだす一因である。例えば時間を主として表す接続表現 at the same time (同時に) が時間ドメインとは関係ない別の概念ドメインに適用されると、2つの事実を並列させる機能をもつ意味が得られる。
    (i) Peru's President Albert Fujimori obviously is Hispanic and at the same time is of Asian extraction. Hispanic is an ethnic background, not a race. (FROWN)
5) 以下の用語は Li and Shirai (2000) に従う。
6) 語彙アスペクトは別名内在アスペクト (inherent aspect)、状況アスペクト (situational aspect) あるいはアクチオンザルト (Aktionsart) などとも呼ばれる。
7) Li and Shirai (2000) では、語彙レベルのアスペクトを Lexical Aspect と呼び、これに接辞を付けたり文法構文を用いたりすることで実現される Grammatical Aspect とは区別している。
8) ボルトが徐々にゆるんでいく、という事態は事実通常あまり見られない、想定しがたい特殊状況なので、容認性判断も揺れると考えられる。
9) 動詞 see は、語彙アスペクトとしては通常状態相 (state) と分類される。しかしここでの see は find のような意味、つまり到達タイプとして用いられた結果、過去標識という文法アスペクト標識 (grammatical aspect marker) と共起可能となっていると考えられる。詳しい議論は Li and Shirai (2000) 参照。
10) この節での日本語の議論は三宅知宏氏との議論の中から生まれたものであり、早瀬・三宅 (1996) を下敷きにしている。またタママ節に関する応用

としては三宅 (1995) がある。
11) 繰り返しの解釈をすればよくなる場合もあるが、一回性の動きとしては不適格である。繰り返しの解釈によれば付帯状況文として適格になる例があることについては後述する。
12) (27) におけるナガラ節の述語の解釈では、通常の「事態の持続性」とは少し異なり、「変化が漸次的に進む」というところに、主節と相対した時間幅を見出している。
13) 森山 (1988) では「維持動詞」と分類されている。
14) ここでの #(thereby) という表示は、thereby 表現がなければ容認性が下がるが、この表現が明示化されていれば容認性が上がることを示している。
15) 中右実先生の指摘によれば、thereby は歴史的にも there+by という前置詞由来要素を用いていることからも、その前に来る主節を by の目的語として、それに基づいて理解せよという指示を与えているマーカーだとも言える。OED でも thereby=there+by により "by that," "by means of" "because of" という意味が与えられている。同様に、therefore も therefore=there+for (e) がその由来で、fore は in concord という意味をもつため、その前に来る主節を調和する形で fore の目的語として理解せよ、ということになる。
16) このような順序づけが関わってくる可能性があることから、次に見る因果関係解釈とも連続性をもつグループと考えられる。
17) 結果状態が半永久的に残る、というのは、生起してしまった事態の不可逆性を示している。例えば (43a) で、選択を行った (make a choice) あとその選択を覆す可能性は否定できないが、選択を行った、という事実は残る。
18) もう一つ別の解釈として 6.4.2 節で述べる譲歩関係解釈が挙げられる。
19) 他にも同時性が因果関係解釈と関係する類例として、推論マーカーとしての連結辞であるフランス語の donc が挙げられる (渡邊 (1997) を参照)。
20) 主節、分詞句両方とも、表しているのは具体的事態ではなくタイプ表現なので、アスペクトは捨象されて無関係となる。
21) Hasegawa (1996) は、テ節が純粋な時間的同時性を表すことはないと主張している。実際彼女が規定するような厳密な意味での純粋な時間的同時性 (のみ)、というものは、現実世界では難しいし、現実には様々な意味を

読み込んでいることが、どの言語においても多いのが実状であろう。しかし筆者は、表現の背後に共通して存在するスキーマとして時間的な同時性を取り出すことは可能であり、むしろそれを認める方が様々な意味の拡張を説明するのに有効だと考える。特に、テ節を後置した場合に同時性の解釈が全面的に出てくることからもわかるように、同時性の意味をテ節と結びつけることを全く否定することはできないと考える。

22) この言語化の順序は概念的レベルにおいて話し手の意識にのぼった順であり、現実にその順序で事態が生起したことを必ずしも含意しない。

23) 英語と同じS言語と分類されるロシア語のconverbは、英語の場合と同様に時間的な〈後続性〉を表すことができるという報告がある（König (1995 : 88)）。但し概念ドメインにおける解釈としての後件（条件的帰結など）は示さないようで、拡張の度合いに違いが見られる。

24) むろんこれは一般的傾向であり、限度はある。

25) 次の例は全体でひとつの経路を表現している例かもしれない。日本語は動詞枠づけ言語なので、経路は動詞によって表される。

　　(i) 彼がとうとう助けに来てくれたよ、川を渡って、あのがれきの山を越えて。

しかし、ここでもテ節は依然として先行事態に分類されるべき意味を示しており、後続事態を表してはいない。

26) 日本語と同じくV言語に分類されるトルコ語の場合、narrative converb (6.5参照) は存在するが、前件に限られる模様で、後件を表すことはない (Haspelmath and König (1995))。また同じくV言語に分類されるフランス語では、結果の分詞構文 (6.4.4節の類) について、科学学術論文のジャンルでも英語ほど自由には用いられず (内田 (1999))、実際にはほとんど無理ではという報告もある（中本氏、渡邊氏との私信による）。

第7章　HAVE構文カテゴリーの発展について

7.1　はじめに

　haveという動詞のとる補文のタイプは多岐にわたる。共時的に見ても、目的語の後に場所句をとる場合、形容詞をとる場合、分詞形、原形不定詞、そして名詞と、実に様々なタイプの補文が生起可能である。もちろん、その意味もいわゆる「使役」を表すものから、影響を被るという「受動」のものまで、範囲の広いものである。

(1) a.　I have keloid tissue on my back. / He has a fly resting on his nose.
　　b.　I had him angry the minute I walked in the door.
　　c.　I had two dogs die of snake bite.
　　d.　She has children come to her house every Sunday.
　　e.　I'll have him a cavalier.

そして、haveを含む次のような文は、潜在的に曖昧で、文脈によって使役解釈（「髪を切らせる」）か経験・受動の解釈（「髪を切られた」）のどちらに決定されることがよく知られている。

(2) a.　Mary had her hair cut by a professional barber.
　　　　（メアリーは髪を切ってもらった・切らせた（使役））
　　b.　Mary had her hair cut by a strange passer-by.
　　　　（メアリーは髪を切られた（経験・受動））

これらの補文構造がどのように互いに関連しあっているのか、また、この曖昧

性はどうして生じているのか、という問題を、共時的現状及びその通時的な発展から、主に意味的側面において捉え直そうというのが本節での試みである。具体的には、共時的研究の分野で近年関心を持たれている認知言語学の枠組みを歴史的言語変化研究に応用する。それによって、従来の史的研究とは異なった切り口を模索し、問題となる言語形がなぜ現在ある姿・意味を持つようになったのか、という意味変化過程に、できる限り自然で納得のゆく「説明」「動機づけ」を試みるものである。

まず7.2から7.4でhave構文のもつ曖昧性を共時的観点から取り上げ、因果関係連鎖に基づいてその解釈の産出の説明を試みる。更に7.5で、haveという動詞語彙の意味変化と補文構造の拡張とを関連づける試みをして、この曖昧性が生じた経緯を探りたい。

7.2　have構文の二つの読み：共時的観点から

have構文は大きく2つの意味をもつものに分けられる。1つはhaveの主語が使役者（causer）と解釈される使役のhave構文と、何らかの影響を被っている経験者（experiencer）として解釈される経験・受動のhave構文とがある。

(3) a.　She had her students write some essays.（使役）
　　b.　She must have her varicose veins burst on her.（受動）

このhave構文に現れることのできる事態はどのようなものか、その事態構造について、4章でも用いた因果連鎖（causal chain）という概念を用いて明らかにするのが本稿の目的である。

まず7.2.1では使役及び受動のhave構文について見られるいくつかの特徴を見る。7.2.2ではここで扱う因果連鎖の概念を簡単に説明し、これを用いて7.2.3でそれぞれの構文に見られる特徴を統一的に説明することを試みる。

7.2.1　使役を表すhave構文

まず、have構文の主語に対する制約を見てみよう。一般にhave主語は無生物であってはならないとされている。

第7章　HAVE構文カテゴリーの発展について

(4) a.　Mary had me change my mind.
　　b.　*The confusion had me change my mind.

Mary は有生物であり、意図性をもって主体的に働きかけを行う能力をもった、動作主（Agent）の典型とみなすことができる。一方、the confusion にはそのような能力を認めることは一般に難しい。この違いが容認性の差を生んでいると一般に議論されてきた。

実は、数は少ないが have 構文で無生物主語をとる事例は存在する。

(5) a.　**The script** had [him deliver a line] that was in sharp contrast to most of the seemingly right-wing reactionary statements he was making whenever a camera wasn't turning or when a curtain was not up. "Extraordinary theory…you bend a child double in order to give him an upright character."　(BNC)
　　b.　**King's head for funny business** has [him periodically indulge in what Lewis describes as the "tactics of fear"]…　(BNC)

但しこれらの例でも、主語が事態に及ぼす権限がかなり大きいと解釈することはできる。(a) ではスクリプトの存在があったために、普段とは異なる発言をすることになっているし、(b) でもおかしな商才という彼自身の内的資質のために、恐怖戦術とでもいうべき行動にすすんで出ていることが表されている。少なくとも、補文事態の生起を促進する性質を表していると考えられる。

つまり、have 主語には補文事態を促進する役割を果たすものが要求される。一般に有生物である方が容認されるが、特に無生物の場合であっても、事態の成立を促進するという機能がはっきりと明確になっていれば、容認される。

次に、have 使役文にはどのような事態が起こりうるのかを検討しよう。Baron (1974) が指摘するように、一般に状態（state）の性質を持つものは補文事態としては容認されない。

(6) a.　Donald had Paula **play** the score of Beethoven's Fifth.
　　b.　*Donald had Paula **know** the score of Beethoven's Fifth.
　　　　　　　　　　　　　　　　　　(Baron (1974 : 320))

ここで、事態のアスペクト的側面から見れば、(a) の play the score... は変化を伴う行為を表すのに対し、(b) の know the score... は変化を伴わない状態を表している。この対照からも分かるように、have の補文には状態を表す事態をとることができない。何らかの変化を含む事態が望まれることになる。

更に、状態ではなく事態を表していても、have 構文に生起できるものとできないものとがある。

(7) a.　I had him **hide** the pen somewhere in the kitchen.
　　b.　*I had him **misplace** the pen somewhere in the kitchen.

(Talmy (1976 : 107))

hide という事態は意図的に「ものを隠す」ことを表しているのに対し、misplace は意図しない事態を表す (「どこかへ置き間違えて・置き忘れてしまう」の意)。この容認性の差から窺えることは、「have 補文で表せる事態には、意図的に・自らの意志で行われる、何らかの変化を伴うものが求められている」ということである。

このことを確認するために、自動詞で表される事態例との共起性を検討してみよう。自動詞事態の中にも、意図的にコントロール可能な行為を表すものと、コントロールできない行為を表すものとがある。前者の事態の代表は walk, run, swim などの非能格自動詞 (Unergative verbs) であり、後者の代表は die, fall などの例に見られる非対格自動詞 (Unaccusative verbs) である。このうち、非対格自動詞は一般に have 使役構文にはなじまないようである。

(8) a.　*John had Mary/his canary die.
　　b.　*John had his daughter fall (and break her leg).
　　c.　*John had his only child grow.

補文で表されている事態の性質に着目すると、いずれも変化事態を表してはいるものの、補文の主語が意図的にその出来事を引き起こせるようなものではないことが分かる。die という事態は一般に (自殺を除いて) コントロールできないものであるし、fall/grow も意志とは関わりのない行為である。つまり、変化を表してはいるが、自らの意志をもって行われる事態ではないので、have

補文事態としては好ましくないことになる。また、よく指摘される事実であるが、強制という、自らの意志に反するような解釈を強いる表現とhave構文とは相容れない。

(9) The trainer had the lion enter the cage (*by beating it with a whip).
　　　　　　　　　　　　　　　　　　　　　　　(Baron (1974: 334))

(10) Bill had Mary type his manuscript {a. by asking her to do so.
　　　　　　　　　　　　　　　　　　　　b.*without respecting her will.

このことも、have構文の補文で表される事態が自らの内的な力による変化であることを要求することを裏づけていると思われる。自らの内的な力によって何らかの変化を表す事態がhave補文事態としては好ましいという一般化が正しいことが確認された。

　自らの意志をもって変化する事態か否かは、当然のことながら補文の動詞単独では決定されない。たとえ同じ動詞であっても、以下のように主語が有生物か無生物かで事態の性質も異なり、従って判断も異なる。

(11) a.　Bill had **Mary** roll down the hill.
　　 b.　*Bill had **a log** roll down the hill.

Maryは自ら転がっていく意志を持つ存在であるのに対し、丸太（a log）はそのような意志を持たず、従って進んで転がろうとしているとは解釈することができない。(11b)では、have構文が要求する、補文主語がすすんでその行為を行おうとしている、という解釈とは合致しないことになるので、容認性も低くなると考えられる。また、同じ有生物であっても、人間の指示を聞くとおぼしき動物とそうでない動物とでも、判断が異なってくる。

(12) a.　*I had the squirrel leave its tree.
　　 b.　I had the lion leave the cage.

リスが人間の命令を理解してその通りにすることは（おとぎ話の世界など特殊な場合を除いて）一般に難しいが、ライオンであれば飼育員のしつけによってある程度コントロールが可能である。このように、同じ事態であっても、どの

ような参与者が関わっているかによって、その事態の性質が異なってくる。更なる例として、表面上は補文主語が無生物として現れていても、次の例のように、「救急車 (ambulance)＝救急隊員」とメトニミー解釈される事例では、意図性を持つ存在と解釈されていることになる。

(13) The Airline Company arranged to have [ambulances carry the bodies of victims to the nearby public hall]. (新英和活用大辞典)

つまり、動詞だけを見ていてもその事態の性質はわからない。参与者も含めた全体としての事態が、自らの内的な力によって変化すると解釈される事態を示しているものが、have 使役で表されている事態としてふさわしいのである。

ここまで、have 使役で表される補文には、参与者が内的エネルギーもしくは意図性によって引き起こす事態が来ることを見た。実はこの一般化に対し、反例と思われる例がある。

(14) The magician had the card disappear without lifting a finger.
(Baron (1974 : 320))

disappear は意図性も内的エネルギーもない事態を表している。しかし have 使役としては適切である。

しかし、この事例では奇術師が何らかのトリックを仕掛けることで、カードが自らのエネルギーにより、もしくはあたかも自らの意志をもっているかのように、変化していく事態を表している。このような限られた状況では、disappear が表す事態の性質が、通常の事態とは異なって解釈されていることになる。また、have 主語にも事態をコントロールする大きな力が特別に要求されるため、かなり制約も大きいことになる。

類似の例として、director reading（監督読み）と呼ばれている事例を挙げておく。

(15)a. *Ralph had [{Sheila/his canary} die].
　　b. Ralph had [Sheila die] **in his movie**.
(Ritter and Rozen (1993 : 527))

(16) a. *John had his daughter ［fall］.
　　 b. 　John had Mary ［fall from the cliff］ **in the second version of his novel**.
(17) 　The director had ［there be a riot］ **at the end of the first act**.

(Brugman (1988 : 150))

(16a) では私たちが今まで見てきた一般化に沿った判断が下されている。一方(16b) や (17) の表している事態は、映画や小説、劇といったフィクションの中での出来事を、監督や作者など、事態をコントロールする権限をもった人物が引き起こしている。このように、非意図的な事態と認識されるものは一般にhave 構文には不適切であるが、但し例外として、have 主語が事態すべてをコントロールできるという特殊な状況であるならば、生起可能である。

　以上をまとめよう。have 使役構文は、
a)　have 主語が事態の成立を促進する機能をもつ。
b)　have 補文事態が have 主語による事態成立への働きかけを受けて、内的エネルギーあるいは意図性に基づき変化するという事態を表す。
c)　意志性があるかどうかは、動詞レベルではなく、参与者や文脈を考慮に入れた事態レベルで見る必要がある。

7.2.2　経験・受動の have 構文

　次にこの節では経験・受動を表す have 構文を検討する。この節で扱う表現の容認性判断は、特に言及がない限り、「経験・受動としての」解釈の可能性についての判断であることを断っておきたい。
　経験・受動の have 構文では have の主語はその補文で表される行為の受け手、つまり経験者 (experiencer) として機能し、補文の行為によって何らかの影響を被るものとして位置づけられる。影響を受けるものは典型的には有生物、人間であり、無生物はあまりそのようには解釈されない。但し次のように、人間が乗ったり住んだりしている、いわば「容器」として解釈されるものは、人間に関係のあるものとして、経験者としての解釈を受けることができる。

(18) a. *The moon had a meteorite crash into it. (月は隕石にあたられた)
   b. The shuttle had a meteorite crash into it. (シャトルは隕石にあたられた)
   c. The tall building had a meteorite crash into it.

では、どのような事態の場合に、この経験者としての位置づけが可能になるかを以下で見ていきたい。

まず、補文事態が主語の働きかけをもって成されるものを表している場合、使役としても経験・受動としても、両方解釈できる。但し、どちらの解釈も可能な場合と、どちらかというと経験・受動解釈が強い場合とでさまざまである。

(19) a. John had [the professional barber cut his hair].
   b. ...having [people pat me on the head] and then I get all frightened up.
   c. Rather than have [him insinuate himself into the building later and perhaps annoy her neighbors], she capitulated and invited him to the flat. (BNC)

例えば「髪を切る」という事態は主語の意図的働きかけを含意するが、(19a)では「切らせた」という使役が関わる事態だとも言えるし、「切ってもらった」という経験・受動の事態だとも解釈できる。むしろこの場合は両方の事態の側面をもっていると考える方が自然かも知れない。次に、「頭をたたく」という事態が補文事態として表れている (19b) でも「頭をたたかせた」という使役事態と解釈することはできるが、後続の表現から、「頭をたたかれた」という受動の解釈が自然だと考えられる。(19c) も同様に、「彼が自分から建物の中に押し入ろうとする」という能動的事態を使役的に引き起こす、ともとれないこともないが、その使役性はかなり弱い（この例では「彼に押し入らせてしまって……」と、その事態を阻止できなかった責任が自分にある、という意味のサセ使役が対応する）。むしろ後続の表現（「近所に迷惑をかける」）から、「押し入られてしまうよりも、先手を打って招き入れた方がよいと判断した」という受動の解釈の方が自然である。このように、補文事態が自らの意志による行為を表して

いる場合には、使役でも経験・受動でも、どちらの可能性をも秘めている。

　先ほど使役の have 構文としては受け入れられなかった例も、そのいくつかは受動の解釈を許されるものがある。特に、以下の例は使役としては解釈されないものだった。その理由としては、補文主語の意図的、能動的な働きかけがない事態であるということが挙げられていた。しかし以下の例では、同じく補文主語の働きかけのない事態であるにも関わらず、経験・受動の解釈を生みだすことが可能である。

(20) a. John had [Mary/his canary die] (on him).
　　 b. In the experiment, one subject changed when given only the information that some people have [something happen to their arm] when they relax. (BNC)
　　 c. Everything was ready and we didn't want to have [an unexpected accident upset our plans]. （新英和活用大辞典）
　　 d. A neighbor had [at least two wives pass away] before anyone paid any attention to it. (Brugman (1988 : 146))
　　 e. Mary had [her glass break] when she fell down.
　　 f. Due to the drought, farmers had [their rice fields dry up and crack]. (Ritter and Rosen (1993 : 547))

つまり、経験・受動の have 構文では、have 使役の場合とは違い、補文主語による事態への能動的な働きかけが必ずしも必要とはされない。もしその働きかけがあるならば、使役としても解釈できる可能性、つまり曖昧である可能性も出てくるが、その働きかけが最初から欠けている場合、使役の解釈を排除して経験・受動の解釈のみを強く出すことになる。この点で、先に見た使役の have 構文とは表裏の関係にある。

　また、(20) の例で気がつくように、経験・受動の have 構文と解釈できるものにはもうひとつ、ある特徴がみられる。それは have の主語に言及する再帰的な表現が存在する、もしくは生じることができる、というものである。例えば、(20a) (20b) では前置詞表現が have の主語として表れていた参与者を含んでいるし、(20c) - (20e) では補文事態の主語や目的語に、have の主語に関

わる表現が出てきている。このように have 主語に言及する表現が補文事態内に存在すると、受動解釈が揺るぎないものとなる。例えば、補文主語が働きかけをもって成立する事態を表すとして先に見た (19) の例では、いずれも補文内容に主語 John に関係するものが関わっている (his (＝John's) hair など)。これが主語 John と関わりのないもの、例えば Mary's hair に変わると、経験・受動の解釈はできず、むしろ使役の解釈だけが残る。

(21) a.　John_i had [the professional barber cut his_i hair.]（使役または経験・受動）

　　 b.　John had [the professional barber cut Mary's hair.]（使役のみ）

以下の例は自動詞から成り立っているが、いずれも太字で示した表現がなければ容認性が著しく揺らいでしまう。解釈はいずれも経験・受動の意味となる。

(22) a.　John had all the students walk out **on him**.（学生みんなに出て行かれた）

　　 b.　John had {Mary/his canary} die **on him**.（メアリーに／自分のカナリアに死なれた）

鷲尾 (1997) では「関与」という概念を用いてこの現象を説明しようとしている。have の補文で表されている事態が、have 主語を何らかの形で含んでいる場合を「関与」と呼び、含んでいない場合を「排除」と読んで区別する。そして、「関与」の場合にのみ、経験・受動の解釈が成立すると主張している。

確かに「関与」状況の場合に経験・受動の解釈がしやすくなるのは事実である。しかし実際には、「関与」であることが文面上明確でなくとも、経験・受動の解釈の方が明らかに使役解釈よりも優先される事例が存在する。

(23) a.　This may not prove to be a serious problem, but **having it happen twice in a short period of time** makes me wonder. （BNC: computer の操作に関する書物から）

　　 b.　…if you do **have any emergency arise**, I'll just have to pack up and go…　(Ikegami (1990))

中右 (1998) は、「ある状況と経験者とが関わりをもつ」(中右 (1998: 97)) と述べることで、鷲尾の「関与」と類似の関係を規定しようとしている。そして、経験者と補文状況との間のつながりが、言語上明示化される場合もあれば、語用論的にしか保証されない場合もあると述べている。上の例はまさに、明示化はされていないが場面状況的にその関与性が理解される事例であると言えよう。つまり、関与性は事態レベルで決定される必要があり、その場面全体を見なければ出てこない場合もある。

　もう一つ、経験・受動の have 構文についての興味深い指摘が Ritter and Rosen (1993) に見つけられる。ここで見ている、動詞 have の主語が経験者となる経験・受動の have 構文では、その補文で表される事態がアスペクト的に限界づけられている（＝delimitedness）方が容認性が上がるという主張である[1]。

(24) a.　*Pat had his corn grow.
　　 b.　 Pat had his corn grow **six feet tall**.
(25) a.　*Pat had Terry drive his car.
　　 b.　 Pat had Terry drive his car **into the wall**.
(26) a.　*Pat had Terry eat his pate.
　　 b.　 Pat had Terry eat all his pate.

(Ritter and Rosen (1983: 528))

(a) の例はすべて、その補文事態は最終到達点を持たないという点で限界づけられていない ([-delimited]) 事態である。「とうもろこしが育つ」といってもどのくらい育ったのか明確ではない。同様に「車を運転する」という事態もそれ単独では境界を持たないままだし、「パテを食べる」もパテの総量がわからなければその事態の最終点は不明のままである。これを (b) の例のように変えて、当該の補文事態のアスペクトを終点のある区切りのあるものにすると、経験者読みとして適格性が上がるというのである。

　先ほどの「場面状況でしか関与性が決定できない」として挙げた (23) の事例は、いずれもこの「アスペクト的に限界づけられている」タイプの事態を含んでいたことに注意したい。happen や arise などはその事態が起こってある結果状態に至ったことを表す。アスペクト的に限界づけられているということ

は、最終的結果状態が明確に存在する、ということと同一視することができよう。場面状況でしか関与性が決定されないにしても、経験・受動の解釈をより自然にする傾向が、やはり見られることがわかる。

(27) We had a murderer escape from the prison yesterday.
We had a murderer cry and scream in the next room yesterday.

以上をまとめよう。経験・受動の have 構文では使役構文とは異なり、補文事態に対する補文主語の意図性といった制約は見られないこと、再帰的な表現が見られる傾向にあり、その方が経験・受動の解釈を強固なものにすること、更に、補文事態がアスペクト的に有界づけられている、つまり明確な最終地点としての結果状態をもつ事態であるほうが容認される、という3点について考察した。

7.3　have 構文の事態分析：因果連鎖モデル

以上の観察から、使役解釈及び経験・受動解釈それぞれがどのような性質を見せているのかが明らかになった。本節ではこの観察に基づき、二つの事態解釈がどのように生じるのかを、事態把握、事態認知という観点から説明してみたい。

ここでの現象を説明する枠組みとして、所有格表現（第4章）の分析でも採用した、Croft (1991) で提唱されている因果連鎖モデルの考え方を用いたい。そして、この二つの解釈が、それぞれ最も自然な事態解釈を採用した結果を反映していることを示していく。

Croft は事態構造と動詞の関わりを因果関係に求め、これを記述するのに因果連鎖モデルを用いている。このモデルでは、1つの動詞は1つの単一事態(**simple event**：単一の、複合的でない事態と捉えられる) を表すものとされる。この単一事態は因果連鎖の概念を用いると次のような構造を持つものとして描かれる。

(28) a.　単一の事態は因果連鎖表示内の1つの分節（segment）である。

b. 事態には参与者が参与者に対して働きかけるというエネルギー伝達が関わる。
　c. エネルギー伝達は非対称的なものである。
　d. 単一の事態に対応する一連の因果連鎖は枝分かれしない。

(Croft (1991 : 262))

　これは、何を一つの事態として捉えるかについての理想認知モデル（ICM：Lakoff (1987)）と規定される。このモデルに合致する事態は典型的なものであり、あらゆる言語で共通にみられるタイプのものである。また合致しないものはいわば周辺的なタイプであり、言語によって、また一つの言語内でもその表し方が様々になってくる。

　エネルギーの伝達ということに関していえば、その伝達のタイプには典型的に CAUSE、BECOME、STATE の3つが考えられる。ある参与者が参与者にエネルギーを発し（CAUSE）、別の参与者がそのエネルギーを受けて何らかの行為、変化を起こし（BECOME）て最終的な状態へと至る（STATE）のである。

```
•─────>•─────>(•)─────>(•)
 CAUSE   BECOME   STATE
```

〈図 7-1：因果連鎖表示〉

　この因果連鎖分析では、動詞の表す意味範囲は文法項である主語と直接目的語によって区切られることになる。以下の図では###で区切られる部分が動詞の意味で表される範囲である。break 等の他動的な状態変化を表す動詞は典型的に図 7-2 のように、またそれに対応する自動詞用法の動詞、及びいわゆる外項を持たないとされる非対格自動詞は典型的に図 7-3 のように、それぞれ表される。

```
 rock    window   window    window
•─────>•─────>(•)─────>(•)
 CAUSE   BECOME      STATE
 ###     break (vt.)   ###
 SBJ                 OBJ
```

〈図 7-2：他動詞 break の表示〉

```
          window   window   window
    •————•————>(•)————>(•)
    CAUSE  BECOME    STATE
     ###    break (vi)     ###          〈図7-3：非対格自動詞の表示〉
```

walk 等の非能格動詞は自分の意志で始めることのできる行為を表すので CAUSE-arc を含むが、それ自体では結果状態には至らないので次のように表される。

```
    CAUSE   BECOME   STATE       ：He walked along the beach.
    •————>•————>(•)————>(•)
     ###    walk    ###           〈図7-4：非能格自動詞の表示〉
```

また、know, like 等の状態を表す動詞は STATE-arc のみから成り立つものとして表される。

```
        STATE                    ：He knows French.
    •————>•
    ### know ###                  〈図7-5：状態動詞の表示〉
```

この枠組みでは、経験者（Experiencer）と動作主（Agent）との位置づけはどのようになっているだろうか。動作主は因果連鎖を引き起こす始点に位置する参与者と捉えられ、経験者は状態を表す分節の終点に位置するものとみなされる（図5-7を図7-6として再録）。

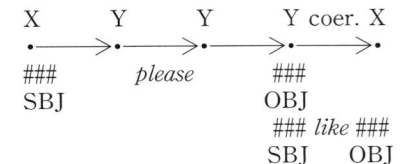

```
     X      Y        Y      Y coer. X
    •————>•————•————>•————>•
    ###   please    ###
    SBJ            OBJ
                   ### like ###
                   SBJ   OBJ        〈図7-6：心理動詞の二つのタイプの表示〉
```

この考え方は、経験者と動作主とが互いに二方向性をもつ事態によって規定されていることを示している。

7.4 have 構文再考

この節では、因果連鎖の枠組みを用いて、7.2 でみた諸特徴を記述することを試みる。7.4.1 で使役を表す have 構文について、7.4.2 で経験・受動を表す have 構文について、それぞれ述べていきたい。

7.4.1 使役の have 構文の事態構造

7.2 でみた使役の have 構文の特徴は、have の主語が使役者として、事態を引き起こす意図やコントロール性を発揮するものであること、補文事態が意図的にコントロールできる種類のものであり、補文主語もそのような意志を担うものであるということだった。特にこの補文の特徴を因果連鎖の概念で表すならば、次のようになる。

(29) 使役の have が付加されることになる補文事態は、その対応する因果連鎖において CAUSE 分節を持っていると解釈されなければならない。

Have の主語及びその働きかけが、エネルギーの発進者 (initiator) を明確に持つ補文事態に付くことによって、更に事態を拡張することになるのだが、その時に、事態を表す因果連鎖は相変わらず全体で一つとみなし得る、ギャップのないものでなければならない。つまり、have 構文全体でエネルギーの流れが途切れることのない一つの因果連鎖を成していなければならないのである。

Have 構文で表される出来事が単一のまとまりをなすとみなされる証拠は 3 つほど挙げられる。まず一つは否定との関わりである。Have 構文では主動詞 have を否定すると補文内容も同時に否定されてしまう。

(30) *John didn't have Mary do the work, but she did it anyway.

(30) に見られるように、have の部分と補文の do the work の部分とを切り離して分けて考えることはできない。このことは、二つの動詞で表されている事態が緊密に結びついていることを表している。

2つ目の証拠として、時間副詞の修飾の仕方が挙げられる。Have 構文では主文の生起する時点は補文の生起する時点と異なってはならない。

(31) ***Yesterday** the teacher **had** students play on the ground today.

これは、yesterday は have 動詞にかかる時間副詞で、today は補文動詞 play にかかるようにと意図された文である。例えば昨日教師がスケジュールを変更し、今日生徒が校庭で遊べるようにしてやった、というような状況を意図している。しかしながら、このような文は実際には受け入れられない。このことから、主文動詞と補文動詞の生起は異なるものではなく、一連の行為として捉えねばならないとわかる。つまり、have 構文で表されているのは、二つの事態というよりも、単一の事態なのである。

更に3つめの証拠として、have 構文によって引き起こされる補文内容成立の含意を否定することは無理であることが挙げられる。

(32) *John had Mary do the work, but she couldn't because something important came up.

but 以下の後続文が不適切であることからわかるように、John had Mary do the work と言った時点で Mary は仕事を遂行してしまっている。つまり、have で他に働きかけたならそのすぐ後に補文内容は生じてしまう。よって、「実は仕事をしていない」ことを示唆する表現を添えると不自然になるのである。

以上3つの点から、have 使役構文で表される事態は全体で単一の事態であると捉えられる。つまり、have と補文動詞で形成される一種の複合動詞が、一連の分かつことのできない因果連鎖を形成するとみなされるべき事態を表しているのである。

このように考えてみると、CAUSE 分節を持たないと解釈される補文事態と使役の have 構文とが相容れない理由が簡単に説明できる。動詞 have を付加することによって、その主語は補文主語に働きかけて行為を達成する使役者となる。また、6.2 で見たいくつかの諸特徴からわかるように、補文主語は自ら対象に働きかけてその行為を行うものである。ここには have 主語から補文主

語へのエネルギーの受け渡しが関与する[2]。とすれば、もし補文の表す事態構造内にCAUSE分節相当部分が存在しなければ、そこでエネルギーの伝達が途切れてしまうことになり、この途切れによって、問題となる事態を単一の事態とみなすことができなくなる[3]。

エネルギー伝達を表す因果連鎖が途切れることで文が容認できなくなるという例はhave構文のみならず、他の現象でもいくつか見られる。例えば、因果関係的な連結が行われないものを動詞が1つの事態として表すことはない。

(33) a. The boat sailed into the cave.
b. *The boat burned into the cave. (Croft (1991 : 160))

(a)の状況ではsailingという行為が「洞窟にはいる」という動きを引き起こしているので単一の途切れのない因果連鎖を構成すると考えられるが、(b)の状況を考えると、buringという行為が「洞窟にはいる」という動きを引き起こしていない。これを何とか因果連鎖で表そうとしても、2つの事態をつなげることは概念的に考えられない、つまりつなげようとすると因果連鎖の途中に何らかのgapが生じてしまうのである。このような事態は因果的関連のない2つの独立した事態としてみなされるため、一つの動詞(句)を用いて表すことはできないことになる[4]。もう一つ、因果関係的連結が損なわれているために不適切となっている例を、別の現象からひいてみよう。次の例は結果構文の事例である。

(33) c. *The bear frightened the campground empty.

熊が出てきて脅威を与えたことによってキャンプ地に誰も人がいなくなった、という事態を表したいのであるが、ここではthe bear、the campground、そして最後のemptyという状態との間に連続する連鎖は形成できていない。熊が驚かしたのは「キャンプ地」ではなく、キャンプ地にいた「人々」だから、この点でスムーズなエネルギーの流れが途切れていることになる。

また、もしこのようにエネルギーの途絶えが生じている状況を表そうとすれば、単一文ではない他の表現という手だてに訴えねばならなくなる。例えば、2つの異なる別々の動詞や節を用いて各々の事態を表すというやり方等がこれ

に当たる。これはもはや単一文ではない。

(34) a. The boat was burning as it entered the cave.
  b. Since the bear frightened the campers, the campground became empty.

このように、「一つの文では途切れのない因果連鎖を構成する事態を表す」ということが、have 構文にとどまらない一般原則として要請されている。つまり、一つの単文で表せる事態とは、とぎれのない因果連鎖だと捉えられたものということになる。

先ほど 7.2 節で、非対格自動詞が一般に使役の have 構文とはなじまないことを見た。この事実も同様に説明することができる。非対格自動詞の表す事態は一般に意図的にコントロールできない行為を表すために、因果連鎖で表すと CAUSE 分節を持たず、その表す単一項は BECOME 分節の始端に対応するものとなる。

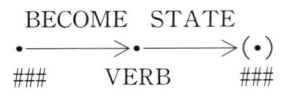

```
     BECOME   STATE        : The goldfish died.
 •─────→•─────→(•)         : Something happened.
 ###    VERB    ###
```
〈図 7-7：非対格事態の表示〉

従って、動詞 have に相当する分節を付加しても、have の主語から始まる因果連鎖全体でみるとエネルギーの伝達は中断されてしまう。これでは have 構文が全体で一つの事態を表すという構文自体の要請と合致しない。よって、非対格性を表す事態が have 構文にこられない理由は、一連のエネルギーの伝達が途絶えてしまうからと説明できる。

(35) a. *John had Mary/his canary die. (Causative)
  b. *John had the riot happen. (Causative)

```
 ###  HAVE  ###      ###    VERB    ###
  •──────────•········•──────────────→•
                       BECOME   STATE
```
〈図 7-8：have 使役と非対格事態〉

第7章 HAVE構文カテゴリーの発展について　　　211

同じことが他動詞の起動的 (inchoative) 用法でも観察される。

(36) a. *John had his daughter fall down. (Causative)
　　 b. *John had the tomatoes grow. (Causative)

これらに対応する他動的状態変化動詞は、因果連鎖で表せばCAUSE分節を含むことになるので、have構文に普通何の問題もなく生じることができる。

(37) a. John had Bill fall the ball into the well. (Causative)
　　 b. Pat had John grow her corns. (Causative)
　　 c. John had the gardener grow the tomatoes. (Causative)
　　 d. The general had the army sink the boat. (Causative)

因果連鎖モデルでは以下の表示になる。

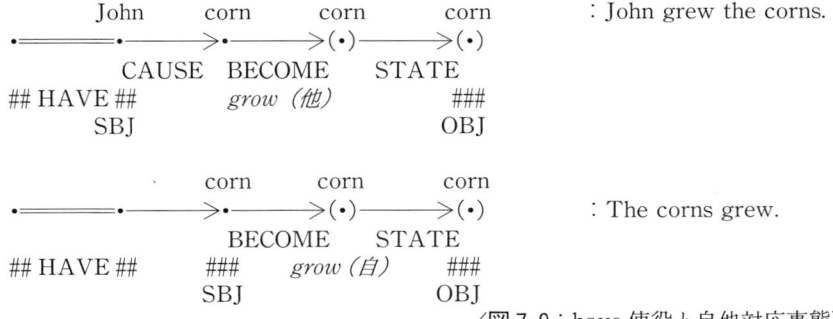

```
        John      corn     corn        corn
  •━━━━━•━━>•━━━━>(•)━━━━>(•)        ：John grew the corns.
           CAUSE   BECOME    STATE
## HAVE ##      grow (他)           ###
         SBJ                        OBJ

                  corn     corn        corn
  •━━━━━•━━>•━━━━>(•)━━━━>(•)        ：The corns grew.
                  BECOME   STATE
## HAVE ##  ###   grow (自)  ###
            SBJ              OBJ
```

〈図7-9：have使役と自他対応事態〉

また、非能格事態の場合には基本的にCAUSE分節が含まれるとみなせるため、エネルギーは伝達を阻止されることなく一連の因果連鎖を構成することができる。

(38) a. I had my child walk along the beach.
　　 b. The teacher had students talk as they like.

```
### HAVE ###      walk/talk      ###
•════•─────→(•)─────→(•)
              CAUSE    BECOME
              SBJ              OBJ
```

〈図7-10: have 使役と能格事態〉

また、know/like 等の［+stative］な動詞は当然のことながら STATE 分節のみで構成されているために、CAUSE 分節を持たないことになり、この構文には不適切である。

```
### HAVE ###            ### like ###
•════•·········•════•─────→•
                            STATE
```

〈図7-11: have 使役と状態〉

但し、いわゆる「非対格動詞」でも使役の have 構文にこられる場合があった。先ほど 6.2 で見たように、文脈による「監督読み (director reading)」が可能な場合であり（Ritter and Rosen (1993 : 527)）、このときは補文主語が自らをコントロールする解釈が可能である（以下再録）。

(39) （= (15b)）
　　Ralph had Sheila die in his movie.　(Ritter and Rosen (1993 : 527))

この解釈は in the movie という句によって表されるように、「映画というフィクション上で Sheila を死なせた」というものである。この場合、フィクションであるという設定の上でなら、Sheila が自分の「死」をコントロールできることになる。このような異例の状況では、派生的に CAUSE 分節が強制されたと想定される。

　以上、have 使役構文の補文にどのような事態が生じ得るか、それはなぜなのかを、因果連鎖モデルを用いて説明してきた。因果連鎖は、どのような事態を一つの文で表すのかという私たちの認識のあり方を示してくれるモデルである。私たちは事態を一連のエネルギーのとぎれない流れを形成しているものと理想化している。非対格自動詞や状態動詞等の表している事態の多くは、CAUSE

分節に相当する部分をその事態構造内に持たないため、因果連鎖が途切れてしまう。このような一連のまとまったエネルギーの流れがないものを一つの文で表すのは概念上不適切であるため、当該の構文には表れることができないが、エネルギーの流れを中断しない非能格動詞等は問題なく生じることができる。また、監督読みなどでは非対格動詞が用いられていても、表されている事態が文脈の助けによって、主語が行使するコントロールのもと自らの力で事態を起こすという特殊な解釈がなされており、この場合には事態解釈の強制（coercion）が行われていると考えられ、結果的に同じ説明を与えることができる。

7.4.2　経験・受動の have 構文の事態構造

　まず確認しておくべきことは、次のような受動の have 構文において、have の主語は使役者（causer）ではなく、経験者（experiencer）だということである。経験者は通常因果連鎖の終点に位置し、心理的な影響、経験を受けるものと規定される。

(40)　I had my daughter fall and break her leg.

このように have 主語が経験者となる用法はこの構文に特有のものではなく、もっと一般的な通常の have 動詞にもみられる。

(41) a.　I had a stomachache.
　　 b.　I had a headache.

上の例では、胃痛によって「痛み」を経験し、その影響を被っている。同様に、(40) では娘が倒れてけがをするという事態を経験することで影響を被っていると言える。

　ここで問題としている構文に生じる have は、その主語が経験者であり、エネルギーを引き起こす始発者ではなく、因果連鎖の終点に位置するエネルギーの受け手だという点で、先にみた使役の have とは異なる causal reverse verb と考えられる[5]。よって have 主語と補文事態との関係は次のようなものとなる。

(42) have 主語は補文事態により影響を受ける経験者として、因果連鎖表示上は補文事態の後に位置づけられる。

このように考えると、非対格動詞が、使役の have 構文の場合とは違って受動の have 構文の方により問題なく生起できるという事実が説明できる。Have の表す概念部分は補文事態の表す因果連鎖の後に付加されることになるので、CAUSE 分節を持たない非対格動詞であってもエネルギーの流れを中断してしまうことがない。よって問題なく have の補文にこられるのである。むしろ、そのように解釈しなければ、エネルギー伝達のとぎれのない事態だと認識することができない。このため、使役解釈よりは経験・受動解釈の方がより自然に好まれるのである。

(43) …if you do have any emergency arise, I'll just have to pack up and go… (Ikegami (1990 : 183))

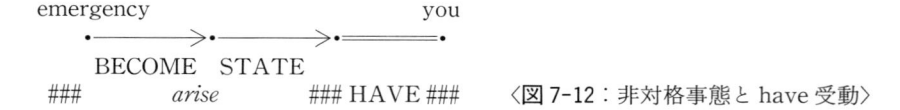

```
emergency                    you
  •────>•────>•═══════•
      BECOME   STATE
 ###     arise        ### HAVE ###
```
〈図 7-12：非対格事態と have 受動〉

さて、先に補文事態が限界づけられている ([+delimit]) 場合に受動の解釈の容認度が上がるという事実を見た。

(44) a.(= (24)) Pat had his corn grow *(six feet tall).
    b.(= (25)) Pat had Terry drive his car *(into the wall).

この特徴は、have 構文の補文事態を表す因果連鎖表示上に STATE 分節が必要だということで表される。STATE 分節はもうそれ以上のエネルギー伝達が行われない終着点と考えられるので、この STATE 分節が一連の因果連鎖で表される事態構造の最後に存在するかどうかで、事態が限界づけされているか否かを測ることができる。

(45) 受動の have 構文に生起する補文事態はその対応する因果連鎖の最後において STATE 分節を持たねばならない。

第7章　HAVE構文カテゴリーの発展について　　　　　　　　215

　また、7.3で再帰表現が出てくると経験者読みが強くなるという事実を指摘したが、これも現分析ではどうなるか、少し考えてみたい。
　ここで出てくる再帰表現は、いわゆるbenefactive（受益者）もしくはmalefactive（被害者）に当たるものと考えられる。一般にbenefactiveは行為の最終点に位置する参与者でその行為の受け手を表し、動詞に相当する因果連鎖部分の後に続くものである。次の文ではMaryがそれに当たる。

(46)　I broke the boulder for Mary.

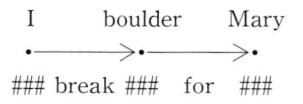

```
  I        boulder      Mary
  •─────────•──────────•
### break ###    for    ###
```

〈図7-13：受益者の表示〉

　さて、この再帰表現が明示的に存在する場合、補文事態とhave動詞とをあわせるとどのような因果連鎖が考えられるだろうか。ここでは少なくとも二通りの可能性が考えられる。一つは補文事態の影響が、benefactiveで表される参与者と経験者として表されるhaveの主語との両方に及ぶという考え方である。もう一つの可能性は、再帰表現を含む補文事態の後に、haveの主語が表れるような因果連鎖を形成するというものである。

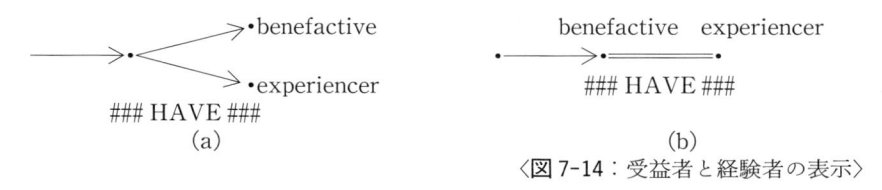

```
      ╱ •benefactive              benefactive  experiencer
─────•                            •─────────•══════════•
      ╲ •experiencer
    ### HAVE ###                      ### HAVE ###
        (a)                              (b)
```

〈図7-14：受益者と経験者の表示〉

　前者の考え方は実は、7.3で述べた「一つの事態は枝分かれしない因果連鎖を形成する（(28d)）」という事態の理想認知モデル（ICM）に、実は合致しない構造を成しているため、この可能性を採るべきではないと思われるだろう。しかし、この構造をとったとしても依然として事態の理想認知モデルに合致する可能性が一つだけある。それは受益者（benefactive）と経験者（experiencer）とが同一の参与者を表す場合に限られる。つまり、枝分かれが一つの因果連鎖に統合される場合であり、逆に(47b)(48b)のように別々の参与者を示す例は排

除されることになる。そして事実その通りである。

(47) a. The shuttle had a meteorite crash into it (=the shuttle).
   b. *The shuttle had a meteorite crash into the wall.
(48) a. John had all the students walk out on him.
   b. *John had all the students walk out on the superviser.

　一方、後者の考え方によれば、再帰形で表される参与者が have の主語に対して心理レベルで更に影響を与えているということになるが、実際にはそのような心的活動は存在しない。よって、因果連鎖の最後尾に表れる2つの arc には因果関係がなく、この連鎖構成には無理があるので、不適切となる。但しこれも先ほどと同様に、もし受益者（benefactive）と have 主語の経験者（experiencer）とが同じ参与者を表しているとすれば、同一参与者の心的変化を示すという観点から、2つの arc をあわせて1つの arc とみなすことが可能であり、自然な連鎖が形成できることになる。

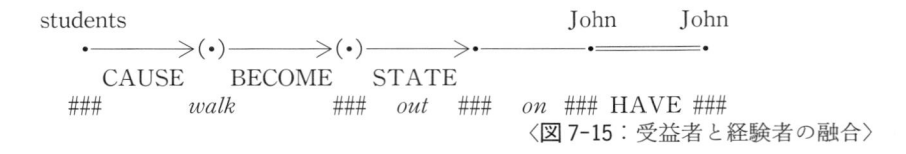

```
         students                              John    John
        •─────>(•)─────>(•)─────>•────•════════•
          CAUSE    BECOME   STATE
          ###    walk   ###    out   ###   on   ###  HAVE  ###
```
〈図7-15：受益者と経験者の融合〉

　つまり、どちらの因果連鎖表示を仮定したとしても、再帰形と have 主語とが同一参与者を示している限りは、問題なく一つの事態を表す因果連鎖を形成することができる。
　また、事態を経験し、影響を被るという因果連鎖の流れをスムーズにするのが再帰形表現と考えられる。影響を与えたかどうかという問題は、どちらかといえば物理的性質を持つ使役に比べると判定しにくいものである。実際、使役でも受動でも解釈できる曖昧な例は多く存在する。しかし、ここでもし再帰形があれば、経験者へ向けての連鎖が構成されるという布石が得られることになり、受動読みを強固なものにすると考えられる。
　以上、受動の have 構文に見られた諸特徴を因果連鎖分析の観点から説明した。Have の主語は補文事態から影響を受ける経験者であることから、補文事

態の後に位置づけられて因果連鎖をつなげるものであること、その構造から、この解釈を生みだす典型ともいうべき非対格事態が最も問題なく理想的に生起できること、また再帰形表現が自然な連鎖を構成するのに貢献していることを示した。

　本節では、因果連鎖の概念を用いて、have 構文に生起する補文に対しての制約を規定した。使役の have 構文では因果連鎖において CAUSE 分節を持つ補文事態が要求され、受動の have 構文では最後の STATE 分節までを持つ補文事態が要求される。そしてこの補文事態に対する制約と、単文では一連の因果連鎖を成す単一の事態が表されるという一般原則から、have の補文に来る事態のタイプへの制限及び解釈の区別が導かれる。使役の have 構文の場合、主語は使役者なので、have を付加しても依然エネルギーの流れを保持するためには補文事態に CAUSE 分節が不可欠である。また受動の have 構文の場合、主語は心理的な影響を被る経験者としての位置づけを担うので、STATE 分節が存在する方が無理なく have の主語への因果連鎖がつくられる。

7.5　have 構文の通時的変遷について

　前節まで、have 構文の二つの解釈について、共時的な観点から説明を試みてきた。二つの解釈の違いは、補文事態に have を含む主節で表される事態部分をどのように付加するか、その認識の違いであった。補文事態を引き起こすものとして、その事態の始点側に付加して解釈したならば、その文全体は結果として使役の解釈を生み、一方事態から影響を被るものとして、その事態の終点側に付加して解釈すれば、経験・受動の解釈を生む。またその組み合わせは「一つの事態とみなされるには、エネルギーの途切れがあってはならない」という原則に基づいて、ある程度制限されていることをみた。

　では、この一見相反する二つの解釈はどのようにして生まれてきたのだろうか。この問いに答えるために、以下では have 構文の通時的変遷を考察し、またそのプロセスに認知的アプローチによって動機づけを与えることが可能であることを見ていく。

7.5.1 have の意味の通時的変遷

　Oxford English Dictionary（以下 OED）によると、古英語期における have の原義は以下の 3 つに集約できる。

(49)　have の原義（OED より）
　　a.〈手に持つ、所有する（**GRASP**）〉
　　　To hold in hand, in keeping, or possession ; to hold or possess as property, or as something at one's disposal.
　　　　　　　　　　　　　　　　　　　　　　　　[*Beowulf* (Z.), **c888**]
　　　（手に持つ、手元におく、所有する、財産として、あるいは意のままにできるようにしてもつ）
　　b.〈関係を所有する（**POSSESS THE RELATION**）〉
　　　To hold or possess, in a weakened sense ; the relation being other than that of property or tenancy (.) **The relation is often reciprocal**: the father has a son, the son has a father ; the king has subjects, his subjects have a king ; (…) a man has a house, the house has an owner or tenant.　　　　　　　　　　　[**c1000**]
　　　（弱化された意味で）所有する。交換可能な関係を意味することが多い。例えば親子関係など）
　　c.〈影響を受ける、所有される（**TO BE POSSESSED OR AFFECTED WITH**）〉
　　　To be possessed or affected with (something physical or mental) ; to be subjected to ; to experience ; to enjoy or suffer. (e. g. He had very bad health.)　　　　　　　　　　　　　　　　　　[**c1000**]
　　　（経験する、影響を受ける）

have は古英語期からすでに存在する基本語彙であり、その初出を確定することは残念ながら不可能だが、OED の記述を見る限り少なくとも (a) が最も古く、(c) はこの中では比較的後に出てきた意味とされている。

　本章での検討対象である have 構文での主動詞 have の意味はこのうち (c) に最も近いと思われる。このことは過去の文法家たちも指摘している。例えば、

第7章　HAVE構文カテゴリーの発展について　　　219

Visser はこの構文で用いられる have を典型的に「経験」としての意味をもつとみなし、多くの文脈で see や find などの知覚経験動詞と交換可能としている（(50a)）。また Jespersen も、過去分詞や現在分詞を補文にとる類の have が現代英語でも「経験（experience）」という特殊な意味となっていることを指摘し、精神知覚を表す動詞（Mental Perception）の仲間として扱っている（(50b)）。

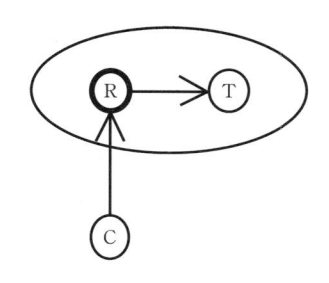

〈図7-16：参照点構造〉

(50) a. ...it [='have' in VOSI] expresses experience and can in many contexts be replaced by **see, find**, etc.　(Visser (1973 : 2266-68))
　　 b. Here (=the chapter on Mental Perception) we may place **have** in a special sense, nearly='experience'.　(Jespersen (1940 : 281))

　動詞 have が（49a）の原義から（49c）の「経験」の意味を獲得するプロセスは、認知言語学では「主体化現象」の一例と捉えられる。認知文法では動詞 have が、4章でみた所有格表現と同様、我々の普遍的な認知能力構造の一つである、参照点構造モデル（Reference-point model）を反映したものと考えている。

　参照点構造とは、あるものを認識、識別する際に、何か手がかりとなるものを探し、それを起点としてターゲットを認定する、という、二段階的な認知手段であった。第4章で議論した John's hat などの所有格表現などはこの例で、ターゲットである hat を同定するのに、John という手がかり、中継地点を経ていくという認識手法が文法化されていると考えられていた[6]。動詞 have も同様にこのモデルを文法化したものとみなされている。

　図7-16 が表す参照点構造は、have の多様で広範囲な意味を抽象的・スキーマ的に、いわば包括的に捉えたものである。しかし実際に個々の例を見ていくと、参照点から目標物（Target）に対して及ぼされる力の程度が様々であることがわかる。このような意味の多様性は「動作主が行使する力が弱化（Attenuation of Agentive Force）していく、その程度の差」であると考えられ

る。(51) は have が表す様々な意味を共時的に並べたものである。(51a) では「ナイフを手元に実際に持っている」という直接的なコントロール・力の行使が見られ、OED で見た原義に近い意味を表している。しかし (51d) になるとそのコントロールはもはや直接的にも間接的にも見られない。更に (51f) では主語が単に「場所の特定の手がかり」としての位置づけでしかなくなっていることに注意したい。

(51) (=4章 (66))
a. Be careful—she has a knife!　　[source of immediate control]
b. I have an electric saw (but I seldom use it).
　　　　　　　　　　　　　　　　　[source of potential control]
c. They have a good income from investments.
　　　　　　　　　　　　　　　[locus of experience, abstract control]
d. He has terrible migraine headaches.
　　　　　　　　　　　　　　　　　[passive locus of experience]
e. She has red hair.　　[passive locus of potential experience]
f. We have some vast open areas in the United States.
　　　　　　　　　　　　　　　　　　　　　　　[locational RP]

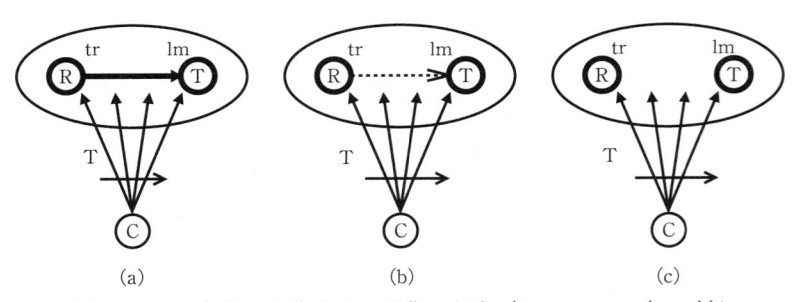

〈図7-17：主体化―動作主性の弱化の程度 (Langacker (1997))〉
(図 4-18 再録)

have 構文で用いられている主動詞 have の意味も、この一連の意味変遷の流れの中に位置づけられる。have 構文での have が表す〈経験〉の意味は、原義か

ら「動作主性の弱化」というプロセスを経て生じたものなのである。
　have が〈経験〉という弱化された意味をも獲得するようになったことは、その後の have 構文の発展への大きなきっかけとなる変化だったと考えられる。なぜなら、原義 (49a) にあるような〈摑む〉という意味であれば、have の対象となりうるものの典型が具体的なモノ・物体に限られてしまっただろうからだ。〈経験〉の意味に弱化されたことで、have の対象をモノだけではなくコト、つまり事態へと拡張することが可能になる。次節では、このモノからコトへの拡張プロセス、つまり have 構文の補文構造拡張の変遷を辿ってみよう。

7.5.2　have 補文カテゴリーの通時的変遷

　have がとる補文構造タイプには、原形不定詞、分詞、形容詞と様々なものがあることは先に観察した通りであるが、歴史的に見ると、その生起年代には差が見られる。表1は筆者が Visser (1973) 及び OED を調査した範囲でのデータである。動詞 Have はすでに古英語期から形容詞や過去分詞形と共に用いられていたことが確認されている。一方、不定詞や名詞補部は少なくとも14世紀末まで確認されていない (Baron (1977 : 82))。

〈表7.1：have 補文の変遷 (Visser (1973) 及び OED の記述に基づく)〉

have＋O＋形容詞	OE--
have＋O＋-ing	OE--
have＋O＋過去分詞	OE--
have＋O＋(to)不定詞	1385-1450a--------------------
have＋O＋名詞	1422-1509--------------

目的語の後に来る要素がもともとは形容詞や過去分詞形だったものが、不定詞形へと変化し、最終的に名詞補部をとるまでにその補文構造を拡張したという事実が表からわかる。特に名詞補部が現れるのは時代的にも16世紀以降であり、その拡張過程の多様性が伺われる[7]。
　このように、形容詞から動詞へ、更には名詞へと、生起できる補文内容がその文法カテゴリーを変えていくということは、古典的カテゴリー論に基づけば、形態統語的にも大きな変化をもたらすものである。というのも、カテゴリーが

変わるということは、カテゴリーの属性が完全に変化することを含意するからである。この have 構文に関しては、もともと形容詞に属していたはずの分詞から、突然動詞カテゴリーとしての不定詞補部をとるようになり、更には名詞カテゴリーもが同じ have 補部の位置を占めることが可能になる。これはあまりにも唐突で大きな変化と言えよう。ではなぜ、段階的推移を見せるはずの歴史的変化にそのような飛躍が可能なのだろうか。

この have 補文構造拡張におけるカテゴリー転換現象も、第2章で見た認知言語学の概念であるプロファイルシフト、つまり意味の焦点をずらすという操作が関わっていると考えれば、自然な形で捉え直すことができる。プロファイルシフトに基づいてカテゴリー転換を考えることで、補文カテゴリーの拡張現象を、古典的カテゴリー論のようにいきなりの飛躍的変化と捉える必要がなくなり、むしろ既存の事例との部分的類似性に基づいて言語が徐々に変化していくプロセスとして捉え直すことができることである。この考え方を説明するために、まずこれら補文構造に生じているカテゴリーがそれぞれ認知言語学でどのように捉えられるかを概観しよう。

Langacker (1987: 214) によれば、名詞や動詞といった主要な文法カテゴリーには概念的・意味的規定が与えられる。以下はそれを簡潔にまとめたものである。

(52) a. **A nominal predication** profiles a thing, i. e. a region in some domain, where a region is characterized abstractly as a set of interconnected entities.
   b. **A relational predication** puts interconnections in profile.
   c. **A nominal and a relational predicate are therefore distinguished by the nature of their profiles** even should they have the same entities and interconnections for their base.

(Langacker (1987: 214-216))

「モノ」概念は、典型的に名詞によって表されるが、概念レベルにおいて潜在的に他のモノ概念と相互に関わりを持つもの (interrelated) として表される。この考え方は、概念や意味というものを百科事典的な性質を持つものとする言語

観に帰することができる。つまり、なにかあるモノを概念化するときに、私たちはその背後に何らかの関係する他のモノやモノとの関係を同時に心に浮かべているものなのである。例えば〈椅子 (CHAIR)〉概念を思い浮かべるとき、私たちはその形状のみならず、機能（誰かが座るモノである、机とよくセットで用いられる、家具の一部である、など）をも思い浮かべている。私たちはこの同時に活性化されている関連物を背景 (Ground) として、そのなかから、ある一つのものをFigureとして選び出している。背景の中には、前景化されない様々な参与者が関わり合って存在しているという知識が、数多く埋め込まれているのである。

一方「関係」概念は、典型的には動詞によって表されるが、先ほどのモノ概念とは逆に、相互に関わりを持つその関係そのものをFigureとして選択することになる。先ほどの椅子の例では、「それに座るモノである」という関係概念がその背後に存在していたが、逆に〈座る〉という関係概念を取り出すときには椅子などのモノ概念を背景に追いやっている。このように考えていくと、文法カテゴリーとは、ある場面におけるプロファイルする部分の違いによって捉えられることになる[8]。

ではこの認知文法での捉え方をもとに、have構文の補文構造の発展について考えてみよう。先の表7-1で見たように、古英語期にはすでに形容詞及び分詞形式が補文の中に出てきていたが、これらはもともとhaveの直接目的語を修飾するものであった。古英語期にこの構文において分詞形がhaveの直接目的語と密接な関わりをもっていたことを示す例を以下に挙げておく。

(53) [Alfred, Boethius 1.8]
ða (he) þas **boc** hæfde **geleornode**
(=when (he) those books had in-a-state-of-learnedness)　(Traugott (1972 : 94), cited by Brown (1977 : 79))

過去分詞geleornodeが -e という屈折語尾を持っており、複数対格を表す女性名詞bocと性数格の一致を見せている。このことから、対格を与えられているhaveの直接目的語とそれに続く分詞とが形式的にも緊密な関係にあることが窺える。

形容詞と分詞とは概念的にも連続体を成している。例えば、形容詞は一般に動詞よりも時間的安定性が高い (Givón (1979)；4 章の所有格の分析参照)。そのため、時間的安定を一般に欠く事態 (event) よりも時間的安定をもつ状態 (state) について語ることの方が多い。分詞形も同じ性質を持っている。例えば過去分詞は動詞によって表されるプロセスの最終状態を表す (Langacker (1987))。この「状態を表す」という点で、過去分詞は動詞よりも形容詞の一タイプとして扱われることが普通である (cf. Haspelmath (1994：152)) [9]。また Langacker (1987) でも、形容詞と分詞はどちらもモノ同士の非時間的関係 (atemporal relation) を表し、いずれも名詞をそのトラジェクターとする (つまり名詞を修飾する) 機能を持つという点では同一のカテゴリーに入ると考えている。

　形容詞と分詞はこのように概念的に類似している。しかし、二つは明らかに異なってもいる。分詞はその概念化のベースとして必ず動詞の表すプロセス概念を踏まえている。この点で、have 構文の分詞補部は、より一般的に関係概念を表す補部を許す最初のステップとしての役割を果たしていることになる。

　果たして、中英語期である 1400 年頃には分詞補部に加えて不定詞補部がこの位置を占めるようになる。この分詞から不定詞への拡張使用は、先ほども見たように、カテゴリー転換上大きな変化と思われる。しかし、この変化もいくつかのステップを踏んでいることがわかる。このような補文カテゴリー発展を見せる以前に、英語では中英語期初め頃に、「屈折語尾の水平化」という、名詞用法、形容詞用法で屈折接辞が消滅するという現象が起きている。従って、形容詞的な働きを持つはずの分詞補部が、次第に have の目的語との必然的関係を失うことになると考えられる。名詞を修飾するという機能は、自律／依存の対立でいえば依存に属するが、この機能を形式的に失うことで、逆に名詞修飾機能をもたないカテゴリーが出現する可能性がでてきたわけである。

　分詞形から不定詞へというカテゴリー転換もまた、認知論的に考えれば十分に動機づけられるものである。認知文法では、過去分詞事態の一部分、つまり事態の最終状態をプロファイルし、現在分詞は事態の始終点を除外して内部構造のみをプロファイルすると規定している (Langacker (1987：221))。以下は、break (壊す・破壊する) という事態に関する不定詞、過去分詞、現在分詞のプロファイルを図示したものである。

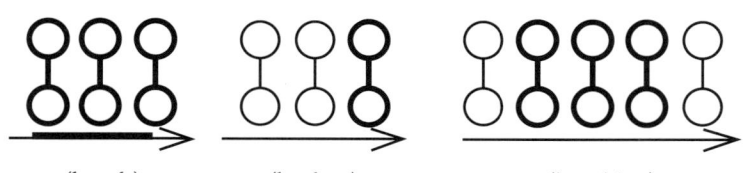

第7章　HAVE 構文カテゴリーの発展について　　　　　　225

⟨break⟩　　　⟨broken⟩　　　⟨breaking⟩

⟨図 7-18：品詞とプロファイル部分（Langacker (1987 : 221)）⟩

　図のように、過去分詞（e.g. broken）は展開していく事態（break）の一部である最終状態のみをプロファイルするものである一方、現在分詞（e.g. breaking）は事態の始まりと終わりを除外した一部、つまり事態の内部構造をプロファイルすると考えられている。重要なことは、事態のどの部分をプロファイルするかは異なるものの、いずれの分詞もその前提として、原形動詞で表される全体としての事態展開を踏まえていることである。つまり、⟨broken⟩ も ⟨breaking⟩ も共に、⟨break⟩ という概念を Ground として前提、背景化しているのである。have 構文において broken という過去分詞から break という不定詞へと発展するのは、この背景化されたプロセス概念へのプロファイルシフトなのである。
　以上をまとめると、have 構文の補文構造に見られるカテゴリー転換の推移は以下のように捉えられよう。Have 補文に当初生じていた過去分詞や現在分詞は、元来あくまでも目的語名詞を修飾する形容詞としての機能を発揮していた。そして次第に当初から存在していたベースの部分、つまり全体的視野へとプロファイルが移行し、次第にその補文カテゴリーの適用可能性が広がったと考えられることから、このカテゴリーの変遷が動機づけの与えられる自然なものであったと理解される。

(54) a.　John had **a book** in his bag.　　　　　[THING in Relation]
　　 b.　John had [**a book** written by some great novelist.]
　　　　　　　　　　　　　　　　　　　　　　　　[THING in Relation]
　　 c.　John had [**a book**] [**written by some great novelist.**]
　　　　　　　　　　　　　　　　　　　　　　[THING in/with RELATION]

    d.   John had his child nursed.　　　　　[thing with RELATION]
    e.   John had **his dog die of snake bite**.
　　　　　　　　　　　　　　　　　[(ATEMPORALIZED) PROCESS]

カテゴリー転換をプロファイルシフトで捉える利点は、その変化が突然の飛躍ではなく、徐々に起こっていたという事実を自然に扱えることである。実際にデータをみると、同じひとつの統語カテゴリーを成すと考えられる中にも意味的段階性を成しているものが多く見受けられる。この段階的連続性は、次のように想定することができる。

(55)　have＋O＋形容詞／分詞 (having an object in a certain state) の補文が動的な意味合いを帯びるに従って、次第に have＋O＋V へと拡張されてくるようになった。その際、拡張元となる分詞や形容詞との類似性から、動詞のスロットにはまず状態を表す自動詞に準じるものが生じ、後に他動性の高い他動詞、行為動詞へと発展した。

この考え方は、話者が既存の言語表現との類似性に基づいて（動機づけられて）次第に拡張を行っていくことで、文法も時代と共に変化していくという、第3節で概観した用法基盤モデル (Usage-Based Model: Langacker (2000)) の精神とも合致するものである。

　まず、形容詞や過去分詞は古く古英語 (Old English: OE) の時代から用いられているが、原形不定詞が見られる時代になると、いわゆる結果状態だけではなく、その動作というプロセス・過程そのものを修飾する副詞との共起例が見られる。例えば (56a) の修飾句 with care は結果状態というよりそこへ至るプロセスを修飾する役割を強く表しており、形態と意味との不一致、ズレがここに見られ始める。

(56)　形容詞／分詞の例：
    a.   These thinges also ... **have** me **so envolved with care**.
　　　　　　　[**c1385** Usk, *Testament of Love* 8, (Visser)]
    b.   Thei **have** him **oultreli** (=**completely**) **refused**.
　　　　　　　　　　[**1390** Gower, *Conf*. (OED) III.]

原形不定詞の例が出始めるのは 1300 年後半以降であり、初期の頃には (57) のような be 動詞や、一般動詞も (58) にみられるような自動詞の状態動詞が多い。

(57) (to) 不定詞の例：
 a. how able hiis for to **have** … the thriftyeste **To ben** his love.
              [**1385** Chaucer, *Troil*.]
 b. te entent of conuentual religiosis persoonys was forto **haue** her monasterie **to be** not oonli as a tempel…
              [**1443** Pecock, *Reule Crysten Relig*.]
 c. there is not always so great necessitie to **haue** the childe **bee** withe the mother. [**c1513** St. Thomas More, *Wks*.]

(58)a. he wolde **have** his reigne **endure and last**.
              [**c1413** Hoccleve, *Reg. Por*.]
 b. …wolde she **had** hym **to lye** by her.
              [**c1470** Malory, *Wks*.]
            (Visser (1973 : 2266))

注目すべきは、be という動詞が (57) で現れているという事実である。be 動詞はここでは後に分詞がきていることもあって、省略してもさほど意味が変わらないように思われるが、実際には、be 動詞が存在していることで、過去分詞や形容詞などに代表される「状態」アスペクトとは異なり、次第に動的な意味合いを増していることになる。共時的な観点からいっても、be がある方がより事態性が高い（よって使役読みを誘う）という指摘もある。

(59)a. Have him clean and tidy for the piano recital [Result state]
 b. Have him be clean and tidy for the piano recital [Causative]
          (Brugman (1988 : 174))

自動詞から徐々に用いられ始めた理由は、過去分詞からの自然な推移を成す可能性が高いからであろうと考えられる。もし他動詞であれば、以下の (60a) に見るように、過去分詞で表される事態の最終結果状態から、原形不定詞で表さ

れる事態全体へと意味が変わるのは不自然だと考えられるが、自動詞の場合((60b))、この変移が容易であったことをうかがわせる。

(60) a. John had the book **written**. ⟶ *John had the book **write**.
　　b. John had her **arrived** late. ⟶ John had her **arrive** late.

1400 後半から 1500 以降になると、(61) のように、他動性の高い他動詞の例が増えてくる。

(61) a. He **hadd a certane of his knyghtes nakne þam** & swyme ouer þe water. 〔**c1440** *PLAlex*. 69/11（MED）〕
　　b. This is the Glasse Ladies wher-in I woulde **haue** you…**rubbe out the wrinckles of the minde**, and be not curious about the weams in the face. 〔**1580** Lyly, *Euphues*（OED）463〕
　　c. You would **have** us **baptize our Bels** to make them spirituall. 〔**1655** Baxter *Quakers' Catech.*（OED）23〕

このように、カテゴリー転換期の例では、カテゴリー間の区切りが明確につけられるわけではなく、実際には意味的にも段階的連続性をもつことがわかる。このような細かい観点を考慮に入れてみると、史的な変化を連続体として捉える考え方の利点が強調されることになる。

　以上、補文構造の発展過程で生じるカテゴリー転換が、同じ状況に対する焦点の当て方を変えるという、Figure-Ground 反転に基づくプロファイルシフトとして捉えられることを見た。補文構造におけるカテゴリー転換とは決して突然の大きな飛躍的現象ではなく、元の構造をベースにした自然なステップを経ての変化であった。また同じカテゴリー内であっても、例えば原形不定詞の述語が初めはもとの過去分詞形と類似する状態性の高いものに限られていたのが、次第に拡張されて他動性の高いものをも許すようになった、という例からもわかるように、もとの形式との類推に基づいて段階性を示す変化であった。これらの事実が示しているのは、補文構造のカテゴリー転換の推移が突然生じたものではなく、自然な段階的変化として捉える方が実状にあっているということであり、プロファイルシフトによる捉え方の有効性を支持するものと考えられ

7.5.3 have 構文の意味拡張

Brugman (1988) は、have の採りうる補文構造及びその意味に関して詳しく議論し、(62) に見るように have 構文全体の意味を大きく 4 つに分け、共時的観点からそれぞれ Causative, Resultant State/Event, Affecting Event, Attributive としている。

(62) a. She has children come to her house every Sunday.
 [CAUSATIVE]
 b. I had him angry./I had the dishes washed in no time.
 [RESULTANT STATE/EVENT]
 c. I had two dogs die of snake bite. [AFFECTING EVENT]
 d. I have keloid tissue on my back./He has a fly resting on his nose.
 [ATTRIBUTIVE]

これら 4 つは補文のタイプ及びその意味により、簡潔に表 6-2 のようにまとめられる。縦軸の [Resultative/Circumstantial] は補文事態が表す意味であり、横軸の [±Perfective] は補文の事態のアスペクトを示す。(62a) の Causative 及び (62b) の Resultant State/Event の場合、補文の事態は引き起こされる結果であり、(62c) (62d) では補文事態はそれぞれ付帯状況的に解釈される。また (62a) の Causative, (62c) の Affecting Event は補文がアスペクト的に＋Perfective、典型的には原形不定詞であり、(62b) (62d) は逆に―Perfective、その典型として形容詞や分詞句等と分類されている。

〈表 7-2：補文タイプに基づく have 構文の意味分類 (Brugman (1988: 190))〉

	＋PERFECTIVE	−PERFECTIVE
RESULTATIVE	Causative (62a)	Resultant State/Event (62b)
CURCUMSTANCIAL	Affecting Event (62c)	Attributive-Existential (62d)

これまでの観察を総合すると、have 構文が次のような変遷を辿ったことが明らかになる。まず、(62d) の Attributive 用法は名詞の修飾としての役割を

色濃くもっている。例えば、He has [a fly [resting]] と分析できるため、名詞の修飾的な傾向が強い。そのため、先程の議論に基づけば、早くから存在した意味様式と位置づけられる。また [+Perfective] 補文を要求する Causative 用法（62a）や Affecting Event 用法（62c）は、補文カテゴリーの発展からいっても後に確立したと推定される。また Resultant State/Event 用法（62b）は、意味的にも Causative と区別が付けにくいとされるが、補文形式を考えると、より attributive 用法に近いと分類されよう。以上をまとめると、歴史的には（62d）の Attributive-Existential 用法が基になり、その補文が事態を帯びた解釈をとるようになって（62b）の Resultant State/Event に移り、最後に原形不定詞の発達に伴って Causative と Affecting Event の二手に分かれたと考えられる。

```
           Attributive              ……形容詞修飾機能
                ↓
        Resultant State/Event       ……分詞補部機能
          ↙           ↘
   Causative      Affecting Event   ……不定詞補部機能
```

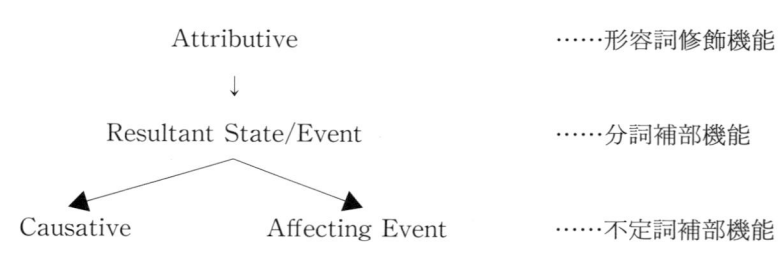

〈図 7-19：HAVE 構文の通時的意味拡張〉

この発達経路をサポートするものとして、形容詞補部が共時的データにおいて Resultant State 読みを表すのに対して Causative 読みを表すことがない、という事実が挙げられる。

(63) a.　I had the baby quiet (in ten minutes).
　　 b.　*I had the baby quiet by rocking its cradle.

(63a) は行為の結果状態に焦点を当てているのに対し、(63b) では幼児をおとなしくさせるという使役的行為の方により焦点が当たっているが、この表現は不適切と判断されている。つまり、過去完了補文が発達した後に、もっと動的な性質をもつ使役読みが発達してきたと考えられる。その意味で、過去完了補文は（叙述的・結果状態的を問わず）状態の意味と使役の意味とを橋渡しする

7.6 have構文とその周辺：知覚動詞構文と使役動詞構文との通時的関わり

　では、次に少し視点を変えて、have以外の動詞の歴史との関わりについて見てみよう。haveがその補文に（原形）不定詞形を用いることができるようになったもう一つの要因として、先に確立していた知覚動詞構文の影響が考えられる。英語では原形不定詞をとることのできる動詞の数が限られており、知覚動詞（see, hear, feel）はそれが可能な動詞グループである。以下に類例を示しておく[10]。

(64) a.　The crowd **saw** Japan **score two goals**.
　　 b.　I went to the concert to **hear** him **play the guitar**.
　　 c.　We **felt** the house **shake**.
　　 d.　Did you **notice** anyone **leave the classroom**?
　　 e.　He pretended not to **observe** her **do it**.
　　　　　　　　　　　　　　　　　　　（以上 Quirk et al. (1985)）
　　 f.　They put arsenic in his meat and stared aghast to **watch** him **eat**.
　　 g.　Once she had **overheard** her mother **say** to a visiting friend …
　　　　（OED）

動詞haveがその意味変化の結果、「経験する」という意味を表すようになったことは先に7.5.1で触れたが、実はこの意味はsee, hear, feelに代表される知覚・感覚動詞とよく似た性質を持っている。以下ではhave構文と知覚構文との関係について検討してみる。

　一般に知覚・感覚という現象は二方向性を持つ事態と捉えられる（Croft (1993)）。例えば、うれしいとか喜ばしいなどといった感情は、普通何かモノや出来事に対して抱くが、見方によってはそのモノや出来事が刺激を与え、その結果その対象にある特定の感情を持つに至る、という解釈も成立する。つまり、

モノを知覚したりある感情を経験したりすることは、その対象となるものがまず存在しなければまず起こり得ないものである。このことを踏まえてCroftは、一般に人間の心理状態描写の背後に、その心理状態を引き起こす刺激物（Stimulus）と、その心理状態を抱える経験者（Experiencer）とを設定し、この事態には二つの方向性が関わっているとして以下のような簡略図を示した。

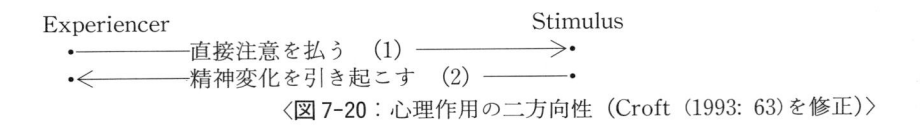

```
Experiencer                                    Stimulus
  •——————直接注意を払う　(1)——————→•
  •←——————精神変化を引き起こす　(2)——————•
```

〈図 7-20：心理作用の二方向性（Croft (1993: 63) を修正)〉

see, hear, feel といった知覚動詞が表す事態も、この二方向性を前提にした事態を表す。二方向性が潜在していることは、例えば、look, sound などは、see, hear とは逆方向の事態の把握をしている動詞であることからも窺える[11]。

これら二方向性を潜在的にもつ事態を表す知覚動詞は、古英語時代から原形不定詞をとる構文形に生起しており、中英語初期にはかなりの定着度を見せていた事実が確かめられている。例えば動詞 behold, find, see, hear は古英語期から、そして feel も中英語初期の時期にはこの構文形で用いられるようになってきている。

	OE	ME	ModE
動詞 have の意味の変遷	"grasp"（880c）---		
	"experience"（1000a）--		
原形不定詞をとる知覚動詞	*behold*: OE---|		
	find: OE-------------------------------(to 不定詞が取って代わる)		
	see: OE--		
	hear: OE---		
		feel: 1384-------------------------------	
		have: 1385--------------------------	
			overhear: 1588-------------------
			observe: 1623------------------
			watch: 1832------

〈表 7-3：have の発展と知覚動詞構文の発展〉

以下に挙げるのは、Visser (1973 : 2250-2255) の中でそれぞれの動詞が原形不定詞と共に用いられている最初と最後の事例である[12]。

(65) behold
　　a. **Ælfric**（OE）: Folc oðer wundor **beheold** lige scinan.
　　b. **1821**: they **beheld** them **perish** piecemeal.
(66) find [13)]
　　a. **Juliana**（OE）: ic hine **finde** ferä **statelian**.
　　b. **1813**: When he **found** her **prefer** a plain dish to a ragout…
(67) hear [14)]
　　a. **Peterb**. Chron.（OE）: þa son þær æfter þa sægon & **herdon** fela men feole huntes **hunten**.
　　b. **1947**: E. WaughWhen I **hear** him **talk**, I am reminded of…
(68) feel
　　a. **1384**: he … **felte** eek tho myn herte **bete**.
　　b. **1966**: She… **felt** the joint **dislocate**.

　以上の動詞は、have が不定詞をとるようになる以前からすでに、もしくは同時代頃から、原形不定詞をとる用法をもっていた。この他にも原形不定詞をとった知覚関連の動詞として、gefelan, gehieran, gemetan, geseon（以上は廃語、古英語期のみ）, hearken（耳を傾ける（古・詩的用法））などが挙げられる（Visser (1973: 2250-2255)）。

　さて、以上見てきた知覚動詞類は、二方向性を潜在的に内在する事態を表すものであった。have の表す〈経験〉という意味も、この二方向性を持つという点では知覚動詞と共通している。具体的な感覚器官を明示しての知覚ではないが、知覚事態と同様に、経験の対象となるモノや事態がまず存在し、その存在に対して自分の反応を下す、という点では類似している。この意味で、have は広義の知覚動詞カテゴリーに組み込まれうることになる。

　用例基盤モデルの考え方に基づけば、カテゴリーの拡張は、類似性に基づく拡張と共通性に基づくスキーマ抽出との2本建てを基軸として進んでいく。このモデルに基づいて構文カテゴリーの成立、獲得を通時的に考えてみた場合、一つの主張が浮かび上がってくる。すなわち、構文の成立には、ある程度の数の基本的中核を成す動詞がそのメンバーとしてまず必要であり、そこから構文

という骨組みが抽出されるという主張である。つまり、ある程度のタイプ頻度が得られることで、構文スキーマが取り出され、定着していくというものである。例えばいわゆる二重目的語構文という表現形式には多種多様な意味が見られるものの、ある共通性を（一つではないにしても）取り出すことが可能である（Goldberg (1995) 等参照）。この場合、最初から構文形という鋳型がアプリオリに存在していたとは想定しがたい。初めに give や send など、比較的その中心的意味を担うと考えられる動詞がその形式で用いられ、それがある程度定着した時に初めてそれら中心的動詞のパターンから共通性としてのスキーマ（この場合は構文形という鋳型）を抽出することが可能となり、更に様々な動詞へと適用されるようになると考えるのが妥当である[15]。つまり、構文の「立ち上げ期」に於いては個々の動詞レベルにおける定着度に基づいたスキーマ抽出が先行し、その後で類似性に基づく拡張が出番を迎えると想定できる。

　動詞 see が原形不定詞をとる事例は古英語期から豊富に見られる（Visser (1973 : 2254)）ため、そのトークン頻度も高く、従って定着度も高い。不定詞補文が動詞 see だけに用いられる形式であれば、この動詞の特異性ということで片づけられるのだが、他にも hear, feel など、古英語期に用いられていた動詞が Visser に掲載されているだけでも9種類というタイプ頻度を表している。このことから、これらの事例の共通性が「知覚に関係する動詞＋目的語＋原形不定詞」というスキーマとして抽出される。そしてそれぞれの動詞を用いた実例により定着していったと考えられる。これが、知覚構文形式の始まりである。

　このように、ある程度の数の動詞に関して適用できる（つまり、ある程度のタイプ頻度を獲得した）共通形式であるという認識から「構文形式」スキーマが抽出されて確立したならば、次には他の動詞へと新たに拡張適用する可能性がでてくることになる。例えば observe, overhear, notice, watch などは歴史が比較的浅く、原形不定詞形をとるようになったのは近代英語期もしくは現代になってからである（以下は Visser (1973 : 2253) の各動詞項目における原形不定詞との初出共起例である）[16]。

　　(69) a.　I hardly have **observed** any one **fill** his several Duties of Life
　　　　　　better than Ignotus.　　　　　　　　[**1711** Steele, *Spect*. no. 75]

b. You shall **watch** me **catch** the finest trout.
   [**1832** Lytton, *Eugen Aram* 70]
c. No one **noticed** them **arrive**. (1929)
d. "**Look at** Glorvina **enter** a room" Mrs. O'Dowd would say.
   [**1847** Thackeray, *Vanity Fair* 434]
e. (…) '**Listen to** me **howl**.' And howl he did.
   [**1910** Jack London, *Burning Daylight*.]

これらの動詞が表す意味はいずれも see, hear など原形不定詞をとる典型的な知覚動詞の意味と類似している。この意味の類似に基づき、時代が下って to 不定詞が原形不定詞よりも一般的になった近代、現代においても、原形不定詞構文に引きつけられていったのではないかと考えられる。このように、形式と意味の類似にもとづく類推によって構文が発展したという考え方を補足するものとして Visser のコメントを挙げておきたい。

(70) The number of verbs in early Old English occurring in the VOSI is comparatively small. (…) In later Old English the idiom spread with striking rapidity, so that before the beginning of the Middle English period one already comes across a sizable number of instances. (…) **This spread may be due to analogy** as well as to the speakers' awareness of the inadequateness, in point of specification, of the frequently used construction of the type (…).
(Visser (1973: 2235), 強調は筆者)

類推に基づく構文発展という考え方は have 構文にも当てはまる。少し時代がさかのぼるが、have は動作主性の弱化に基づいてその意味を変化・拡張させ、「経験」という、知覚動詞に類する意味を古英語後期付近で獲得するに至った。この意味が確立したおかげで、その後に原形不定詞をとる知覚動詞構文との類推が可能となり、この構文形の適用が始まったと考えられる。

```
                    ┌──────────────┐
                    │ 知覚(経験)動詞 │
                    └──────┬───────┘
              ┌────────────┴────────────┐
       ┌──────┴───┐                 ┌───▶──┐
       │ 知覚動詞 │ - - - - - - - ▶ │ have │
       └──┬──┬──┬──┬──┬──┘          └──────┘
   ┌──────┘  │  │  │  └──────┐
┏━━┷━┓ ┏━━┷━┓┌┴─┐┌┴──┐┌───┴──┐
┃see ┃ ┃hear┃│feel││notice││observe│
┗━┬━━┛ ┗━┬━━┛└──┘└───┘└──────┘
  │      │
┌─┴────┐┌┴───┐
│behold ││find│
└──────┘└────┘
```

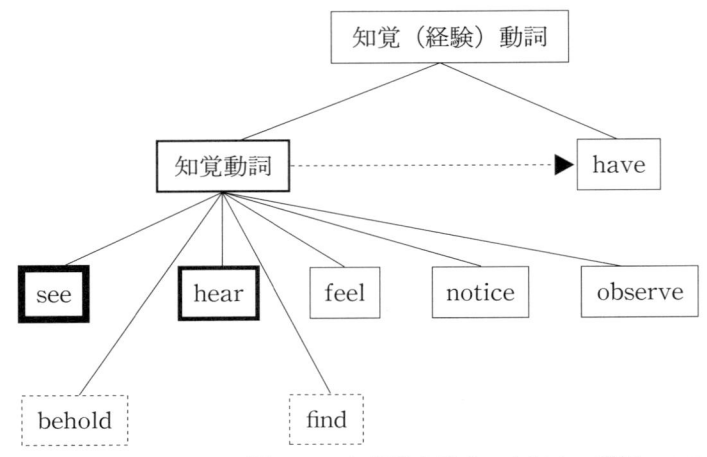

〈図7-21：知覚構文形式に生起する動詞のカテゴリー構造〉

　問題となる動詞 have の場合、確かに知覚動詞に類する意味を持つが、いわゆる厳密な意味での知覚を表すわけではなく、図7-21でも表示したが、あくまでも知覚動詞全般からの類推に基づく拡張の意味である。そのため、最初からこの構文抽出に貢献することはないはずであるが、構文確立期の後、動詞の意味及び形式などの部分的類似性に基づく類推が働き、原形不定詞をとることが可能になったと考えられる[17]。実際、7.5.1 の (50) に挙げた引用からもわかるように、この構文に生じている have の意味には see や hear, find に置き換え可能な「知覚に基づく経験」というものが多い。

　知覚動詞との類推に基づいて原形不定詞形が拡張使用されることに関連する興味深い事例として、動詞 remark が近代英語期に原形不定詞をとっていた事例、及び、近・現代英語で know が原形不定詞をとる場合があるという事実を見てみよう。

(71) 　The keen sense of hearing, which we have before **remarked** him **possess**.[18]　　　　　　　　［**1832** Lytton, *Eugene Aram* 193］

(72) a.　I have sometimes **known** the Performer...**do** no more in a Celebrated Song, than the Clerk of a Parish Church.

[**1711** Addison *Spect.* No. 29 311, (OED での初出例)]

b. Did you ever **know** her **wear** a T-shirt and jeans?（彼女のTシャツにジーンズ姿を見かけたことがありますか）(Cobuild E-dict)

c. I've never **known** him **sing** so beautifully before.（あんなに美しい声で歌うのを見聞きしたことがない）

d. I've never **known** him **do** anything vicious, though in drink he sometimes talks big. (BNC)

e. I've never **known** him **go** for the skinny boyish type before. (BNC)

この構文形式で生じているときの動詞 remark 及び know は、そのプロトタイプ的意味とは少し異なり、知覚動詞に近い意味を示している。(71)では「彼にすぐれた聴覚があるということに我々はずっと以前から気づいていた・注意してチェックしていた」という意味であるし、(72)の know も「一般に知っている」というよりも「見聞きして知っている（OED の動詞 know の項 11.b では「現在の事実として知覚・経験する（To have had perception or experience of something as a contemporary fact）」とある）」という、知覚経験に基づいた知識をもつという意味となっている[19]。つまり、知覚動詞に準じる意味をもちうる限りにおいて、原形不定詞をとる知覚構文形式にひきつけられていくのである。

このように、動詞が知覚に類する意味を持つ時、一時的であれ恒久的であれ、原形不定詞をとる構文形に、次々に引きつけられて用いられている事例が数多くある。動詞 have も例外ではなく、すでに確立していた知覚動詞との意味的類似性に基づいた類推作用に後押しされて、原形不定詞をとる構文形で用いられるようになったのだろう。そして、構文のもつ意味にあうように、動詞本来が通常表す意味とは多少異なった意味を、この構文形で表すことになっているのだと考えられる。

では、もう一つの方向への発展である、使役構文への参与についてはどうだ

ろうか。原形不定詞をとる使役動詞としては、古英語期には do と let が、古英語の終わり頃から中英語初期にかけて make が、そのメンバーであった。一方、have 構文の使役構文としての出現時期は 15 世紀半ばと最も遅い。形式上は原形不定詞を取るという点で、使役動詞構文とも一致しているため、let, make 等との類推も同時に生じ、後には補文に名詞をもとるようになったのではないかと思われる。つまり、have 構文には、まず知覚動詞への歩み寄りを通じて、使役構文との共通性を獲得する道が開かれたと考えられる。

　形式の類似性に基づく経験用法から使役用法への類推が起こった事例は、have のみにとどまらない。have と同じ意味領域に属する他の動詞にも、類推と思われる拡張例がみつけられる。have が動作主性の行使が弱化された関係、つまり「経験」の領域へとその意味をシフトしたことは先に述べたとおりであるが、同様に動作主性の弱い知覚動詞 see にも、一種「使役」的な用法が、have より後に、一時的に拡張されている。

(73)　See（＝**see to it that**: 1548—1623）　(Visser (1973 : 2263))
　　a.　Now **see** the most **be made** for my poor orphan
　　　　　[**1600** Ben Jonson, *Alchemist* (Everyman.) III, ii : 42]
　　b.　lead the troop, John ; And Puppy, **see** the bells **ring**.
　　　　　[Ibid., *Tale of a Tub* (Everyman.) I iii : 580]

上記の動詞 see の用例は Visser で使役を表す動詞に分類されていたものである。この用例は寿命が短く、Visser の例も 1548～1623 の約 100 年間に限られている。この see は「～するよう準備を整える・取り計らう」という、現在では see to it that... で表される意味ではあるが、弱いながらも補文事態の成立への働きかけが見られる点で、使役的ニュアンスがあると言える。このように、〈動詞＋目的語＋原形不定詞〉という形式のスキーマに引きずられて、使役に準じるニュアンスが、経験の意味を表す have だけでなく知覚動詞の see にまで、一時的に拡張された例と見なせるのではと思われる。つまり、形式上の類似性から、have 以外の知覚経験動詞にも拡張の可能性はあったということである[20]。形式上の類似性に基づく経験用法から使役用法への類推が、have のみに見られる特異的なものではなかったことが窺える。

第7章　HAVE 構文カテゴリーの発展について　　239

　また、使役動詞 make との類推を促進したもう一つの重要な要因として、望み・願望を表す will/would との共起が頻繁に起こったことが挙げられよう。筆者が歴史的データを見た限りでは、使役の意味を表すと解釈できるもので、will/would と共起しない純粋な使役を意味する例は少ない。この will/would の共起は 13 世紀頃から見られ、OED のデータや Visser の例でも、実に 70% 前後という高い割合を示している[21]。実際、初期の用例のうち will/would なしで使役的な意味を表している例を見つけることは難しい。特に第 1 人称で頻繁に用いられており、固定した用法であったことが窺える。

　Visser の指摘によれば、will/would と共起する have も、もともとの経験の意味を保持している。例えば、I will have you wear a thick coat という文章は、言い換えれば I want to see you wear a thick coat というように、先程と同様、知覚動詞 see によって置き換えてもよい、弱化された意味であると述べている。

(74) 　[...,] have, in the group 'he wouldn't have' has retained its fundamental meaning of 'to have one's eyes open'='to see (physically and mentally'-'to experience.') Thus 'I will have you wear a thick coat'='I want to see you (wear) a thick coat' and 'What would you have me do ?' is tantamount to 'What do you wish to see me do ?'　　　　　　　　　　　　　　　　　(Visser (1973 : 2265-66))

この will/would との共起という、別の外的な要素が介入することによって、have 構文全体が使役への発展を見せたと考えられる。しかし基本的には知覚動詞からの発展のため、その使役の力は弱く、強制力の低い意味となる。

　上記の傍証として、現在分詞 -ing カテゴリーを補文にとる have 構文が見せた使役用法の発展を挙げたい。-ing 補文をとる have は長い間 attributive 用法で用いられており、Resultant State/Event に当たる、より使役に近い用法は、かなり最近になって発展した模様である。まず、Visser で経験用法として分類されているものを見ると、Brugman のいう attributive 用法とされるものが多い。以下に見られるようなこの用法は古英語期から現在に至るまで散見される。

(75) OE, ME, ModE.: 経験用法
    a. I **had** now no poverty **attending** me.
    b. You had better take care... or you will **have** an offended father or brother **pulling** a bowie-knife.
                              [**1879** Henry James, *Daisy Miller* 138]

しかし19世紀半ば以降、will/wouldとの共起、典型的にはwon't/wouldn'tという否定形との共起により、refuseやnot allowと同様の、拒絶や不許可を表すもの、つまり使役に準じる例が見られるようになる。(75a)では「言うという状態にしない」という、(75b)では「家に入るという状態にしない」、という意味になり、否定を通じてではあるが、「ある状態を生じさせない」という点で主語がバリアを課していることになり、force-dynamics的に使役の意味が備わってくることがわかる。

(76) 19世紀半ば (1864-) 以降：使役的用法　(I refuse, I don't allow)
    a. She would not have Hopkins telling she watched her daughters.
                      [**1864** Trollope, *Small House at Allingon* I]
    b. will not have dirty old men like that coming into the house.
                        [**1913** Hugh Walpole, *Fortitude* iii]
    c. I won't have you paying for my drinks.

そして20世紀になって、(77)のようにwouldなしでも使役の意味が色濃く出た例が見られるようになった。(77a)では時間表現 in ten minutesとの共起から、-ingという状態的な補部でありながら、event的解釈が強く出ていることがわかるだろう。

(77) 20世紀以降 (1927-)：使役用法
    a. In ten minutes she **had** them all **crying**.
                            [**1927** Sincl. Lewis, *Elmer Gantry*]
    b. I was in court when he testified and he **had** me **sweating**.
                         [**1961** H. Judd, *Shadow of a Doubt*]
    c. His self-consciousness **had** her **reacting** away from him,

whereas only a moment ago she had been responding to the unconscious warmth of his smile.

[**1962** Lessing, *Golden Notebook*]

このように -ing 補文は、動作主性を弱化させた経験の意味の have を出発点とし、will/would と共起する段階を経て、使役用法への歩み寄りを、しかも比較的最近になって見せている。このことからも、have の使役用法の拡張が現在にわたって続いていることが示唆される。

以上、動詞 have の意味変遷及び他の関連構文との関係を概観してきた。それをまとめたのが以下の図である。

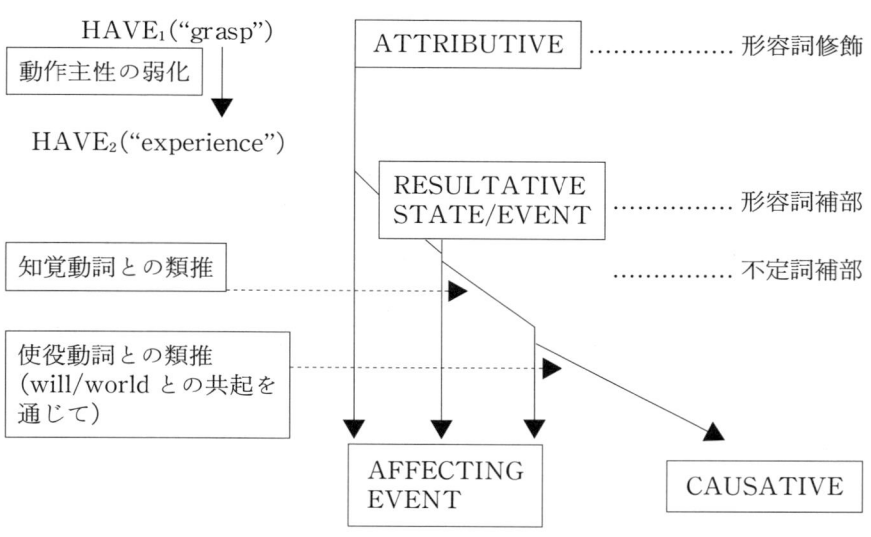

$HAVE_1$ ("grasp")
動作主性の弱化
$HAVE_2$ ("experience")

ATTRIBUTIVE .... 形容詞修飾

RESULTATIVE STATE/EVENT .... 形容詞補部

知覚動詞との類推 .... 不定詞補部

使役動詞との類推
（will/world との共起を通じて）

AFFECTING EVENT

CAUSATIVE

〈図 7-22：HAVE 構文の発展と拡張〉

論点は次の 5 点であった。

1) have の意味が〈摑む〉等、〈所有〉という動作主性の行使力があるものから、そういったものがない〈存在・経験〉という意味の領域へ移ること

には、主体化及びドメインシフトといった認知言語学的概念が絡んでいると捉えられること。
2) have の補文カテゴリー転換は、「意味のずらし」であるプロファイルシフトという考え方に基づいて、自然な一ステップとして位置づけられること。
3) 補文に生起する原形不定詞の意味の変遷が基の意味とあまり変わらないものへと連続体を成す。このことが、認知言語学で近年提唱されつつある用例基盤モデル（Usage-Based Model）の精神に合致すること。
4) 知覚動詞のタイプ頻度がある程度得られて、原形不定詞をとる知覚構文がスキーマとして抽出された後、知覚動詞に類する「経験」の意味を表すことができるようになった have がそのスキーマに引きつけられて拡張適用されるようになったこと。
5) 知覚構文から形式の類推及び will/would との共起に助けられて、使役構文にも拡張適用されるようになったこと。

このように、認知言語学的発想が歴史的語義・意味変化に貢献できる部分は多いと思われるが、実情はまだ発展途上である。本論もケーススタディであり、より魅力的な議論を目指すならば、歴史的事実とのもっと精緻な突き合わせを行って検討する必要がある。例えば語の適用範囲が拡張されるという全体的視野のみならず、その語の内部意味構造のどの部分がどういった理由・動機づけからどのようなメカニズムを経て変化していったのか等、より精緻な疑問に認知言語学的道具立てが回答を与えていける余地があると思われる。今後更に具体的な事例研究を積み重ねて考えていくことが課題である。

7.7 まとめ

本章では、have 構文の共時的多義およびその通時的成立と変遷について検討を加えた。

本章前半では、have 構文の表す二つの意味解釈について考察し、いずれの解釈も「単一の事態と見なされるためには、エネルギーの途切れがあってはなら

ない」という因果連鎖モデルの原則に従ったものであることを議論した。補文事態の始点に have の表す事態認識が位置づけられる場合には使役の解釈が、補文事態の終点側に位置づけられる場合には経験・受動の解釈が得られること、また単一の事態と認識するためのエネルギーの流れを分断しないために、補文事態との組み合わせがある程度制限されていることをみた。ただし、その組み合わせは補文の動詞の意味によって決まるのではなく、その事態をどう解釈したか、という、事態認知のレベルで考えなければならないことも確認した。

　この二つの解釈は、経験を表す意味の have が知覚動詞と共有する、潜在的な二方向性に帰することができる。章の後半では認知言語学的概念及び用例基盤モデルの考え方に従い、have 構文の成立と変遷について、通時的観点から考察した。補文構造が次第に拡張していること、及び、類似性に基づいて他の知覚・使役構文と関わりを持ちながら現在の形と意味を成立させたことを議論した。

　構文とは、初めからアプリオリに存在するものではなく、その構文内に生起する個々の具体的な動詞などの語彙項目事例に基づいてボトムアップ式に成立していくものである。そして更に新しい語彙項目をひきつけたり、古くからの語彙項目を手放すことで、そのカテゴリーをダイナミックな形で常に変えている。このような視点をとると、具体的な言語事例及びその種類の多さ（タイプ頻度）やその定着度（トークン頻度）などが重要な役割を果たしていることが、明らかになってくるだろう。

注

　＊ 本章は早瀬（1994, 1998）, Hayase（2000）を下敷きにして修正、発展を加えたものである。
　1) ここでの delimitness（限界づけ）とは、Tenny（1994）で用いられている概念を指す。
　2) このエネルギーの受け渡しの存在によって、have 使役構文の表す間接性も説明できると考えられる。
　3) Make 使役文の場合は have 使役文と異なり、補文事態に対する制限がそれ

ほどきつくない。例えば非対格自動詞であってもよいわけである。これは、make 自体が CAUSE 分節を導入すると考える可能性がある。同様の考え方は Ritter and Rosen (1993) にも見られる。
4) 次のような場合は burning によって移動がひきおこされることになるので、因果関係が認められ、適切となる。
　　(i) The branding iron burned into the calf's skin. (Croft (1991：161))
5) Causal-reverse verbs はいわゆる典型的な因果連鎖における主語と目的語とが逆に配置されている点で有標 (marked) である。詳しくは Croft (1991：253) 参照のこと。
6) 第4章での所有格表現の分析も参照のこと。この所有格表現はまさに参照点構造を表す表現である。
7) Baron (1977) では初出が Malory の *Morte d'Arthur* の 1470-85 のもの、Visser (1973) では 1422-1509 のものとされているが、いずれにしても最も後発の用法であることには違いはない。
8) カテゴリー変化の変遷をプロファイルシフトによって捉えようとしている研究として、Rubba (1994) が挙げられる。
9) Haspelmath (1994：152) では、分詞は動詞的形容詞と規定できる ("participles are best defined as verbal adjectives.") と述べている。
10) (64) の例の中でも原形不定詞が一般的に用いられるわけではない動詞が含まれている。例えば observe に関しては Palmer (1965) によれば ing 形しかとらない動詞として分類されている。
11) 知覚動詞の二方向性を踏まえての議論に Taniguchi (1997) がある。
12) 3.3.2 で触れたように、中英語期以降 to 不定詞の方が原形不定詞よりも一般的に用いられるようになった（が、古英語期からすでに原形不定詞で用いられていた make や let や知覚動詞などは、頻度による保守化効果により、原形不定詞形が生き延びた）という経緯がある。このため、ここで挙げている事例も、中英語期以降一時的に to 不定詞形をとっているものが散見される。
13) find は最近では原形不定詞をとるよりも ing 形の方が圧倒的に好まれるようである。
14) Visser (1973：2252) では動詞 hear が原形不定詞をとっている時代は専ら

中英語初期と現代英語であり、それ以外では to 不定詞との共起が多いとコメントしている。実際、Visser の用例をみていても、1400 年の用例以降、1665 年の用例までは to 不定詞のみが用いられており、原形不定詞が再開される初出例は 1813 年の Austin の用例である。用例基盤モデルにおける頻度の考え方に基づけば、古英語期に定着した形式に、途中の空白を経て回帰したということになるが、その経緯については不明である。一つの可能性として、他の知覚動詞との類推により、元来の用法に戻ることになったということも考えられる。

15) Goldberg (1999) では、基本的な動詞と共に構文をいくつか学び、次第にその構文形を共通スキーマとして抽出していく、という、ここで見ている考え方に沿って、構文の言語習得論を展開している。

16) listen to や look at が原形不定詞をとる形式はアメリカ英語に主だ(った)という報告がある。しかし、(70d) の Thackeray の Vanity Fair からの採取例を発話している人物がアイルランド出身とされていることから、アイルランドで用いられた用法が、アメリカに移民と共に渡ったのではないかという説もあるようである (Visser (1973: 2249))。

17) この考え方はまさに、「動詞の意味が、その構文の中心クラスタの意味と合致するよう変化すれば、構文適用が起こる」とする、Goldberg (1995) の用例基盤モデルの精神と合致する。

18) 現在では remark の「気づく、見て取る」の意味用法は古めかしいものであり、that 節をとるのが普通のようである。

19) know が知覚動詞に準じる意味で用いられるのは、コーパスを見ていると、have (n)ever... と共起する環境が圧倒的に多いようである。to 不定詞を用いる用法の方が一般には多いようだが、以下の例が示すように、know は必ずしも直接知覚に基づく経験・知識を表さないものとなる。
 (i) I've never known him to fail.

20) しかし see の方が have よりも知覚経験の内容が具体的であるので、十分にスキーマ化されなかったのかもしれない。

21) OED 及び Visser の用例では 1400 年代で 50%、1500 年代で 70.9%、1600 年代で 76%、1700 年代で 72%、1800 年代でも 68.8% となっている。

第8章　結論

　本章では、各々の言語現象の分析から得られた結論を要約し、この著書の中で採用した認知言語学的な立場（2、3章で展開された）から、その理論的な意義と今後の展望についてまとめたい。

　まず第4、5章では所有格表現を検討し、その機能と使用環境条件について考察した。この表現では、参照点構造、つまり「ある事物を同定するために別の事物を参照し、それを手がかりとすること」という一般的な認知能力に基づいて、適切な所有格が選択されていた。所有格となれるものは、参照点、つまり目印・手がかりとして十分に機能するものであるのが自然である。所有格構文においてこの手がかりとなるものは、典型的には語の意味構造によって保証される参与者、つまり、主要部名詞のドメイン内に概念上存在するものでなければならない。更に、適格な所有格表現となるためには1) 所有格名詞が、主要部名詞の指示対象を同定するに十分なトピック性を担っていること、2) 所有格名詞は主要部名詞を理解するドメイン内に存在する参与者であること、3) 所有格名詞によって主要部名詞が唯一的に同定できるような関係が成立すること、の3点を総合的に満たしている必要があることを考察した。この3点が語彙特性だけで問題なく成立しているものがプロトタイプ的な理想の所有格表現となるが、実際にはこれらの3点のうちいくつかが文脈によって補われる場合にのみ臨時的に可能となるような、周辺的な事例もたくさんある。通常あまり認めがたいとされる表現も、文脈の支えによって臨時的に可能になる。そして、所有格表現の適格性を決める要因が、語彙特性単独で成立するような静的、固定的、客観的な予測性をもつものではなく、文脈による補正や話者の主体的な場面の読み込みといった、動的、弾力的な側面をもつものであるという結論に達している。

第6章では分詞構文を扱った。あるひとつの事態の中にも、普通複数の側面を切り取ることができるが、その時にどのような事態を主節にすえ、どのような事態を分詞句で言語表現化するのか。この問題をまず事態のアスペクトという時間的な特性に基づいて考察し、事態の言語化の選択がFigure-Groundという一般的認知能力によって司られていることを明らかにした。どの事態側面を描写の中心に持ってくるのかは話者の捉え方次第であり、概念レベルにおいては比較的自由に入れ替えが可能であったが、それでも話者の頭の中で因果関係推論による順序づけが行われると、そこにはFigure-Groundの非対称が見られた。また時間レベルにおいては、事態のアスペクトが持続性のある時間幅をもったものであれば、Groundとして適切に機能し、Figure事態をより鮮明に浮き上がらせることを示した。これは英語だけではなく、日本語でも同様の現象が見られることを確認し、付帯状況を表す複文構造で他の言語においても成立する可能性の高い認知法則であることを見た。

　また、分詞構文には、同一の形式に付帯状況、理由、条件、結果などさまざまな意味が結びつけられるが、それらはすべて〈同時性〉という条件が共通している。そして、時間ドメインにおいて解釈されれば、その同時性がプロトタイプ的に付帯状況的意味（ナガラ、テなどに通じる）を、概念ドメインで解釈されれば、話者の推論に応じてその他の意味を生みだすことを見た。このように、プロトタイプ的、中心的な意味を満たしている分詞構文は異なるドメインへの適用がなされ、多様な意味を生みだすが、〈同時性〉から少しずれた拡張と考えられる、継起関係を表す分詞構文は、それ自体がプロトタイプとは言えないことから、異なるドメインへ適用されて更なる拡張の意味を生みだすことが難しいことを見た。

　第7章のhave構文に関する章では、事態をどのように認識した場合に使役と受動（経験）という、異なる解釈が生まれるのか、同じ原形不定詞を伴う形式をとりながら、全く相反する解釈が出てくるのはなぜなのかを、因果連鎖分析により事態認知の観点から説明を試みた。使役の解釈を生む場合には、haveの表す意味が補文事態を引き起こす役割を担うべく、因果連鎖の始点部に位置づけられねばならないし、受動（経験）の解釈には、補文事態の最終状態の後に位置づけられる必要がある。いずれも、ひとつの事態を表すためには因果連

鎖に途切れがあってはならない、とする、より一般的な認知パターンに帰することができた。

　また構文というものが固定的なものではなく、変化を遂げてきたものであることを通時的観点から検討した。have 構文のもともとの意味は「なにかがどこかにある」という「存在」を表しており、そこから次第に「経験する、影響を被る」の解釈を経て、最終的に使役の解釈へと到達した。その発達過程を他の使役・知覚動詞構文との関わりの点から、用法基盤モデル（Usage-Based model）に基づく考え方で示してきた。

　本書がその基盤としてきた認知言語学の理念は、ひとつには「言語によって表されているのは人間を通して見た世界である」ということにあった。客観的には一つとされる事態、状態であっても、見る人間が変われば、また同じ人間でも視点を変えれば、その同一であったはずの事態の見え方は一つとは限らなくなってくる。このように「見え方」を変化させる要因・条件の源を、一般的な心理現象に求め、そこから言語現象を見直していく、という立場は、基本的に本書で考察した構文形式の分析すべてにおいて貫かれていた。

　所有格表現においては、表現の適格性が、一般的な認知能力である参照点構造と、言語構造との相互作用によって、決定されることを議論した。分詞構文の観察から明らかになったことは、人間が事態をいかようにも見ることができるのだが、それを言語化する場合には、Figure-Ground 法則を満たす形での表現を自然に選択するし、またそのような形で表現を解釈する、ということであった。また、人間が事態というものを言語表現化しようとするときには、ある一続きの因果関係性が見いだせるものを選ぶ傾向にある。have 構文の分析では、その事態認知パターンに基づいて、2つの一見相反する解釈が同じ形式に結びついていること、それが自然な因果関係認識を形成するためであることを見た。

　また、認知言語学では、「形式が同じであれば、外界の捉え方（＝概念化）も何らかの点で同じである」という立場に立つ。言語は記号体系であり、記号とは形式と意味との対応関係から成り立つものだとされている。この記号という名で呼ばれる言語単位は、語より小さいレベル、語、句、文、複文レベルなど

さまざまでありうる。その言語単位の大小に関わらず、それに何らかの意味が対応して「構文（constructions）」を構成する、という考えを提出していた。そして、この「構文」は現実には多様な意味を表していても、形式が同じであれば、外界のものの見方に関して、完全な相似ではないにしろ何らかの共通点が見いだせる、プロトタイプカテゴリーを形成する、と考える。プロトタイプカテゴリーの特徴は、カテゴリーのメンバーであるか否かがその語彙特性によって絶対的に決まっているものではなく、知覚する側である私たち人間が、プロトタイプとされるものとの比較を行った上で判断を下すものであり、従ってメンバーらしさの度合いは相対的なものとなりうる、ということである。この点で、プロトタイプカテゴリーという考え方は、やはり「人間の介在」という認知言語学の理念を反映したものと言えよう。また、文脈その他の知識によっては通常カテゴリーメンバーとはみなしがたいものも、メンバーとして許容される余地が十分にあることも、プロトタイプカテゴリーの注意すべき重要な点であった。この観点から見直してみると、本書で扱った構文は、言語単位の大きさは異なるものの、すべてプロトタイプカテゴリーを成すものであった。そして、いずれもが、容認可能になるための基本的なスキーマを抽出することができることを確認した。例えば、所有格という卑近な表現も、やはり話者の判断を介在しての結果であるプロトタイプカテゴリーを形成していたし、分詞構文もプロトタイプである時間表現解釈が最も意味の拡張性が高かった。

　更に、「言語が表しているのは人間を通して見た世界である」という理念は、時に「人間を通してみた世界が可変的に流動する可能性を秘めている」ことをも示唆する。本書で見てきた構文カテゴリーの中にも、プロトタイプからかなりはずれてしまっているとおぼしき意味や用法が見受けられた。プロトタイプから逸脱しているのに、なぜスキーマを満たすことが可能なのかを検討すると、プロトタイプ的な表現に比べて話者の介在の度合いが大きくなった事例が数多く見つかった。この文脈効果は、適格な所有格表現となるためのスキーマを満たす際に、話者が言語化の対象となる場面に介入してくる主体化の産物として位置づけられる。このように、カテゴリーは固定的なものではなく、拡張していく可能性を秘めており、その拡張現象にはその場の文脈や話者の介入などによって補正されたケースが見られることも確認された。

第8章 結論

　以上、主に英語の3つの構文分析を通して、「人間が関わっている」言語表現の姿を見てきた。言語単位の大小を問わず、意味機能や話者の事態の捉え方、という観点から構文を一つ一つ見ていくことは、究極的には「母語話者の文法知識」がどうなっているのかを、心理的実在性を持った形で解明することにつながると考えられる。本書で扱うことのできた事例はその膨大な文法知識のほんの断片に過ぎない。けれども、ある構文形式に対応づけられた事態把握のあり方としての意味機能、その適格性、そしてそのカテゴリー全体を真の形で理解しようとすれば、言語表現だけの閉じられた側面のみならず、その使用場面である「環境」といった「言語外的」要因をも考慮する必要がある、ということが、この研究から示唆できれば幸いである。

参考文献

[略記]
BLS=*Proceedings of the Annual Meeting of the Berkeley Linguistics Society.* Berkeley, California : University of California, Berkeley.
CLS=*Papers from the Regional Meeting, Chicago Linguistic Society.* Chicago : Chicago Linguistic Society.
NELS=*Proceedings of the Annual Meeting of the North Eastern Linguistics Society.* Cambridge, Mass.

Alpatov, Vladimir M. and Vera Podlesskaya (1995) "Converbs in Japanese," in Martin Haspelmath and Ekkehard König (eds.), 466-485.
Anderson, Mona (1978) "Prenominal Genitive NPs", *The Linguistic Review* 3, 1-24.
Athanasiadow, Angeliki and Rene Dirven (eds.) (1997) *On Conditionals Again*, John Benjamins, Amsterdam.
Barker, Chris (1996) *Possessive Descriptions*, CSLI Publications, Stanford.
Barlow, Michael and Suzanne Kemmer (2000) *Usage-Based Models of Language*, CSLI Publications.
Baron, Naomi S. (1974) "The Structure of English Causatives," *Lingua* 33, 229-342.
Baron, Naomi S. (1977) *Language Acquisition and Historical Change*, North-Holland.
Belvin, Robert (1993) "The Two Causative Haves Are the Two Possessive Haves," *CLS* 29, 61-75.
Bland, Susan K. (1985) *The Action Nominal in English*, Doctoral dissertation, Cornell University, Ithaca.
Brown, C. (1983) "Topic Continuity in Written English Narrative," *Topic Continuity in Discourse*, in Talmy Givón, 315-341, John Benjamins, Amster-

dam.

Brown, Roger (1973) *A First Language : The Early Stages*, Allen & Unwin, London.

Brugman, Claudia (1988) *The Syntax and Semantics of "Have" and Its Complements*, Ph. D. dissertation, UMI.

Bullock, M., R. Gelman, and R. Bailargeon (1982) "The Development of Causal Reasoning," in W. Friedman (ed.), *The Developmental Psychology of Time*, 209-254, Academic Press, New York.

Bybee, Joan (1998) "Mechanisms of Change in Grammaticization : the Role of Frequency," unpublished manuscript.

Bybee, Joan and Sandra Thompson (1997) "Three frequency effects in syntax," *BLS* 23, 378-388.

Comrie, Bernard (1976) *Aspect*, Cambridge University Press, Cambridge.

Croft, William (1991) *Syntactic Categories and Grammatical Relations*, The University of Chicago Press, Chicago.

Croft, William (1993) "Case Marking and the Semantics of Mental Verbs," in James Pustejovsky (ed.), *Semantics and the Lexicon*, 55-72, Kluwer Academic Press, Dordrecht.

Croft, William (1994) "A Gestalt Analysis of Complex Sentences and Its Typological Consequences," ms. University of Manchester.

Croft, William (1994) "Voice : Beyond Control and Affectedness," in Barbara Fox and Sandra Thompson (eds), 89-117.

Croft, William (1998) "Event Structure in Argument Linking," in Miriam Butt and Wilhelm Geuder (eds.), *The Projection of Arguments : Lexical and Compositional Factors*, 21-64, CSLI Publications, Stanford.

Croft, William (2001) *Radical Construction Grammar : Syntactic Theory in Typological Perspective*, Oxford University Press, Oxford.

Deane, Paul (1987) "English Possessives, Topicality, and the Silverstein Hierarchy," *BLS* 13, 65-76.

Deane, Paul (1991) "Limits to Attention : A Cognitive Theory of Island Phenomena," *Cognitive Linguistics* 2, 1-63.

Denison, David (1993) *English Historical Syntax*, Longman, London.

Doron, Edit and Malka Rappaport-Hovav (1991) "Affectedness and Externalization," *NELS* 21, 81-94.

Dowty, David (1977) "Toward a Semantic Analysis of Verb Aspect and the English 'Imperfective Progressive'" *Linguistics and Philosophy* 1 : 1, 45-78.

Dowty, David (1979) *Word Meaning and Montague Grammar*, Kluwer Academic Press, Dordrecht.

Dry, Helen A. (1983) "The Movement of Narrative Time," *Journal of Literary Semantics* 12, 19-53.

Duffley, Patrick (1995) "Defining the potential meaning of the English *-ing* form in a psychomechanical approach," *Langues et Linguistique* 21 : 1-11.

Durieux, F. (1990) *The Meanings of the Specifying Genitive in English : A Cognitive Analysis*, Antwerp Papers in Linguistics, 66.

Fellbaum, Charles (1987) "On Nominals with Preposed Themes," *CLS* 23, 79-92.

Fiengo, Richard W. (1980) *Surface Structure : The Interface of Autonomous Components*, Harvard University Press, Cambridge, MA.

Fillmore, Charles (1982) "Frame Semantics," In Linguistic Society of Korea, ed., *Linguistics in the Morning Calm*, 111-138, Hanshin, Seoul.

Fillmore, Charles (1985) "Frames and the Semantics of Understanding," *Quaderni di Semantica* 6-2, 222-253.

Fox, Barbara and Paul J. Hopper (eds.) (1994) *Voice : Form and Function*, John Benjamins, Amsterdam.

Givón, Talmy (1975) "Cause and Control : On the Semantics of Interpersonal Manipulation," in John P. Kimball (ed.), *Syntax and Semantics* 4, 59-89, Academic Press, New York.

Givón, Talmy (1979) *On Understanding Grammar*, Academic Press, New York.

Givón, Talmy (1983) "Topic Continuity in Spoken English," in Talmy Givón (ed.), *Topic Continuity in Discourse*, 345-363, Benjamins, Amsterdam.

Goldberg, Adele (1995) *Constructions : Constructional Approach to Argument Structure* (『構文文法論：英語構文への認知的アプローチ』河上誓作・早瀬尚子・谷口一美・堀田優子訳), the University of Chicago Press, Chicago.

Goldberg, Adele (1999) "The Emergence of the Sematics of Argument Structure Constructions," in Brian MacWhinney (ed.), *The Emergence of Language*, 197-202, Lawrence Erlbaum Associates, New Jersey.

Grimshaw, Jane (1990) *Argument Structure*, MIT Press, Cambridge, MA.

Haiman, John (1994) "Ritualization and the Development of Language," in

William Pegliuca (ed.), *Perspectives on Grammaticalization*, 3-28, John Benjamins, Amsterdam.

Haiman, John and Sandra Thompson (1988) *Clause Combining and Discourse*, John Benjamins, Amsterdam.

Hamano, Shoko (1989) "Thematic Role Assignment of the Single Argument of (De)Verbal Nouns," *Proceedings of the 6th Eastern State Conference on Linguistics*, 126-137.

Hasegawa, Yoko (1996) "The (Non-Vacuous) Semantics of TE-Linkage in Japanese," *Journal of Pragmatics* 25, 763-790.

Haspelmath, Martin (1990) "From Purposive to Infinitive—A Universal Path of Grammaticization," *Folia Linguistica Historica* 11-2 : 287-310.

Haspelmath, Martin (1994) "Passive Participles across Languages," in Barbara Fox and Paul Hopper (eds.), 151-177.

Haspelmath, Martin (1995) "The Converb as a Cross-linguistically Valid Category," in Martin Haspelmath and Ekkehard König (eds.), 1-55.

Haspelmath, Martin and König Ekkehard (eds.) (1995) *Converbs in Cross-Linguistic Perspective : Structure and Meaning of Adverbial Verb Forms : Adverbial Participles, Gerunds*, Mouton de Gruyter, Berlin.

Hawkins, Roger (1981) "Towards an Account of the Possessive Constructions : NP's N and the N of NP," *Journal of Linguistics* 17, 179-192.

Hayase, Naoko (1993a) "Prototypical Meaning vs. Semantic Constraints in the Analysis of English Possessive Genitives," *English Linguistics* 10, 133-159.

Hayase, Naoko (1993b) "Figure-Ground Phenomenon in Free Adjuncts : From Aspectual Viewpoint," *Proceedings of the Seventeenth Annual Meeting of Kansai Linguistic Society*, 23-33.

Hayase, Naoko (1995) "A Cognitive Approach to Possessive Genitives in Derived Nominals : With Special Reference to the Phenomenon of Possessor Selection," *Osaka University Papers in English Linguistics* 2, 1-30.

Hayase, Naoko (1996) "On the Interaction of Possessive Constructions with Two Types of Abstract Nominalization : A Cognitive Viewpoint," *English Linguistics* 13, 248-276.

Hayase, Naoko (1997) "The Role of Figure, Ground, and Coercion in Aspectual Interpretation," in Marjolin Verspoor, Kee-Dong Lee and Eve Sweetser (eds.), *Lexical and Syntactical Constructions and the Construction of*

Meaning, 33-51, John Benjamins, Amsterdam.

Hayase, Naoko (1999) "Possessive Constructions: Their Commonalities and Differences," (Review Article: *Possessives in English*, by John Taylor, Clarendon Press, Oxford, 1996), *English Linguistics* 16-2, 514-540.

Hayase, Naoko (2000) "Syntactic and Semantic Diversities of HAVE Constructions in English," LAUD 2000: Series B: Applied and Interdisciplinary Papers, Paper No. 290, 1-20 (LAUD Working Papers).

Hopper, Paul (1979) "Aspect and Foregrounding in Discourse," in Talmy Givón (ed.), *Syntax and Semantics* 12, 213-241, Academic Press, New York.

Ikegami, Yoshihiko (1981) "Indirect Causation and De-Agentivization,"『東京大学教養部外国語科研究紀要』29-3: 93-112.

Ikegami, Yoshihiko (1990) "HAVE/GET/MAKE/LET+Object+ (to-) Infinitive' in the SEU Corpus,"『文法と意味の間：国広哲弥教授還暦退官記念論文集』, 181-204, くろしお出版.

Israel, Michael (1996) "The *Way* Constructions Grow," in Adele Goldberg (ed.), *Conceptual Structure, Discourse and Language*, CSLI Publishing, 217-230.

Jespersen, Otto (1940) *A Modern English Grammar*, V (Syntax), Munksgaard, Copenhagen.

Kemmer, Suzanne (1995) "An Analogical Model of Syntactic Change," A paper presented at the Conference on Functional Approaches to Grammar in Albuquerque, New Mexico.

Kemmer, Suzanne and Michael Israel (1994) "Variation and the Usage-Based Model," *CLS* 30, 165-179.

Kempson, Ruth M. (1977) *Semantic Theory*, Cambridge University Press, Cambridge.

König, Ekkehard (1988) "Concessive Connectives and Concessive Sentences: Cross-Linguistic Regularities and Pragmatic Principles," in John A. Hawkins (ed.), *Explaining Language Universals*, 145-166, Basil Blackwell, London.

König, Ekkehard (1995) "The Meaning of Converb Constructions," in Martin Haspelmath and Ekkehard König (eds.), 57-96.

Kortmann, Bernd (1995) "Adverbial Participal Clauses in English" in Martin Haspelmath and Ekkehard König (eds.), 189-238.

Lakoff, George (1977) "Linguistic Gestalt," *CLS* 13, 225-235.

Lakoff, George (1987) *Women, Fire and Dangerous Things*, The University of Chicago Press, Chicago.
Langacker, Ronald W. (1987) *Foundations of Cognitive Grammar*, Vol. 1, Stanford University Press, Stanford.
Langacker, Ronald W. (1990a) *Concept, Image and Symbol : The Cognitive Basis of Grammar*, Mouton de Gruyter, Berlin.
Langacker, Ronald W. (1990b) "Subjectification," *Cognitive Linguistics* 1, 5-38.
Langacker, Ronald W. (1991) *Foundations of Cognitive Grammar*, Vol. 2, Stanford University Press, Stanford.
Langacker, Ronald W. (1993) "Reference-point Constructions," *Cognitive Linguistics* 4, 1-38.
Langacker, Ronald. W. (1995) "Possession and Possessive Constructions," in John R. Taylor and Robert E. MacLaury (eds.), *Language and the Cognitive Construal of the World*, Mouton de Gruyter, 51-80.
Langacker, Ronald W. (1997a) "Generics and Habituals" in Angeliki Athanasiadow and Rene Dirven (eds.), 191-222.
Langacker, Ronald W. (1997b) "Losing Control : Grammaticization, Subjectification, and Transparency," A Handout of the Lecture given at the University of Tokyo in August.
Langacker, Ronald W. (1999) *Grammer and Conceptualization*, Mouton de Gruyter, Berlin.
Langacker, Ronald W. (2000) "A Dynamic Usage-Based Model," in Micheal Barlow and Suzanne Kemmer (eds.), *The Usage-Based Models of Language*, CSLI Publications.
Lebeaux, D. (1986) "The Interpretation of Derived Nominals," *CLS* 22, Part 1 : General Session, 231-247.
Levin, Beth (1993) *English Verb Classes and Alternations : A Preliminary Investigation*, University of Chicago Press, Chicago.
Li, Ping and Yasuhiro Shirai (2000) *The Acquisition of Lexical and Grammatical Aspect*, Mouton de Gruyter, Berlin.
Lyons, Christopher (1986) "The Syntax of English Genitive Constructions," *Journal of Linguistics* 22, 123-143.
Matsumoto, Yo (1996) "Subjective Motion and English and Japanese Verbs," *Cognitive Linguistics* 7-2, 183-225.

Nikiforidou, Kiki (1991) "The Meanings of the Genitive: A Case Study in Semantic Structure and Semantic Change," *Cognitive Linguistics* 2, 149-205.

Ohori, Toshio (1994) "Review Article on Croft 1991," *English Linguistics* 11, 318-339.

Ohori, Toshio (1995) "Case Markers and Clause Linkage: Toward a Semantic Typology." in Eugene Casad (ed.), *Cognitive Linguistics in the Redwoods*, 693-712, Mouton de Gruyter, Berlin.

Quirk, Randolph, Sidney Greenbaum, Geoffrey Leech and Jan Svartvik (1985) *A Comprehensive Grammar of the English Language*, Longman, London.

Rappaport, Malka (1983) "On the Nature of Derived Nominals," in L. Levin, M. Rappaport and Anne Zaenen (eds.), *Papers in Lexical-Functional Grammar*, Indiana University Linguistics Club, Bloomington, 113-142.

Reinhart, Tanya (1984) "Principles of Gestalt Perception in the Temporal Organization of Narrative Texts," *Linguistics* 22, 779-809.

Ritter, Elizabeth and Sara T. Rosen (1993) "Deriving Causation," *Natural Language and Linguistic Theory* 11, 519-555.

Rozwadowska, Bozena (1988) "Thematic Restrictions on Derived Nominals," in Wendy Wilkins (ed.), *Syntax and Semantics* 21, 147-165, Academic Press, New York.

Rubba, Jo (1994) "Grammaticalization as Semantic Change: A Case Study of Preposition Development," in William Pagliuca (ed.), *Perspectives on Grammaticalization*, 81-102, John Benjamins, Amsterdam.

Shibatani, Masayoshi (1976) "The Grammar of Causative Constructions: A Consectus," in Shibatani Masayoshi (ed.), *Syntax and Semantics* 6, 1-40, Academic Press, New York.

Slobin, Dan (1995) "Converbs in Turkish Child Language," in Martin Haspelmath and Ekkehard König (eds.), 349-371.

Smith, Carlotta (1983) "A Theory of Aspectual Choice." *Language* 59, 479-501.

Smith, Carlotta (1997) *Parameters of Aspect*, Second Edition, Kluwer Academic Press, Dordrecht.

Stein, Dieter and Susan Wright (eds.) (1990) *Subjectivity and Subjectivisation: Linguistic Perspectives*, Cambridge University Press, Cambridge.

Stump, Gregory (1985) *Semantic Variability of Absolute Constructions*, Reidel, Dordrecht.

Tabakowska, Elzbieta (1997) "Conceptualization: Conditionals as an Instance of Figure-Ground Alignment," in Athanasiadow and Dirven (eds.), 273-288.

Talmy, Leonard (1976) "Semantic Causative Types," in Shibatani Masayoshi (ed.), *Syntax and Semantics* 6, 43-116, Academic Press, New York.

Talmy, Leonard (1978) "Figure and Ground in Complex Sentences," in Joseph H. Greenberg (ed.), *Universals in Human Language*, vol. 4, Stanford University Press, 627-649.

Talmy, Leonard (1988) "The Relation of Grammar to Cognition," in Brygida Rudzka-Ostyn (ed.), *Topics in Cognitive Linguistics*, 165-225, John Benjamins, Amsterdam.

Talmy, Leonard (1991) "Path to Realization: A Typology of Event Conflation." *BLS* 17, 480-519.

Talmy, Leonard (2000a) *Toward a Cognitive Semantics*, Vol. 1, The MIT Press, Cambridge, MA.

Talmy Leonard (2000b) *Toward a Cognitive Semantics*, Vol 2, The MIT Press, Cambridge, MA.

Taniguchi, Kazumi (1997) "On the Semantics and Development of Copulative Perception Verbs in English: A Cognitive Perspective" *English Linguistics* 14: 270-299.

Taylor, John R. (1989) "Possessive Genitives in English," *Linguistics* 27: 663-686.

Taylor, John R. (1994a) "Possessives and Topicality," *Functions of Language* 1, 67-94.

Taylor, John R. (1994b) "'Subjective-' and 'Objective-' Readings of Possessor Nominals," *Cognitive Linguistics* 5, 201-242.

Taylor, John R. (1995) *Linguistic Categorization: Prototypes in Linguistic Theory*, Clarendon Press, Oxford (1st edn, 1989).

Taylor, John R. (1996) *Possessives in English: An Exploration in Cognitive Grammar*, Clarendon Press, Oxford.

Tenny, Carol (1987) *Grammaticalizing Aspects and Affectedness*, MIT Working Papers in Linguistics, Cambridge, MA.

Tenny, Carol (1994) *Aspectual Roles and the Syntax-Semantics Interface*, Kluwer Academic Publishers, Dordrecht.

Thompson, Sandra A. (1983) "Grammar and Discourse: The English Detached

Participial Clause." in Flora Klein-Andreu (ed.), *Discourse Perspectives on Syntax*, 43-65, Academic Press, New York.

Traugott, Elizabeth (1993) "Subjectification in Grammaticalisation," in Dieter Stein and Suzan Wright (eds.), 31-54.

Traugott, Elizabeth (1995) "The Conflict *Promises/Threatens* to Escalate into War," *BLS* 19, 348-358.

Traugott, Elizabeth and Ekkehard König (1991) "The Semantics-pragmatics of Grammaticalization Revisited" in Elizabeth Traugott and Berne Heine (eds.), *Approaches to Grammaticalization*, vol. I, 189-218, John Benjamins, Amsterdam.

Ungerer, Freidrich (1998) "Review Article: Possessives in English, by John R. Taylor, Clarendon Press, Oxford, 1996," *Cognitive Linguistics* 9, 397-402.

Vendler, Zeno (1967) *Linguistics in Philosophy*, Cornell University Press, Ithaca.

Vendler, Zeno (1968) *Adjectives and Nominalizations*, Mouton, The Hague.

Verhagen, Arie and Suzanne Kemmer (1994) "The Grammar and Causatives and the Conceptual Structure of Events," *Cognitive Linguistics* 5-2, 115-156.

Visser, Frederik Theodoor (1973) *An Historical Syntax of the English Language*, Part III, Second Half, E. J. Brill, Leiden.

Wallace, Stephen (1982) "Figure and Ground: The Interrelationships of Linguistic Categories," in Paul Hopper (ed.), *Tense-Aspect : Between Semantics and Pragmatics*, 201-223, John Benjamins, Amsterdam.

Washio, Ryuichi (1995) *Interpreting Voice*, Kaitakusha.

Wierzbicka, Anne (1980) *Lingua Mentalis : The Semantics of Natural Language*, Academic Press, Sydney.

Wierzbicka, Anna (1988) *The Semantics of Grammar*, John Benjamins, Amsterdam.

Williams, Edwin (1987) "English as an Ergative Language: The Theta Structure of Derived Nouns," *CLS* 23, General Session, 366-375.

Wittgenstein, Ludwig (1953) *Philosophical Investigations*, Macmillan, New York (『論理哲学論考』藤本隆志・坂井秀寿訳, 法政大学出版会に翻訳所収).

赤野一郎・藤本和子 (1994)「コーパスに見られる分詞構文」『英語コーパス研究』vol. 1、19-34。

池上嘉彦 (1981)『「する」と「なる」の言語学』大修館書店。

影山太郎（1996）『動詞意味論』くろしお出版。
河上誓作（編著）（1996）『認知言語学の基礎』研究社。
工藤真由美（1995）『アスペクト・テンス体系とテクスト――現代日本語の時間の表現』ひつじ書房。
内田充美（1999）「フランス語・英語の電子テキストデータを利用した〈コンマ＋現在分詞〉接続の研究――因果動詞の意味と節複合――」日本フランス語学会シンポジウム『フランス語学とコーパス研究』東京日仏会館発表レジメ。
大堀俊夫（1992）"The bike is near the house./??A house is near the bike."『言語』Vol. 21, No. 7, 82-85, 大修館書店。
坂原茂（編）（2000）『認知言語学の発展』ひつじ書房。
友澤宏隆（1997）「分詞構文におけるスキーマとプロトタイプ」第15回日本英語学会ワークショップ口頭発表論文。
中右実・西村義樹（共著）（1998）『構文と事象構造』研究社出版。
中尾俊夫・児馬修（編著）（1990）『歴史的にさぐる現代の英文法』大修館書店。
早瀬尚子（1994）「HAVE 構文の event 構造について」『待兼山論叢』第28号文学篇（大阪大学文学部）、1-19。
早瀬尚子（2000）「分詞構文のネットワーク」『筑波大学「東西言語文化の類型論」特別プロジェクト研究報告』平成11年度III、337-360。
早瀬尚子（2002）「英語所有格表現の諸相：プロトタイプ理論とスキーマ理論の接点」西村義樹（編）『シリーズ言語科学② 認知言語学 I：事象構造』, 161-186, 東京大学出版会。
早瀬尚子・堀田優子（共著）（近刊）『認知文法の新展開――カテゴリーと用法基盤モデル』英語学モノグラフシリーズ、研究社出版。
本多啓（1997）「世界の知覚と自己知覚」『英語青年』3月号、658-660。
益岡隆志・田窪行則（1992）『基礎日本語文法――改訂版――』くろしお出版。
松浪有（編）（1995）『〈テイクオフ〉英語学シリーズ 1 英語の歴史』大修館書店。
三宅知宏（1995）「～ナガラと～タママと～テ――付帯状況の表現――」宮島達夫／仁田義雄編『日本語類義表現の文法（下）複文・連文編』くろしお出版。
森山卓郎（1986）「日本語アスペクトの時定項分析」宮地裕編『論集日本語研究（一）現代編』明治書院。
森山卓郎（1988）『日本語動詞述語文の研究』明治書院。
由本陽子（1992）「派生名詞句内の目的語前置について」『成田義光教授還暦祝賀論文集』133-148、英宝社。
吉村公宏（1995）『認知意味論の方法―経験と動機の言語学』人文書院。

山梨正明(2000)『認知言語学原理』くろしお出版。
鷲尾龍一・三原健一(1997)『ヴォイスとアスペクト』研究社出版。
渡邊淳也(1997)「推論マーカーと連結辞の諸問題」『フランス語学研究』31号、40
　　-46。

あ と が き

> "There are no facts——only interpretations."
> ——Nietzsche, F.

　子供の頃からことばの表現の細かい違いが気になっていた。何が欲しいと聞かれて、「これでいい」と言ったときに、なぜ母は私をたしなめたのか。「これがいい」と言えばよかったのか。何気なく「で」を使ったその時の私の心理を、なぜ母は読みとったのか。とても楽しい時間を過ごした後で、その人が「あなたに会えて良かった」ではなく、「あなたと会えて良かった」と言ったのはなぜなのか。そこに深い意味があって使い分けをしたわけではないのかもしれなくても、「に」ではなく「と」をその人に使わせたのはいったい何だったのか。

　ことばに興味を持つようになったのも、何気ないことば使いが、その人のその時の気持ちを、思わず知らずふと露呈してしまうことを感じる機会が多々あって、それゆえにことばは人間の心と切り離しては考えられないものだと実感するようになったからかもしれない。自分と他人とを結びつけ、あるいはその関係に苦しみ、傷つき傷つけられるのも、まずことばによるのではないかと思い、そのようなことばの裏側を考える世界があればと思っていた。ことばの研究とは、究極的には人間関係の研究でもあると信じてきたし、またそうであって欲しいと願い続けてきた。少なくとも、そうでなければことばの研究など私にとっては無意味な学問に過ぎなかった。

　大阪大学文学部の2年生時、当時教授でいらっしゃった成田義光先生の普通講義で初めてことばの世界を垣間見る機会を持った。その時のテーマは「発話行為 (Speech Act)」であり、文字通り表現していることと、その表現を用いて行っている行為とが必ずしも厳密な意味で一致していないことを認識させられた。まさにそのズレこそ、私が常日頃から抱いていたことばの世界への興味や疑問に触れるポイントであることを感じ、英語学を専攻にしようと心に決めた。その後、河上誓作先生の語用論の授業を通じて、視点や主観性などといった、

「現実の世界を人間がどのように見てことばを発しているのか」という問題をはらむ言語現象に触れ、わくわくする楽しさを覚え、もっとこの世界をのぞいてみたい、という気持ちが起こるようになった。

　しかし、大学院に進学しようと決めたあたりから、次第に当時の言語学における主流の考え方に触れるようになり、それがこれまでの私の興味とは違う方向性をもっていることを実感して、大学院に進んでことばの研究をしたいと思った気持ちが揺らいだことがあった。私にとっての言語研究は、究極的には「私」という「人間」について、そしてその個人的な「私」と他の人との共通性を見いだす研究でありたかったのだが、その「私」が実感できないレベルでの精緻化は、たとえ人間一般の認知機構の解明につながるとしても、「私」個人には満足のいかないものだったのである。しかし、その私の興味が活かせそうな場は見つかりそうになく、むしろそのような考え方はそもそもの学問的立場として全くなっていないと批判の対象となることも感じて、私は自分の選択に自信を失い、進むことができなくなった。

　進路を失い、迷う私に、河上先生は「言語の研究にはあなたが考えている以上にもっとさまざまな視点、アプローチがありうる」と、一枚のプリントをくださった。それが、私と認知言語学との出会いだった。主流ではない、全くの異端の考え方であることは承知の上だったが、それでもその異端の考え方を批判覚悟ではっきりと書物に打ち出した人物がこの学界にいる。このラインの話であれば、私の興味を救うことができるのかもしれない。

　そのような視点から、遅々とした歩みではあったが積み重ねてきた論考をもとに、本書はできあがった。

　この本及びそのもととなった論考を書くに当たっては、さまざまな方からあたたかい励まし、またありがたくも厳しいご批判を受けた。河上誓作先生は、大阪大学文学部で私を言語の世界の面白さに導いてくださり、その後ずっとあたたかく励まし、相談に乗ってくださり、かつ見守ってくださった。大庭幸男先生は、アプローチや視点は異なるものの、学会発表の原稿などに対し、的確で背筋が伸びるコメントをくださった。Michael T. Wescoat 先生は初めての投稿論文の際にネイティブチェックをお願いして以来、常に真剣に議論に向き

あとがき

合ってくださり、データのみならず内容に関して、論文とはどのように書くものなのかを、貴重な時間を割いて本当に厳しく指導してくださった。このように恵まれた環境を与えてくださった先生方に、心から感謝の気持ちを捧げたい。また、勉強会や談話会で共に学び、励まし合い、刺激や意見をくださった大阪大学大学院時代の先輩、同輩、後輩たち、そして研究会や学会で貴重なご意見、ご批判をいただいた諸先生方にも心から感謝申し上げたい。それにもかかわらず己の未熟さを思うと歯がゆい限りであり、言うまでもなく本書の不備はすべて筆者の責任にある。

　思えば、大阪外国語大学の高階美行教授から大阪外国語大学言語社会研究叢書出版の企画の一環として思いがけなくお話を受け、自分にできるのか不安を抱えつつ、大胆にもお引き受けさせていただき、その上若輩者でありながらあるまじき遅筆であったがゆえに、関係者である諸先生方には大変なご迷惑をおかけし続けてしまった。お詫びの気持ちと、辛抱強く待ってくださった寛容さに深く頭を下げる次第である。

　勁草書房編集部の土井美智子さんには、本書の編集上の問題点について、細部にわたって建設的で貴重なアドバイスをいただいた。いろいろと無理を聞いていただいたこと、その熱心なご尽力に心から感謝申し上げたい。

　最後に、大変個人的なことではあるけれども、私が言語研究を生業とする道を歩むに当たって、最終的な覚悟を決めるきっかけの一つを与えてくれ、以来現在に至るまで、よきライバル、よき学徒として、アドバイス、意見をくれている夫に感謝したい。そして、あの空前の売り手市場だったバブル経済全盛期に敢えて就職せず、この狭き道に進むことを選択した娘を、その将来を心配しながらも、いつも静かに応援し、支え続け、見守ってくれた父母に、この本を捧げたいと思う。

2002年6月

早瀬　尚子

人名索引

Anderson, M.　89

Barlow, M.　39
Baron, N.S.　195, 221
Brown, C.　84
Brugman, C.　229, 239
Bybee, J.　39-40

Croft, W.　100-102, 111, 113, 154, 177, 183, 204, 231-232

Deane, P.　58-59
Durieux, F.　49

Fellbaum, C.　91-93, 95, 104-105, 119, 121, 129
Fiengo, R.W.　89
Fillmore, C.　14, 61

Givón, T.　65-67, 224
Goldberg, A.　38, 42-43, 234
Grimshaw, J.　129-130

Haiman, J.　39
Hasegawa, Y.　170, 183
Haspelmath, M.　149, 176, 187, 224
Hawkins, R.　57-59
早瀬尚子　38
堀田優子　38

Israel, M.　38

Kemmer　38-39

Kempson, R.M.　47
König, E.　149, 171
Kortmann, B.　176, 178-179

Lakoff, G.　205
Langacker, R.W.　22, 27, 30, 37-39, 49, 54-57, 62, 80, 85, 95-96, 98, 108, 126-127, 131-132, 153, 222, 224, 226

中右実　203
Nikiforidou, K.　49

Rappaport, M.　59, 90
Ritter, E.　203, 212
Rosen, S.T.　203, 212
Rubba, J.　36

Slobin, D.　178
Smith, C.　154
Stump, G.　168, 172

Talmy, L.　136, 150-151, 164, 184, 186, 189
Taylor, J.R.　49-51, 54, 56-59, 95-100, 109, 124, 130
Tenny, C.　91-92, 95, 104-105, 116, 119, 121, 129
Thompson, S.　40
Traugott, E.　171

Vendler, Z.　91, 105, 154, 162
Visser, F.T.　221, 232-235, 238-239

鷲尾龍一　202

Wierzbicka, A. 177
Williams, E. 126

Wittgenstein, L. 29

事項索引

ア 行

アスペクト　91, 94-95, 101, 105-106, 109, 117, 119, 135, 149, 153-154, 156, 160-161, 163-165, 203-204, 206-207, 209-211, 213-214, 248
維持動詞　162
意味の不確定仮説　47
因果連鎖（表示）　103-114, 116-119, 121-124, 137, 142, 183, 194, 216-218, 248
因果連鎖モデル　89, 100, 104-105, 108-109, 211, 243
影響性（Affectedness）　89-90, 94, 104, 107, 109
影響性の制約　89-90, 92, 97, 115

カ 行

概念的自律性　98
可算名詞　131
家族的類似（Family Resemblance）　29
活動（activity）　91, 95, 105, 119-120, 122, 158
カテゴリー化　27
カテゴリー転換　32, 222, 224-225, 228
関係（概念）（relation）　23-24, 223
関係表現（relational expression）　23
監督読み（director reading）　198-199, 212
起動（inchoative）　101
客体的解釈　20-22
客体変化　94-95, 106, 109, 117, 121-122
強制（解釈）（coercion）　102-103, 113, 119, 125, 154-155, 213
強制分節（coercion arc）　102, 111-112, 116
具現化（instantiation）　30
経験者（Experiencer）　59, 90, 96, 99, 111, 199, 206, 213, 215-216
経験者制約（Experiencer Constraint）　59, 90
経験のゲシュタルト（Experiential Gestalt）　49
ゲシュタルト（Gestalt）　11-16, 49
ゲシュタルト心理学　11-12, 15, 151, 177
ゲシュタルト要因　15
限界づけ（delimiter）　92, 116, 121, 203-204
原形不定詞　41, 193, 221, 227-237
語彙アスペクト　153-155
行為名詞（action nominal）　128
恒常仮説　17-18
構成性の原理　12
後続性（Posteriority）　175, 183-184, 186, 188-189
構文カテゴリー　48
構文スキーマ　80, 84-85, 124, 143
古英語（期）（Old English）　41, 84, 213, 221, 223, 226, 232-234, 237, 239
個体レベル述語　168
古典的カテゴリー（論）　28

サ 行

サーチドメイン（Search Domain）　33-34
参照点（構造）（Reference-point structure）　54-57, 71, 83, 219
使役者（causer）　110, 213
時間安定性（の基準）（Time Stability Criterion）　65-66, 77
刺激物（Stimulus）　90, 96, 99, 111
指示性（Referentiality）　69, 76
質量名詞　131
支配域（Domain）　55-56

弱化 (attenuation) 37-38, 220, 235
受益者 (benefactive) 215-216
主体化 (Subjectivification) 31, 36, 80-84, 219
主体的解釈 20-22
主体変化 94-95, 106, 117-119, 122
順序づけ 167
状態 (state) 91-92, 101, 105
情報価値 (Informativity) 96, 98-100, 109, 138
情報名詞 (informational noun) 99
所有者交替動詞 (possession alternation verbs) 94, 113
自律／依存 (の階層性) (Autonomy/Dependence layering) 23, 108, 127-128
シルバスタイン階層 (Silverstein Hierarchy) 58
心理動詞 (述語) 59, 96, 111-112, 124
スキーマ (Schema) 30-31, 49, 71-75, 79-80, 143, 234, 242,
スキーマ理論 48, 80
スコープ (scope) 22, 132, 137
ステージレベル述語 (stage-level predicate) 168
生産性 (Productivity) 39, 42
セッティング (setting) 53
先行性 (Anteriority) 175, 184

タ　行

対格言語 (Accusative language) 126
タイプ頻度 (type frequency) 39, 42-43, 234, 243
達成タイプ (accomplishment) 91-93, 105, 107, 110, 120, 135
談話トピック性 (discourse topicality) 58-59
中英語（期）(Middle English) 41, 224, 232, 238
定着度 39-41, 234, 243
定表現 (definite expression) 5, 135
典型性条件 28

動作主 (Agent) 195, 206
同時性 150-152, 155, 163, 165, 169, 173, 175-177, 180-181, 189, 248
到達タイプ (achievement) 91-94, 105, 116-119, 159, 162
トークン頻度 (token frequency) 39-41, 234, 243
トピック性 (topicality) 57-61, 64-65, 68, 70, 97-98, 109, 113, 123-125, 144, 247
ドメイン (domain) 61-65, 68-70, 72-78, 143, 153, 169, 180, 247-248
ドメインシフト (domain shift) 31-33, 153
ドメイン（の）修正 72-79
トラジェクター (trajector) 24, 33, 224

ナ　行

内在性 (intrinsicness) 98-99
内在的トピック性 (inherent topicality) 58-60
ナラティブ 178
能格言語 (Ergative language) 126

ハ　行

パースペクティブシフト 136-137, 141-142, 144
非時間的関係 (atemporal relation) 24-25, 224
非対格自動詞 (unaccusative verb) 196, 210, 214
非能格自動詞 196
非有界 (unbounded) 131, 137-138, 140, 144
描出名詞 (representation nouns) 99
フレーム (frame) 14, 109, 124-125
プレグナンツの法則 15
プロセス（概念）(process) 24-25
プロトタイプ (prototype) 27-29, 31, 51-53, 72, 80
プロトタイプカテゴリー 27-29
プロトタイプ効果 28
プロトタイプ属性 28
プロトタイプ理論 28, 48-49, 54, 72-73, 80, 82

プロファイル（profile）　22, 32-33, 104, 107, 112, 115, 157, 223-224
プロファイルシフト（profile shift）　31-36, 222, 225-226, 228, 242
文法アスペクト　154-155, 182
ベース（base）　22, 104, 137, 224
保守化効果（Conserving Effect）　40-41

マ　行

メトニミー（解釈）　52-53, 198
モノ（概念）（thing）　23, 25, 32, 222

ヤ　行

唯一的同定（unique identification）　68, 144
有界（性）（bounded(ness)）　131, 135, 137, 140, 142, 144
有界性の制約（delimitedness）　92, 93
要素主義　12
用法基盤モデル（usage-based model）　38-39, 42-44, 226, 242, 249

ラ　行

ランドマーク（landmark）　24, 63
累積走査（summary scanning）　24
連続走査（sequential scanning）　24

アルファベット

Figure-Ground　16-19, 101, 150-152, 155, 157-158, 164-165, 173, 175, 189, 248-249
Figure-Ground の分化　19, 150-152, 156, 158, 163-164, 175, 177
Figure-Ground（の）反転　166-168, 179, 228
Figure-Ground 反転図形　17-18
OED（Oxford English Dictionary）　133, 218, 220-221, 237
Satellite-framed language（S言語）　184-187
Thematic relationship　108-109, 113, 115, 122, 124-125, 128, 137-138, 142-144
Verb-framed language（V言語）　184-187

『大阪外国語大学言語社会研究叢書』の刊行に際して

　「外大平成大改革」と呼ばれる1990年代における大阪外国語大学の諸改革の中でも、1997(平成7)年度の言語社会研究科(区分制大学院)の発足は、画期的であった。1921(大正10)年に大阪外国語学校として発足して以来の75年余におよぶ外大の発展史において、この博士課程の設置は本来的な大学の誕生を意味した。

　その博士課程の設置を契機として、「大阪外国語大学言語社会学会」が発足(1997年11月)した。その背景としては、研究活動の活性化を望む声の大学内での急激な高まりを指摘できる。世界諸地域の言語とそれを基底とする文化の研究と教育を目的とする外大の理念をそのまま反映した学会を、教官と院生を中心に立ち上げ、名称も大学院のそれに因んだものとしたのであった。

　その学会の研究活動の成果を発表する場として、最初に企画されたのは学会誌の公刊であった。1999(平成11)年1月創刊の『EX ORIENTE えくすおりえんて』(発売　嵯峨野書院)は、厳しいレフェリー制のもと多くの手応えのある論考を生み出し、すでに6号を数えている。

　今回発刊の運びとなった『大阪外国語大学言語社会研究叢書』は、会員のよりまとまった形の研究成果を、単行本として世に送り出そうとする意欲的企画から出発している。あまり陽のあたらない地域や分野を専門としている会員を多く抱える学会として、すぐれた研究成果を発表できる場の確保は重要な役割であると認識した結果でもある。本叢書の刊行が、研究活動を刺激しさらなる学会の発展につながることを確信するとともに、外大が目指す世界地域学を一般に示し評価を得る絶好の機会となることを期待する次第である。

　　　平成14年4月

　　　　　　　　　　　　大阪外国語大学言語社会学会会長　　赤木　攻

著者略歴

1967年　大阪府に生まれる
1994年　大阪大学大学院文学研究科博士課程後期単位取得退学
現　在　大阪外国語大学外国語学部助教授
著　書　『認知言語学の基礎』（執筆分担共著　研究社出版，1996）．
論　文　"The Role of Figure, Ground, and Coercion in Apectual Interpretation"(Verspoor, Lee and Sweetser (eds.) *Lexical and Syntactics Constructions and the Construction of Meaning*, John Benjamins, 1997)
　　　　"Possessive Constructions: Their Commonalities and Differences"（日本英語学会 *English Linguistuics* 16-2, 1999)
　　　　「英語所有格表現の諸相―プロトタイプ理論とスキーマ理論の接点―」（西村義樹編『シリーズ言語科学②　認知言語学Ⅰ：事象構造』東京大学出版会，2002）

大阪外国語大学言語社会研究叢書　第2輯
英語構文のカテゴリー形成　認知言語学の視点から
2002年11月15日　第1版第1刷発行

著　者　早　瀬　尚　子
　　　　（はや　せ　なお　こ）

発行者　井　村　寿　人

発行所　株式会社　勁　草　書　房
　　　　　　　　　　（けい　そう）
112-0005　東京都文京区水道 2-1-1　振替 00150-2-175253
　　　　（編集）電話 03-3815-5277／FAX 03-3814-6968
　　　　（営業）電話 03-3814-6861／FAX 03-3814-6854
　　　　　　　　　　　　　　　　　　　精興社・牧製本

© Hayase Naoko 2002

ISBN 4-326-04810-7　　Printed in Japan

JCLS ＜㈱日本著作出版権管理システム委託出版物＞
本書の無断複写は著作権法上での例外を除き禁じられています。
複写される場合は，そのつど事前に㈱日本著作出版管理システム
（電話 03-3817-5670, FAX 03-3815-8199）の許諾を得てください。

＊落丁本・乱丁本はお取替いたします．

http://www.keisoshobo.co.jp

===== 大阪外国語大学言語社会研究叢書 =====

第1輯
1930年代
中国政治史研究
中国共産党の危機と再生　　　　田中　仁著

国民政府時期と「抗日時期」の危機にあって、中国共産党はいかにして再生を遂げたのか。10年後、中国革命の勝利を展望しつつ、彼らは自らの軌跡をどのように総括したのか。1930年代中国政治の実像を明らかにする。

A5判、上製、306頁、4,800円